作曲家◎人と作品シリーズ

The Great Composers : Life and Works

ラヴェル

Maurice Ravel

井上さつき
Satsuki Inoue

音楽之友社

目次

■ 生涯篇 ■■

生涯篇

第一章　少年時代（一八七五〜一八八九）

生い立ちと環境

ジョゼフ＝モーリス・ラヴェルは一八七五年三月七日午後十時に、フランスの南西部、スペイン国境に近い港町シブールのラ・ニヴェル河岸十二番地（現モーリス＝ラヴェル河岸）で生まれた。湾をはさんでシブールの向かい側にあるのがサン＝ジャン＝ド＝リュズ、フランスのバスク地方の古い港町で、海水浴場として名高い観光地である。後年、ラヴェルはたびたびここで休暇を過ごした。

ラヴェルの父、ピエール＝ジョゼフ・ラヴェル（一八三二〜一九〇八）はスイス生まれのエンジニア、ラヴェルの母、マリー・ドルアール（一八四〇〜一九一七）はシブールの出身だった。ラヴェルの父と母はスペインのマドリード、あるいはその近郊のアランフェスで知り合い、一八七三年四月三日、パリ十八区のモンマルトル区役所で結婚式を挙げた。

およそ二年後、長男のモーリス・ラヴェルが誕生する。ラヴェルがシブールで生まれたのは、母マリーが里帰り出産をしたからである。より正確に言えば、マリーは重病の母を見

ラヴェルの生家

舞いに身重の身体でシブールに帰省し、一八七四年十二月二十二日に母を看取ったあと、そのままシブールに残ってモーリスを産んだのである。マリーの叔母グラシユーズ（ガチューシャ）・ビヤック（一八一九～？）は魚卸商を営むゴダン家で働いており、ラ・ニヴェル河岸十二番地の建物の門番をしていた。マリーは叔母の住む門番部屋に泊まっていたと思われる。誕生の翌日、その子はジョゼフ＝モーリスと名付けられ、グラシユーズの手で出生届がシブールの市役所に提出された。六日後、ラヴェルはシブールのサン＝ヴァンサン教会で洗礼を受けた。

三カ月後、マリーは叔母に付き添われて、乳児モーリスを連れてパリに戻った。ラヴェルの父はマルティール通り四十番地の新居で彼女たちを出迎えた。これ以後、ラヴェルはパリで成長する。三年後、この家で弟エドゥアール（一八七八～一九六〇）が生まれた。後年、彼は父の後を継いでエンジニアになる。

ラヴェルの父方の先祖はオート＝サヴォワのコロンジュ＝スー＝サレーヴの出身である。パン屋を営んでいた祖父エメ・ラヴェル（一八〇〇～？）はレマン湖畔のヴェルソワに移

1900年頃のシブール、ラ・ニヴェル河岸（ラヴェルの生家が見える）

り、一八三四年にスイス国籍を得た。彼には二男三女があり、一八三二年に生まれた長男がラヴェルの父ピエール＝ジョゼフ、末っ子の次男が画家となったエドゥアール・ラヴェルだった。ラヴェルの父はエンジニアの道に進んだが、音楽好きで、ラヴェルによれば「大部分のアマチュアよりもはるかにこの芸術の素養があった」という。詳細は不明だが、ジュネーヴ音楽院でピアノの一等賞を取ったともいわれる。ラヴェルの叔父、エドゥアール・ラヴェル（一八四七〜一九二〇）はジュネーヴで美術教育を受け、画家として名を馳せた。彼は、一八七八年と一八八九年のパリ万国博覧会の美術展にスイス代表として出展し、一八八九年万博では銅賞を受賞している。彼は一八八五年にラヴェルの母マリーの肖像画を描き、ラヴェルは生涯この絵を大事にしていた。この絵は現在、モンフォール＝ラモリのラヴェル記念館に展示されている。

　ラヴェルの父は、自動車工業においてパイオニア的役割を果たした。彼は一八五七年にフランスのパスポートを取得し、一八六八年にはパリで、蒸気で動く三輪の自動車で特許を取っている。しかし、一八七〇年から七一年にかけての普仏戦争とパリ・コミューンののち、フランスを離れてスペインの鉄道敷設に技術顧問としてかかわるようになった。スペインの鉄道は、エッフェル塔で名高いギュスターヴ・エッフェルなどが敷設を進めていた。首都マドリードと北部沿岸都市イルンを結ぶ距離は四〇〇キロほどだが、山岳地域をあいだにはさんでいるため、鉄道敷設には特殊な技術を必要とした。その工事中、ラヴェルの父はスペインで母のマリーを見初《みそ》めたのである。ラヴェルによれば、二人が出会ったのは有名なアランフェス庭園だったというが、それに関して真偽のほどは定かではない。

　ラヴェルの母マリー・ドルアールは一八四〇年三月二十四日、シブールで生まれた。マリー・ドルアールは庶子《しょし》で、その母サビーヌ・ドルアールはラ・ニヴェル河岸で魚を売って生計を立てていた。サビーヌ自身も庶子として生まれ、マリーのほかに、男の子を産んだ。

ドルアール家は代々シブールに住み、一族は船乗りや漁師などを生業《なりわい》にしていた。フランスとスペインの両国にまたがるバスク地方は七地域に分かれ、シブールはフランス側にある。バスク地方ではバスク語が話され、バスク人は人種的にフランス人ともスペイン人とも異なる少数民族である。代々この地方で暮らしてきたドルアール家に生まれたラヴェルの母マリーにとってはバスク語が母語だった。彼女はバスク語のほかにフランス語やスペイン語を流暢《ちょう》に話したが、フランス語を書くことは苦手だった。それは、後年、戦地の息子に宛てた手紙のたどたどしい文面からもよくわかる。

マリーが故郷のシブールを離れて、マドリードに滞在したのは偶然のたまものだった。これは、一八七一年当時ビバル家に奉公していた叔母グラシユーズの紹介による。ビバル夫人の友人で、パリで帽子商を営むフェクス夫人がマドリードでの新作ファッションの販路を開拓するために、同行する助手を必要とした。もともとは、ビバル夫人の娘アネットへの依頼であったが、彼女は普仏戦争で負傷した婚約者の介護があったため、かわりにグラシユーズの姪であるマリー・ドルアールに白羽の矢が立ったのである。その後、ビバル家の娘アネットは婚約者ゴダンと結婚する。グラシユーズはこの娘アネットに随行し、その後は長くゴダン家に仕えた。後に、ラヴェルはこのゴダン家の子供たちと親交を深め、《クープランの墓》では第

ラヴェルの母、マリーの肖像画（父方の叔父、エドゥアール・ラヴェルによる）

一次世界大戦で命を落としたゴダン家の兄弟に〈リゴードン〉を捧げることになる。

ラヴェルの両親に話を戻すと、ラヴェルの父はジュネーヴのブルジョワ家庭の出身であり、母はバスク地方の庶民階級の出身であった。したがって、ラヴェルの家は一般的なフランスのブルジョワ階級のインテリ家庭とはいささか趣《おもむき》を異にしたが、家族は非常に仲が良く、ラヴェルは両親からあふれるほどの愛情を注がれて育った。ラヴェル家の暮らし向きは裕福ではないにしても困ることはなく、ラヴェルが音楽の道に進むにあたっては十分な支援が与えられた。特に、母はラヴェルを溺愛していた。ラヴェルも母に対しては特別な愛情をもっており、後年、母と死別した際には心理的に大きなダメージ

子供時代のラヴェル

1886年頃に撮影されたラヴェル一家
左から、弟エドゥアール、母、モーリス、父

を受けることになった。

当時のフランス

では、この時期、フランスはどのような状況だったのだろうか。ラヴェルが生まれた一八七五年は第三共和政の初期にあたる。繁栄を誇った第二帝政が瓦解《がかい》したのは、一八七〇年のプロイセンとの戦争（普仏戦争）がきっかけだった。戦端が開かれたのはこの年の七月だったが、皇帝ナポレオン三世率いるフランス軍はあっけなく敗れ、九月に皇帝はスダンでプロイセン側の捕虜となってしまう。敗戦の知らせを受けたパリは蜂起し、帝政の廃止と共和政の樹立を宣言。ここに第三共和政の時代が始まった。

フランス政府は当初戦争を継続する方針をとったものの、プロイセン軍にパリを包囲されると和平を急ぐようになった。一方、プロイセン国王ヴィルヘルム一世は、なんとフランスのヴェルサイユ宮殿でドイツ皇帝に即位し、ここにドイツ帝国が成立する。このドイツを相手にフランスの行政長官ティエールは、アルザスおよびロレーヌの一部割譲と、五十億フランという巨額の賠償金を支払うことに同意して、休戦の仮調印にこぎつけた。しかしこの休戦は、パリの民衆の眼にはフランス政府の裏切り行為と映った。さらに三月一日のドイツ軍のパリ入城も火に油を注ぐことになり、三月十八日、民衆蜂起が起こった。パリ・コミューンである。しかし、パリ・コミューンは政府軍によって徹底的に鎮圧された。

フランスはまさに内憂外患であったが、プロイセンに負けたショックはパリ・コミューン、つまり内戦が起こったショックよりもはるかに大きく、フランスのいたるところにナショナリズムの波が広がった。このなかで、一八七一年、国民音楽協会が結成される（第二章、三四頁参照）。

このように、一八七〇年代はフランスにとっては冬の時代だった。敗戦、占領、領土の割譲、巨額の賠償金、内乱、といくつものパンチがフランスを立てつづけに襲い、さらに政局は不安定だった。ラヴェルが生まれたころ、まだ、街にはテュイルリー宮殿をはじめ、コミューンの際に焼き討ちにされた建物が廃墟のままの姿をさらしていた。

最初の音楽レッスン

ラヴェルは「自伝的素描」（一九二八、第九章一七五頁参照）のなかで、自分が非常に幼いころから、あらゆる種類の音楽に敏感だったと述べている。音楽好きの父親はそれを見てさぞ喜んだことだろう。彼は、息子に七歳からピアノを習わせた。ラヴェルが最初に師事した先生はアンリ・ギスといい、《ルイ十三世のエール》という曲の作曲で知られ、作曲家エマニュエル・シャブリエの友人でもあった。ギスははじめてラヴェルにレッスンした一八八二年五月三十一日の日記に、この少年が「知的に見える」と記している。このころ、ラヴェルは三十分ピアノを練習すると十サンチームのおこづかいを親からもらえたという（注1）。現在の日本円にして百円弱というところだろうか。ただし、その十サンチームにつられてラヴェルが熱心にピアノの練習に励んだかというと、それほどの効果はなかったらしい。

一八八七年、十二歳になると、ラヴェルはピアノのレッスンに加えて、シャルル＝ルネから和声と対位法と作曲の初歩を習いはじめた。シャルル＝ルネは、バレエの作曲で有名なレオ・ドリーブの弟子だった。この時代、すでにラヴェルはシューマンのコラールによる変奏曲、ソナタの第一楽章、グリーグの《ペール・ギュント》の主題による変奏曲など、ピアノの習作を作曲しており、そのいくつかは現存している。

翌一八八八年、ラヴェルはシャレール塾（パリ九区ジェフロワ＝マリー通り五番地）でサンチャゴ・リエラにピアノを習いはじめ、八九年まで通った（注２）。リエラはパリ音楽院でシャルル・ド・ベリオの助手をしていた人物である。この塾で十一月二十二日、少年ラヴェルはスペインからピアノの勉強にやってきたリカルド・ビニェス（一八七五〜一九四三）と知り合い、大きな影響を受けることになる。

一八八九年、ラヴェルはパリ音楽院ピアノ科準備クラス教授のエミール・デコンブに個人レッスンを受けはじめた。デコンブはショパンの弟子で、一八七五年から一八九九年までパリ音楽院ピアノ科予科の男子クラスの教授をつとめていた。ちなみに、デコンブのクラスには作曲家エリック・サティ（一八六六〜一九二五）が一八七九年から八二年まで在籍し、一八八一年にはデコンブに「音楽院中でもっとも怠慢な学生」と評されたことで知られる（注３）。

さて、ラヴェルは一八八八年、シャレール塾に通いはじめた段階で、パリ音楽院ピアノ科の受験準備を始め、さらに、パリ音楽院予科クラスのデコンブ教授の門下生となって受験対策を進めたといえるだろう。一八八九年六月四日にデコンブ門下の試演会がサル・エラール（エラール・ホール）で開かれたが、このなかにはラヴェルも含まれていた。このコンサートでは二十四人の門下生がさまざまなピアノ協奏曲の抜粋を演奏し、そこには、のちに歌曲の作曲家として知られるレナルド・アーンや名ピアニスト・指揮者となるアルフレッド・コルトー（一八七七〜一九六二）の姿もあった。ここで、十四歳のラヴェルはモシェレスのピアノ協奏曲の第三番の抜粋を演奏している。その五カ月後の一八八九年十一月、ラヴェルはパリ音楽院ピアノ科の入試に挑戦する。

こうしてラヴェルは七歳から十四歳まで七年間ピアノを習い、十二歳からはそれに加えて和声や対位法、作曲の初歩を勉強した。その間、音楽以外の普通教育をどこで受けたのかはわかっていない。ラヴェル研究者のアービー・オレンシュタインは、「ラヴェルが受けた正規の学校教育は音楽のレッスンに限定されていた」というが、本当にそうだったのだろうか。クロード・ドビュッシー（一八六二〜一九一八）の場合は、十歳でパリ音楽院に入学するまで学校に通ったことがなく、あとあとまで一般的な教育の不足を感じることになったが、ラヴェルの場合はそうした逸話は知られていない。フランス語での正規教育を受けなかったラヴェルの母が、息子に初等教育をほどこすのは無理だったはずである。おそらく、ラヴェルは父から一般的な教育を受けたのだろうが、そのあたりはいまだに謎である。

ラヴェル一家はパリでひんぱんに住まいを替えていた。ラヴェルがシブールから生後三カ月でパリに来たときに住んだのは、モンマルトル地区のマルティィール通り四十番地だったが、一八八〇年から八六年まではラヴァル通り（現ヴィクトール＝マッセ通り）二十九番地、一八八六年から一八九六年まではピガール通り七十三番地に住んでいた。この後、一家はさらに転居を繰り返すが、ビニェスがはじめて訪ねたラヴェルの家はこのピガール通りのアパートだった。

リカルド・ビニェスとの出会い

ビニェスはラヴェルと同い年で、ラヴェルよりもひと月早く、一八七五年二月五日にスペインのカタルーニャ州リェイダに生まれた。父は弁護士、母は音楽家だった。一八八七年七月にバルセロナ音楽院のピアノ科で一等賞を得たあと、さらに研鑽《けんさん》を積むために同年十月にパリに来て、翌月からパリ音楽院教授のシャルル・ド・ベリオに個人レッスンを受けはじめた。ビニェスは少年時代から几帳面に日記をつけていたので、そこからラヴェルの少年時代の様子を知ることができる。ビニェスの日記にラヴェルの名前がはじめて登場するのは一八八八年十一月二十三日のこと。そこには以下のように書かれている「三度とオクターヴで音階の練習をした。夕方、私たち［母と自分］ははじめてマウリツィオ［モーリス］と呼ばれる髪の長い少年の家に行った。ピガール通り七十三番地の五階だ」（注4）。その前日の日記にはラヴェルの名前ははっきり書かれていないものの、髪の長い少年が母親と一緒にやってきた、と書かれており、二十二日はラヴェル親子がビニェスの家に行き、二十三日にはビニェス親子がラヴェルの家に来たこと、また、十三歳のラヴェルが髪の毛を長く伸ばしていたことがわかる。

以来、二人の少年は急速に親しくなった。息子たちがピアノで遊んでいるあいだ、母親たちはスペイン語でおしゃべりをしていた。ビニェスの母にとっても、ラヴェルの母にとっても、パリは異郷の地である。ビニェスはパリに到着したときはひと言もフランス語が話せなかったが、またたく間に上達し、文学面においてはラヴェルをリードする存在になった。むさぼるように本を読んでいたビニェスだが、彼は音楽院以外に学校に通ったことがなく、一般的な知識はすべて独学だった。

一方、ビニェスの母親にとっては、パリでラヴェルの母親と心置きなくスペイン語で会話できることはうれしかったに違いない。ビニェスの日記からは、少年時代、互いの家をしょっちゅう行き来し、それぞれの母親にご飯を食べさせてもらっていたラヴェルとビニェスの様子が浮かんでくる。

一八八九年パリ万国博覧会

この時期は、第四回パリ万国博覧会でパリ中がにぎわっていた。万博が開幕したのは一八八九年五月六日。それから十月三十一日に閉幕するまで、万博には延べ三二二五万人もの入場者があった。この万博は、エッフェル塔が作られたことで名高い。高さ三〇〇メートルのこの鉄塔を建てるにあたっては、デュマ・フィスやモーパッサンなどの文学者をはじめ、作曲家のグノー、画家のメッソニエ、建築家ではオペラ座の設計で有名なガルニエなどのお歴々が、建設反対の陳情書に署名してパリ市に提出したが、完成後はパリ万博最大のモニュメントとなり、やがてパリのシンボルになったことはよく知られている。ラヴェルもビニェスとともにエッフェル塔がだんだんできあがっていく様子を見ていたはずである。そして、博覧会が始まると、ラヴェルは会場に足しげく通った。

博覧会はエッフェル塔がそびえたつシャン・ド・マルス、トロカデロ、それにアンヴァリッドとオルセー河岸を加えた広大な会場で、かつてない規模で莫大な資金を投入して開催された。会場のシャン・ド・マルスには、産業と芸術の展示を中心とするスパン一一五メートル、長さ四二〇メートルに及ぶ巨大な機械宮が建設され、その横に建つエッフェル塔の下には多数の外国パビリオンが集められた。トロカデロでは園芸部門の展示がおこなわれ、オルセー河岸には農業部門の展示館と外国のパビリオンがいくつか建てられていた。一方、アンヴァリッドにはフランスの植民地や自治領のパビリオンが並んだ。会場には、アンヴァリッドにあった博覧会正門からオルセー河岸を進み、シャン・ド・マルスの外縁を左回りして機械宮の南に至る小型の鉄道が敷かれ、人々はこの鉄道に乗って、各国の会場を見て回ることができた。

万博会場にはさまざまな音楽があふれていた。一八七八年のパリ万博の際に建てられたトロカデロ宮では、フランスの五大オーケストラをはじめとするコンサートが開催された。なかでも、豪商ミトロファン・ベリャーエフが企画したロシア音楽のコンサートはフランスの作曲家たちに大きな影響を与えた。六月二十二日と二十九日の二回、おこなわれたコンサートでは、ニコライ・リムスキー＝コルサコフとアレクサンドル・グラズノフが指揮台に立ち、管弦楽はパリのコンセール・コロンヌが担当し、グリンカ、ボロディン、リムスキー＝コルサコフ、グラズノフ、ムソルグスキー、チャイコフスキーなどの作品が演奏された。聴衆はトロカデロ宮の五千人収容の大ホールを埋めるには至らず、財政的には赤字となったが、フランス人作曲家にとっては、ロシア音楽の新しい潮流を直接把握できたことに大きな意義があった。ドビュッシーはもちろん、ラヴェル少年もこのコンサートを聴いたと思われる。また、一〇〇冊以上のロシア音楽の楽譜がシャン・ド・マルスの会場に展示され、博覧会終了後は、それらの楽譜はロシアの出版社ユルゲンソンからパリ音楽院に寄贈された。

一方、「カイロ通り」ではベリーダンスの踊り子たちが観客を魅了していた。さらに、会場のあちらこちらでは、ジプシー音楽、ルーマニアのラオタール、スペインのフラメンコ・ギターなども奏でられ、アフリカ勢はセネガルやコンゴの音楽家たちが活躍していた。しかし、なんといってもこの万博で最大のヒットとなったのは、アンナン（安南）の劇とインドネシアのガムラン音楽だった。

アンナンとは当時フランスの植民地であったベトナム中部を指し、その劇場は、仏領インドシナの産物を展示するアンナン・トンキン館の付属施設だった。劇場は木造の簡易ホールで、収容人数およそ五〇〇人。内部の配置は現地の劇場を模した造りになっていた。このホールで俳優、音楽家その他合わせて四十人からなる劇団がアンナンの伝統劇をアレンジした演目を演じ、劇としては、その独特な隈取《くまど》りや簡素な舞台装置が観客に強い印象を与えた。また、ジャワのガムランは「ジャワ村」の展示のなかでおこなわれた。これこそ、万博史上はじめて登場した悪名高い「人間の展示」で、連れてこられた六十人の村人は竹と椰子の葉で作られた家に住み、観客は動物園の動物を見るように彼らの生活を「見物」した。ソロの宮廷から特別に派遣されたガムランの四人の若い踊り子も、その伴奏をする奏者たちも、すべては「展示」された人びとの一部だった。ガムランの上演はジャワ村のなかほどに造られた小屋でおこなわれ、演目が始まる前に音楽家たちが集落のなかをアンクルン（竹製の楽器）とケンダン（太鼓の一種）を鳴らして歩いた。踊り子たちはガムランの伴奏に合わせて、ソロの宮廷から特別に貸与された正式の衣装を着けて踊った。

万博のアジア音楽は、フランスのジャーナリズムに大きく取り上げられ、さまざまな反応を引き起こした。異国の音楽にその固有の美を認めることができた音楽家がそれほどたくさんいたわけではない。たとえば、大御所のカミーユ・サン＝サーンスはアンナン劇について「のどを切られた獣のうめき声にしか聞こえない」と否定的なコメントを残しているし、［ルイ・］ベネディクトゥスという作曲家は会場で聴いた音楽をもとに、《万博の奇妙な音楽》という題名のピアノ譜を出版したが、そのなかの一曲〈アンナンのどんちゃん騒ぎ〉というタイトルからも想像できるように、そこには異種のものに対する偏見が見られる。しかし、アカデミズムやワグネリズムに行きづまりを感じていた若い世代の作曲家たちは、非西洋圏の音楽に注意深く耳を傾けた。

ラヴェルよりも十三歳年上で、当時「ヴァーグナー後」の自分の道を模索していたクロード・ドビュッシーにとって、万博でアジアの音楽を実際に聞いた衝撃が非常に大きかったことは有名だが、ラヴェル少年にとっても、この万博での音楽体験は決定的だった。ラヴェルにとってはガムラン音楽がきわめて重要な影響を及ぼした。《マ・メール・ロワ》の〈パゴダの女王レドロネット〉に見られる音楽語法は、ガムラン体験を抜きにしては語れない。一九三一年三月三十一日付のアムステルダムの『デ・テレグラーフ』紙のインタビューで、ラヴェルはジャワへの演奏旅行に対する期待を語り、以下のように話している。

私はジャワの音楽が極東でもっとも洗練されているとみなしています。私はそこからしばしばテーマを借りています。《マ・メール・ロワ》の〈レドロネット〉は寺院の鐘とともに、和声的にも旋律的にも、ジャワ起源です。ドビュッシーやほかの同時代に生きる人たちと同じように私は特に音楽のオリエンタリズムに魅了されました。

パリ万博が閉幕する直前の十一月四日、ラヴェルはビニェスとともにパリ音楽院ピアノ科の入学試験を受ける。こうして、彼のアカデミックな音楽修行の日々が始まった。

注１　ロラン＝マニュエルによる。一方、弟のエドゥアールは一九五〇年のラジオ放送では、半時間で五十サンチームを母親が与えていた、と証言している。

注２　ラヴェルがリエラに習っていたのが一八八八年から一八八九年にかけてであったことは、一八八八年十二月十五日付のリカルド・ビニェスの母の手紙から明らかになった。

注３　その後、サティはデコンブの予科クラスからジョルジュ・マティアスの本科クラスに移るが、結局、何の賞も得られず、一八八六年にパリ音楽院を離れている。

注４　ビニェスの手紙は、Nina Gubisch (ed.), «Le journal inédit de Ricardo Viñes», *Revue internationale de musique française*, juin 1980による。ちなみに、日本の数え方では六階にあたる。

第二章　パリ音楽院時代（一八八九～一九〇〇）

パリ音楽院ピアノ科入学

一八八九年十一月四日、十四歳のラヴェルはパリ音楽院のピアノ科を受験した。試験で演奏したのはショパンの協奏曲の抜粋である。受験者四十六名中、本科に合格したのは十二名、予科に合格したのは九名で、ラヴェルは予科合格組だった。このとき、ラヴェルとともに受験したリカルド・ビニェスは本科に合格し、晴れてシャルル・ド・ベリオのピアノ科男子クラスに入った。

予科クラスに振り分けられたラヴェルは、ウジェーヌ・アンティオームに師事することとなった。アンティオームは、ラヴェルがパリ音楽院受験前に師事したデコンブとともに、パリ音楽院ピアノ科予科男子クラスを教えていた。ラヴェルは、一八九〇年の一月の試験でショパンのポロネーズ、六月の試験でメンデルスゾーンの協奏曲の終楽章を演奏し、七月の年度末の最終試験《コンクール》に進み、二等メダルを得た。翌一八九一年も各種の試験は同じパターンでおこなわれた。ラヴェルは一月の試験でシューマンのピアノソナタト短調、六月の試験でフンメルのソナタを演奏し、七月の年度末の最終試験では首尾よく一等メダルを得て、晴れて本科に進級がかなった。

こうしてラヴェルは一八九一年秋からシャルル・ド・ベリオのピアノ科本科クラスに籍を置くことになり、二年遅れでビニェスと同じクラスになった。シャルル＝ヴィルフリッド・ド・ベリオ（一八三三

〜一九一四）は、ベルギー人の名ヴァイオリニスト、シャルル＝オーギュスト・ド・ベリオ（一八〇二〜七〇）と「ラ・マリブラン」という名で一世を風靡《ふうび》した名メゾソプラノ歌手マリア・マリブラン（一八〇八〜三六）とのあいだに生まれたピアニストである。母方の祖父はテノール歌手のマヌエル・ガルシア、母の妹は有名なメゾソプラノ歌手、ポーリーヌ・ヴィアルドという音楽一家の出身だった。母は息子が三歳のときに落馬事故がもとで夭折《ようせつ》するが、息子のシャルル・ド・ベリオはピアニストの道を選択した。彼は古典作品の演奏によって注目され、一八八六年にニデルメイエール校のピアノ科教授、翌年パリ音楽院の教授に就任した。門下から、ビニェスやオルガニスト・作曲家として知られるシャルル・トゥルヌミールなどを輩出している。

ラヴェルは一八九一年、ピアノの本科に進級すると同時にエミール・ペサールの和声のクラスにも登録し、和声を学びはじめた。ところが、彼はここでつまずいてしまう。ラヴェルの繊細な和声を考えれば不思議にも思えるし、パリ音楽院入学以前から個人レッスンで和声を学んでいたはずなのに、彼は「学校の和声」をうまくこなしていくことができなかった。ペサール教授はこの学生が「生来の能力をもった「かなり良い和声家」であると考えていたが、ほどなく、ラヴェルが遅刻することや、「たいへん才能がある」にもかかわらず、自分の作品に対して「いくぶん不注意」であることがわかった。ラヴェルは一八九三年七月に年度末最終試験の受験を許可されたものの、この年から三年間つづけて賞を逃したため、彼の名前は和声のクラスから削られてしまった。

ピアノの成績もかんばしくなかった。ド・ベリオ教授の成績表からは、ラヴェルがそれなりの進歩を見せていたことがうかがえるが、一八九二年六月の定期試験の後、ラヴェルは七月の最終試験に進むことができなかった。ビニェスの日記によれば、このとき最終試験に進めなかったクラスメートは、ラヴェルのほかにはフェルナン・ルメールという学生がいただけだった。その後、ルメールのほうは一八九五年に一等賞を得たが、ラヴェルは足踏み状態が続いた。一八九五年六月十三日のピアノの試験で、ラヴェルはジョルジュ・マティアスの《交響的アレグロ》を弾いた。ド・ベリオ教授は「ひじょうに進歩した。熱意にあふれた性質」とラヴェルの演奏を評価したが、七月一日の最終試験では、結局、賞には手が届かず、ラヴェルは規定にしたがってこの年の七月に彼のクラスから除籍されてしまった。しかし、ド・ベリオ教授とラヴェルの関係が悪かったわけではない。ラヴェルはのちに《スペイン狂詩曲》（一九〇七）をド・ベリオ教授に献呈している。

当時、パリ音楽院のピアノ科には多くの名ピアニストの卵がひしめきあっていた。ド・ベリオ教授クラスの花形であったビニェスでさえ、パリ到着後、すぐにパリ音楽院を受験したわけではなく、二年近くド・ベリオに個人レッスンを受けた後、一八八九年にようやくパリ音楽院のピアノ科を受験している。しかも、そのビニェスがピアノ科の一等賞を得たのは一八九四年のこと。パリに来て七年、入学してから五年の歳月がかかったことになる。

また、のちにフランスのピアニスト、指揮者として活躍した、スイス生まれのアルフレッド・コルトーは一八八九年、ラヴェルとともに、デコンブ門下生のコンサートに出演していたが、彼はラヴェルが予科の一等メダルを得たときに、二等メダルだった。このコルトーにして、本科に進んだ後、一等賞を得たのは一八九六年のこと。つまり、ビニェスやコルトーのような才能の持ち主が懸命に努力しても、ピアノ科の一等賞は簡単に取れるものではなかった。

ピアノのクラスからも、和声のクラスからも除籍されてしまったラヴェルだが、別のクラスに入ってパリ音楽院での勉強を続けるという選択肢もあった。しかし、ラヴェルはこうした道を選ばなかった。実際、パリ音楽院の卒業者の名簿を見ると、ラヴェルの項目で掲載されているのは、ピアノ予科のメダルだけしかない。

こうして、一八九五年、二十歳のラヴェルはパリ音楽院から一時離れた。この年、徴兵検査があり、ラヴェルは「ヘルニアと全般的な虚弱」から兵役免除となったが、それもラヴェルにとっては不本意なことだっただろう（注5）。

シャブリエとラヴェル

少年時代、ラヴェルの音楽的な好みの幅は広かった。彼はロシアの五人組やショパン、ウェーバーを愛し、特にモーツァルトを熱愛した。同時代の作曲家では、エマニュエル・シャブリエ（一八四一〜一八九四）にひかれ、彼の旋法的な音楽語法から影響を受けた。ラヴェルとビニェスは一八九三年二月のコンサートでシャブリエが二台ピアノのために作曲した《三つのロマンティックなワルツ》を演奏することに決め、一月からピアノメーカーのプレイエル社に行って練習しはじめた。

コンサートの前日、二月八日には、ラヴェルとビニェスは作曲者シャブリエの前で演奏し、アドヴァイスをもらった。当時、すでに闘病中だったシャブリエに聴きにくるよう頼んだのはアンリ・ギスだったのかもしれない。ビニェスによれば、シャブリエは一時間半一緒にいて、とてもじょうずな演奏だったし、趣味がよいとほめてくれたという。しかし、翌日の演奏会には現れなかった。さらに、典拠は不明だが、作曲家のジャン・フランセによれば、シャブリエはラヴェルたちが訪問した翌日に友人に次のような手紙を書いたという。「昨日、非常におめかしした二人の若者が《三つのロマンティックなワルツ》を演奏しにやってきました。一人目はとてもじょうずに弾きましたが、二人目は豚のように弾きました。でも、なんという音楽家でしょう！」。豚のように弾いたのがビニェスではなかったのは確かであろう。

シャブリエ以外に、ラヴェルは、サン＝サーンスからエレガントで正確な書法を学び、ジュール・マスネから甘美な抒情性という点で影響を受けた。これはラヴェルがのちに語った言葉や彼の作品からうかがえる。マスネについては、ペサールの和声のクラスで一緒だったギュスターヴ・ムシェが次のようなエピソードを語っている。一八九三年一月にオペラ＝コミック座で行われたマスネの《ウェルテル》のパリ初演のすぐあとで、ラヴェルはこのオペラのスコアをペサールのクラスに持ってきた。彼は先生が来る前に、このオペラの有名な短調のアリア〈なぜ私を目覚めさせるのか、春の風よ〉を長調でパロディーにして弾きはじめた。そうすると、曲は〈タララブンディエ〉というアメリカ生まれで当時フランスのミュージックホールで大流行していたヴォードヴィルそっくりになり、クラス中がそれをコーラスで歌ったという。

一方、コルトーはパリ音楽院の学生時代のラヴェルを『フランスピアノ音楽』（一九三二）の中で次のように描写している。

ラヴェルのピアノ作品の最初の試みは学生時代にさかのぼる。私も含めて彼の仲間の学生は、この少々からかうような、知的で、ややよそよそしい青年、マラルメを読み、エリック・サティを訪ねたこの青年に、特別強く刻印された音楽の才能があることがわかった。彼のヴィルトゥオーソとしての能力に関してはいくらか疑わしかったが、私たちはいつでもレッスンとレッスンの合間に極度に大胆な作品を数小節、互いに演奏しあうのが好きだった。それについて、私たちは少なくともひとつの点でいつも同意した――これはラヴェルの最新作からとられたものに違いないと。

ラヴェルは、一見よそよそしく無口に見えたが、実際にはふざけるのが好きで、独特のユーモア・センスの持ち主だった。彼は、サティのボヘミアン主義よりはボードレールが描くところのダンディな人間の姿を好み、生涯を通じて、おしゃれで、身だしなみや服装に細心の注意を払っていた。

シャブリエに話を戻すと、彼は一八九四年九月十三日に亡くなった。ラヴェルとビニェスは十五日にシャブリエの家に弔問に行き、さらに、十七日の葬儀にも出席し、教会での葬儀とモンパルナス墓地での埋葬に立ち会ったことがビニェスの日記に見られる。葬儀の日、彼らはまずシャブリエの家に行ったが、家の前まで来たところで、ラヴェルは「その場にふさわしい服装にしたいから」という理由で、服と帽子を替えに自宅へ戻ろうとしたという。

サティとの出会い

一八九三年、ラヴェルはエリック・サティと知り合っている（注6）。引き合わせたのは父ジョゼフで、場所はモンマルトルのカフェ「ヌーヴェル・アテーヌ」だった。サティはパリ音楽院を離れた後、モンマルトルのカフェでピアニストとして働いていた。「ヌーヴェル・アテーヌ」はエドガー・ドガの有名な絵画《アブサント》の舞台になった店で、この店の常連にはクロード・ドビュッシーがいた。ラヴェルの父は、ドビュッシーにも「おとなしく、口数の少ない」二人の息子を紹介している。

十歳年上のサティがラヴェルにどんな忠告をしたのかはわからないが、その後、サティは《サラバンド》の第二曲をラヴェルに献呈している。

最初期の作品

ラヴェルがいつごろから作曲家を志したのかは不明だが、ド・ベリオ教授とペサール教授のもとで学んでいるあいだに、最初期の作品が作曲された。一八九三年に作曲された《グロテスクなセレナード》と《愛に死せる女王のバラード》である。《グロテスクなセレナード》はピアノ曲で、ラヴェルはシャブリエの影響を認めている。たしかに、連続する七の和音やオスティナートのフィギュレーションは新奇なもので、特にシャブリエの《ブレー・ファンタスク》に見られるものである。シャブリエのこの曲は一八九一年に出版され、一八九三年一月七日、国民音楽協会で初演されていた。ラヴェルとビニェスがシャブリエの前で《三つのロマンティックなワルツ》を演奏するちょうど一カ月前のことだった。

一方、《愛に死せる女王のバラード》は、ベルギーの詩人ロラン・ド・マレスの詩による歌曲で、ラヴェルはこの作品にサティの影響を認めている。

一八九五年十一月、ラヴェルの最初の重要な作品である、二台のピアノのための《ハバネラ》が完成した。ラヴェルはこののちスペイン風の作品を数多く作曲するが、《ハバネラ》はその最初の一歩となった。この作品はその後オーケストラ編曲され、《スペイン狂詩曲》の第三曲に収められる。さらに同月、《古風なメヌエット》が作曲されている。この曲は後述するように、ラヴェルの初の出版作品となった。

ビニェスは一八九五年十一月十二日の日記に、ラヴェルが母親と一緒に午後にやってきて、自分とラヴェルは「文学と芸術について話した。彼はぼくがロンドンで買ってきた『夜のガスパール』はとても珍しいと言った」と記している。

一八九六年十二月、二つの歌曲が完成した。マラルメの詩による《聖女》とクレマン・マロの《スピネットを弾くアンヌの》である。《聖女》は、マラルメの娘のジュヌヴィエーヴに、エドモン・ボニオ博士との結婚祝いとして、献呈された。彼女は、父マラルメが開催する火曜会の手伝いをして、ラヴェルと面識を得ていた。一方の《スピネットを弾くアンヌの》は、十六世紀の詩人クレマン・マロの詩に曲付けをしたもの。十六世紀の詩人の詩をラヴェルが再度取りあげるのは、一九二四年のロンサールの詩による歌曲においてである（一四二頁参照）。

アンドレ・ジェダルジュの教え

一八九七年、ラヴェルはアンドレ・ジェダルジュに対位法とオーケストレーションの個人レッスンを受けるようになった。アンドレ・ジェダルジュ（一八五六～一九二六）はパリに生まれ、長いこと書店を営んでいたが、その後、音楽に専念するようになり、パリ音楽院でエルネスト・ギローのクラスに入り、一八八六年にローマ賞二等賞を受賞した人物である。パリ音楽院の作曲科でギローとマスネの助手をつとめ、ガブリエル・フォーレが作曲科の教授になるとその助手もつとめた。その一方、彼は個人レッスンもおこなっていた。その後、一九〇五年、対位法のクラスが新設されると、ジェダルジュはそのクラスの教授となった。さらに、一九二〇年にはシャルル＝マリー・ヴィドールの後を継いでフーガのクラスの教授となり、亡くなる一九二六年までその職にあった。マニュエル・ロザンタールによれば、ジェダルジュはやさしく、チャーミングで控えめな性格で、ありとあらゆる音楽を知りつくしていたという。

ジェダルジュの著作物はフーガの概論書だけだが、彼はすぐれた教育者だった。ジェダルジュに指導を受けた作曲家としては、ラヴェルのほかに、フロラン・シュミット、ジョルジュ・エネスコ、シャルル・ケックラン、アルテュール・オネゲル、ダリウス・ミヨー、ジャック・イベール、ジャン・ヴィエネールなど、錚々《そうそう》たる名前がならぶ。

実は、ラヴェルの初の出版作品となった《古風なメヌエット》はジェダルジュが出版社のエノックに推薦して出版が可能になったものだった。一八九七年十二月二十二日、ラヴェルはエノック社と出版契約を結び、五十フランで《古風なメヌエット》を売却した。また、ラヴェルは一九一四年に作曲したピアノ三重奏曲をジェダルジュに献呈している。

一九二六年にジェダルジュが亡くなったあと、同年三月の『ルヴュー・ミュジカル』誌でラヴェルは彼を追悼して、このように書いている。

彼の指導には独特の明快さがありました。そのおかげで、私たちは作曲家の「仕事《メティエ》」が学問的な抽象論とは別物だということをすぐさま理解したのです。私が彼にピアノ三重奏曲を献呈したのは単に親愛の情からだけではありません。まさに、この技法を教えてくれた師への敬意からなのです。

ミヨーはジェダルジュから出された課題でもっとも難しく、もっとも有益だったのは「伴奏なしで歌える八小節を作る」ことだったと回想している。ジェダルジュは旋律線の優位を強調し、教え方はバッハやモーツァルトの作品に基礎をおいていた。旋律線の優位という原則は、ラヴェルの作品にも通底している。

ラヴェルが後年、ロザンタールに一九〇〇年五月三十一日の日付がある四声フーガの譜面を見せながら語ったところによれば、ジェダルジュのところで、フーガがとてもよくできたのはジョルジュ・エネスコ（ジョルジェ・エネスク、一八八一～一九五五）と自分だけだったという（注7）。しかし、ラヴェルはいちばんよくできたのはエネスコだったと認めてもいた。エネスコは名ヴァイオリニストとして知られているが、ラヴェルが尊敬していた友人の一人だった。

ラヴェルのヴァイオリンソナタといえば、晩年に作曲された作品が有名だが、そのほかに、一八九七年四月の日付のある、ラヴェルの若書きのヴァイオリンソナタが残されている。単一楽章で、フォーレとセザール・フランクの影響が見られる。これもジェダルジュにレッスンを受けているあいだに書かれたものだろう。

従来、このソナタはレッスン仲間だったエネスコによって初演されたのではないかと言われていたが、そうではなかったようだ。ラヴェル研究家のロジャー・ニコルスによれば、一九二九年六月の日付でラヴェル自身がこの作品の冒頭のヴァイオリンのフレーズを書きつけ、「ポール・オベルデルフェールへ、未完のソナタ第一番（一八…）の初演の思い出に」と記した記念帳が見つかった。この記載から、ソナタを初演したのはオベルデルフェールなる人物で、本来は単一楽章として作曲されたわけではなかったらしいということがわかる。オベルデルフェールは一八七四年生まれのヴァイオリン奏者で、オペラ座のオーケストラなどで演奏していた。一九二九年、功成り名をとげたラヴェルに再会したオベルデルフェールが記念帳に書いてもらったものと思われる。

一八九七年秋、ラヴェルのもとにチュニジアの首都チュニスで音楽教師の職につかないかという打診があったが、ラヴェルはこの話を断った。それまでにパリ音楽院作曲科のガブリエル・フォーレのクラスに進む意志を固めていたのだろう。その証拠に、ラヴェルが正式にフォーレのクラスに入学した日付は一八九八年一月二十八日なのだが、一八九七年十一月十九日のビニェスの日記には、すでにラヴェルがフォーレの作曲のクラスに出席していたことをうかがわせる記述がある。ビニェスはこの日、象徴主義の画家オディロン・ルドン（一八四〇〜一九一六）の作品を見に行くためにパサージュ・ジョフロワでラヴェルと待ち合わせていたが、彼は現れなかった。その晩ラヴェルからビニェスに宛てて、「フォーレのクラスが終わるのが遅すぎたために行かれない」という謝罪の手紙が来たと日記にあり、実際にその手紙も残っている。

ラヴェルがジェダルジュのもとで個人レッスンを受けはじめたのは、パリ音楽院の作曲科のフォーレのクラスに入学することを念頭においてのことだったのであろうし、書類の上での入学年月日は一八九八年一月だったとしても、ラヴェルは一八九七年十一月からフォーレのもとに通いはじめていたと考えるのが自然だろう。

画廊めぐり

当時、ビニェスはラヴェルとしばしば画廊めぐりをしていた。オディロン・ルドンはビニェスお気に入りの画家だった。一八九八年五月二十一日の日記には、ビニェスがラヴェルを連れてルドンのパステル画を見に行ったところ、ルドンその人が現れて紹介してもらいうれしかったこと、また、ラヴェルは「それらのすばらしいパステル画の前で称賛のあまり死にそうになっていた」という、初々《ういうい》しいラヴェルの様子が書かれている。

ポール・デュラン＝リュエルといえば印象派の絵画の普及につとめたことで知られる画商だが、ビニェスとラヴェルはしばしば彼の画廊にも足を運んだ。一九〇〇年十二月二十四日のビニェスの日記には、デュラン＝リュエルの画廊にモネの新作を見に行ったところラヴェルと出会ったと書かれており、ラヴェルが一人でも絵を見に行っていたことがわかる。ラヴェルはその後も画廊めぐりを好み、藤田嗣治や石井柏亭の作品など、日本人画家の作品までその鑑賞範囲は及んでいた（一五九、一六一頁参照）。

フォーレのクラスへ

ラヴェルは一八九八年一月二十八日付でパリ音楽院作曲科のガブリエル・フォーレ（一八四五〜一九二四）のクラスに入った。フォーレは当時としては珍しく、パリ音楽院出身ではなく、ニデルメイエール校という教会音楽家養成のための学校の出身だった。つまり、彼はパリ音楽院のアウトサイダーだったわけである。彼は一八九六年十月、オペラ作曲家として有名なジュール・マスネが作曲活動に専念するために作曲の教授を辞した後、その後任の座を得た。実はフォーレはその四年前、ドビュッシーを教えたエルネスト・ギローが亡くなったあとの後任人事の際にも教授候補となっていた。しかし、そのときは院長アンブロワーズ・トマの猛反対により、落選していた。そのときに教授に任命されたのが、トマの弟子、シャルル・ルヌヴー（一八四〇〜一九一〇）である。ルヌヴーは今日まったく忘れられているが、パリ音楽院の生え抜きで、アカデミックな教育の権化のような人物だった。一八六五年に作曲のローマ大賞を得たルヌヴーは、一八八〇年から母校の和声の教授となり、一八九四年に作曲科の教授になった人物で、門下からはアンドレ・カプレが出ている。

ラヴェルがフォーレの作曲のクラスに入った当時、クラスには、ケックラン、ジュール・ロジェ＝デュカス、フロラン・シュミット、エネスコ、そしてのちに批評家となったエミール・ヴュイエルモーズという弟子たちがいたが、彼らは前任者マスネから引き継いだ弟子で、外から入ってきたのはラヴェルだけだった。ラヴェルがフォーレのクラスを選んだのはなぜだったのだろうか。この時期、パリ音楽院作曲科の教授だったのは、フォーレのほかに、前述したルヌヴーとシャルル＝マリー・ヴィドール（一八四四〜一九三七）だった。オルガニストとして有名なヴィドールは、一八九〇年に死去したセザール・フランクの後任としてオルガン科の教授となり、オルガン教育を刷新した後、一八九六年、音楽院院長となったテオドール・デュボワの後任として作曲科に移った。その門下からマルセル・デュプレ、オネゲル、ミヨー、エドガー・ヴァレーズなどを輩出している。

ヴィドール、ルヌヴー、フォーレという作曲家教授の顔ぶれを見ると、ラヴェルにとって、フォーレ以外の選択肢は考えられなかったように思われる。フォーレの助手だったジェダルジュに個人レッスンを受けはじめた時点で、その路線は決まっていたのかもしれない。

パリ音楽院で、フォーレは作曲だけは自分で指導したが、技術的なことは助手のジェダルジュに任せていた。そこで、ラヴェルはフォーレのクラスに入学してからも、ずっとジェダルジュに対位法とフーガを見てもらっていた。ラヴェル自身、「自伝的素描」のなかで、「私は、自分の技能のもっとも大切な要素はアンドレ・ジェダルジュのおかげであることを喜んで認める。一方、フォーレの芸術家としての助言は私にとって同じく有益だった」と述べている。

ロザンタールによれば、ジェダルジュのレッスンでは硬直的な規則に縛られたフーガや対位法は重視されなかったという。この教育方針はラヴェルにはお誂《あつら》え向きだったが、パリ音楽院全体がそうだったわけではない。そのため、この後、ラヴェルはパリ音楽院院長で作曲家のテオドール・デュボワから目の敵にされることになる。

国民音楽協会でのほろ苦いデビュー

一八九八年三月五日、つまり、ラヴェルがパリ音楽院作曲科のフォーレのクラスに入学した二カ月後、ラヴェルの作品は早くもサル・プレイエル（プレイエル・ホール）で開かれた国民音楽協会のコンサートで演奏されている。二台ピアノのための《耳で聴く風景》である。ラヴェルはその一年前に〈ハバネラ〉に〈鐘が鳴る中で〉を追加して、二曲からなる曲集にしていた。ちなみに、現在のサル・プレイエルは一九二七年にオープンした一九〇〇席あまりのホールだが、当時は五五〇席だった。

演奏したのはリカルド・ビニェスとマルト・ドロンである。しかし、〈ハバネラ〉の演奏はまだしも、〈鐘が鳴る中で〉はビニェスが八分音符分先に進んでしまい、その結果「たいへん不快な効果を生んだ」せいで大荒れの初演となった。作品についての評価は分かれたが、その曲名については特に問題にならなかった。たしかに、《耳で聴く風景》という邦訳では違和感がないが、*Sites auriculaires*（耳の風景）という原題は奇妙な感じがする。これは、作品に奇抜な題名をつけていたサティの影響かもしれない。『ル・

タン』紙の批評家ピエール・ラロはこれを嘲《あざけ》って「単純」だと評し、『メルキュール・ド・フランス』誌に書いているピエール・ド・ブレヴィルは〈ハバネラ〉に賛辞を送ったあと、なぜラヴェルがこのように名づけたのだろうか、といぶかった。

こうして、ラヴェルの記念すべき国民音楽協会でのデビューは、波乱に富んだものになった。このコンサートに居合わせたドビュッシーは、ラヴェルに楽譜を貸してほしいと頼んだらしい。後述するように、これが物議をかもすことになる。

ところで、国民音楽協会とはどのような組織だったのだろうか。

この協会はフランスが普仏戦争に敗れた後、一八七一年にパリで創設された組織で、「アルス・ガリカ」つまりフランスの芸術というモットーを掲げていた。設立の中心となったのは、作曲家のカミーユ・サン＝サーンス（一八三五～一九二一）と声楽家のロマン・ビュシーヌ（一八三〇～一八九九）であった。創設時はビュシーヌが会長だったが、翌一八七二年からはサン＝サーンスが会長に就任した。ここにはフランクやギロー、フォーレ、デュパルクなど、フランスの代表的な作曲家や音楽家たちが集まり、一九一四年に第一次世界大戦のため一時中断するまで、四一一回のコンサートが開かれ、フランスの新しい作品の数々が紹介されたことで知られている。

国民音楽協会の主な活動は、メンバーであるフランス人作曲家の新作を演奏することで、提出された作品を執行部のメンバーが審査し、コンサートのプログラムを決定していた。一八八六年以降は活動路線の対立から、セザール・フランク（一八二二～一八九〇）を会長とし、貴族階級出身のヴァンサン・ダンディ（一八五一～一九三一）と裕福なブルジョワ階級のエルネスト・ショーソン（一八五五～一八九九）を書記とした新体制に移行した。

一八九〇年にフランクが亡くなると、ダンディが国民音楽協会の会長職に就き、一八九九年のショーソン急逝後は独裁体制を強めた。彼はまた、シャルル・ボルド（一八六三〜一九〇九）とアレクサンドル・ギルマン（一八三七〜一九一一）とともに私立の音楽学校スコラ・カントルムを創設し、一八九九年、校長に就任し、辣腕《らつわん》をふるった。

国民音楽協会はこれまで、一八七一年以降のいわゆるフランス音楽のルネサンスに決定的な役割を果たしたと評価されてきた。ところが、研究が進み、実態が明らかになるにつれて、このコンサートは公開コンサートといっても、一般に広く開かれたものではなく、会員限定だった事実が判明した。最初のうちは日刊紙や音楽雑誌などジャーナリズムにもチケットが回らなかったほどで、そのためにジャーナリズムに取り上げられるまでに少し時間がかかったのだが、その閉鎖的な性格ゆえに、この協会のコンサートには、一般のオーケストラ団体のコンサートなどとは異なる、ある種のオーラが漂っていた。

さて、ラヴェル作品の初演に話を戻すと、当時、執行部のメンバーだったのは、ダンディ、ショーソン、ボルド、デュパルク、そしてフォーレの五人だった。つまり、フランクの弟子たちが四人、それに、パリ音楽院で教えるニデルメイエール宗教音楽学校出身のフォーレが加わったかたちで、ここにはフォーレ以外にパリ音楽院作曲科の教授陣が入っていないことが注目される。この執行部のメンバーは立場の違いや意見の対立はありながらも、この後ラヴェルの作品を次々に初演することになった。ラヴェルが国民音楽協会のおかげで、キャリアを積む経験を得られたことは確かである。そこには、フォーレの強力な後押しがあった。

最初の出版

　当時、リカルド・ビニェスは名演奏家として華やかな成功をおさめていた。一八九八年四月十八日、彼は、サル・エラールで同時代の作曲家による作品を集めた二度目のリサイタルを開いた。プログラムはフランクの《プレリュード、アリアと終曲》から始まり、ヴィドール、サン＝サーンス、デュボワ、ピアノの師シャルル・ド・ベリオ、指揮者のカミーユ・シュヴィヤール、そして、ショーソン、ダンディ、シャブリエ、フォーレと曲が続き、そのあと、ラヴェルの《古風なメヌエット》が「初演、献呈作品」として置かれ、最後は二台ピアノ編曲版によるイサーク・アルベニスの《スペイン狂詩曲》で締めるというものだった。この年《古風なメヌエット》がエノック社から出版され、ラヴェルの出版作品第一号となった経緯は二十八頁で述べた通りである。

　一八九八年、フォーレのもとで、ラヴェルは二曲の歌曲を完成させた。作曲されたのは、ルコント・ド・リールの詞による《紡ぎ車の歌》とエミール・ヴェラーレンの詞による《何と打ち沈んだ！》である。

　一八九八年から九九年にかけての冬、ラヴェルは声楽家のジャーヌ・バトリ（一八七七〜一九七〇）に紹介された。彼女は当時、パリ音楽院演奏協会合唱団のメンバーだった。バトリは譜読みが早く、ほとんど即座に非常に複雑な現代曲を歌うことができた。彼女はこの後、ラヴェルの忠実な演奏者の一人となり、《おもちゃのクリスマス》《博物誌》《ステファヌ・マラルメの三つの詩》《マダガスカル先住民の歌》を初演した。

序曲《シェエラザード》の初演

この頃、ラヴェルは歌曲のほかに、管弦楽曲の作曲にも初挑戦していた。それが、序曲《シェエラザード》で、千一夜物語に着想を得たオペラの序曲として構想されたものだった。ビニェスの一八九八年五月三十日の日記には、ラヴェルがリュシアン・ガルバンと一緒に完成したばかりのこの曲を、ピアノ連弾で演奏するのを聴いたとあり、夕刻、ビニェスはド・ベリオ家の内輪の集まりに参加し、ラヴェルの《古風なメヌエット》を弾いて喜ばれたと書かれている。ガルバンについては後に述べる（五十頁参照）。

フォーレはこの作品を一八九九年五月二十七日、国民音楽協会のオーケストラのコンサートで演奏しようと考え、執行部に提案し了承された。オーケストラのコンサートは費用がかさむため、国民音楽協会のコンサートのなかでも特別な地位を占めていた。その意味でも、ここでこの作品が取り上げられた意義は大きい。

しかし、執行部では、ラヴェルの作品を演奏することに反対する意見も根強かった。それは、初演の一週間前、五月二十日頃に、フォーレが執行部の一人、ショーソンに宛てた次の手紙からわかる。

友よ、

執行部に作品を提出するよう、ラヴェルに勧めたのは私です。私が後押ししなかったら、彼が提出しようとは考えもしなかったことは明らかです……演奏されるだろうと約束したら非常に喜んでいました。彼が朝から晩まで写譜している最中に、プログラムから彼の名前を削るのは、あまりにも残酷な変更ではありませんか？　私たちの協会は若者を後押しするべきではありませんか？　私たちがヒヨッコだったとき、協会は私たちを後押ししてくれたのではありませんか？

ですから、ラヴェルへの特別なご配慮をお願いします。とん挫しかけているこの方法を彼に勧めたのが自分であるだけに、なおさらお願いする次第です！　執行部の同僚や、同業者や、友人たちの大部分は、私が特別のはからいをたびたび求めているわけではないことを認めるでしょう。拒否されたら、私はたいへんつらく思います。

よろしくお願いいたします。

ガブリエル・フォーレ

フォーレの根回しが奏功して、ラヴェルの作品は無事に初演された。当初、ダンディが指揮をする予定だったが、練習日程が合わないからと辞退したため、ラヴェルがみずから指揮台に立つことになった。彼にとって、初の指揮体験であった。

いざ、この作品が、コンサートの冒頭で演奏されると、反応は厳しいものだった。ビニェスのこの日の日記には、次のように書かれている。

……ラヴェルの《シェエラザード》は、ぼく以外からは、冷たく受け取られた。ぼくはたった一人でホール中に立ち向かい、ブラヴォー、ブラヴォーと叫び、割れんばかりの拍手をした、立ち上がって、みながぼくに気がつくように！　ほんとうにラヴェルはそれにあたいする。彼には才能がある。そして若く、みんなから真価が認められていない。

実際、批評家たちは総じて辛辣《しんらつ》だった。たとえば、小説家コレットの最初の夫となった批評家アンリ・ゴーティエ＝ヴィラール（筆名ヴィリー、一八五九〜一九三一）は「ロシア楽派の不器用な盗用（エリック・サティに匹敵したいと切望するドビュッシー主義者がねつ造したリムスキー〔＝コルサコフ〕）」と評し、ラヴェルを「並みの才能の新人であることは確かだが、よく勉強するならば、十年ほど経てば、ひとかどの人物は無理でも、それなりの人物にはなれるかもしれない」と皮肉った。さらに、『ル・タン』紙上ではピエール・ラロ（一八六六〜一九四三）がラヴェルの作品を徹底的にこきおろした（六月十三日付）。作曲家エドゥアール・ラロの息子、ピエール・ラロはラヴェルにとって、この後およそ三十年にわたり、「天敵」ともいうべき存在になる批評家である。しかし、ここで注目すべきは、ラヴェルがパリ音楽院のフォーレのクラスで学ぶ、まだ二年目の学生であり、ローマ賞にエントリーする段階までも達していなかった時期に、すでに、国民音楽協会という由緒ある団体でその作品が毎年演奏され、しかもそれが毎回、音楽批評の対象として取り上げられていたという事実であろう。ラロは批評のなかで、ラヴェルについて、彼がまだパリ音楽院の学生であり、同級生や先生たちからたいへん高く評価されていると紹介しているが、この批評から、ラヴェルの個性がパリ音楽院においてすでに傑出していたことがわかる。

一方、ダンディは初演後、ラヴェルの礼状に対して、六月十五日付で次のように返事をしている。

リハーサルの前は、あなたの作品に対して非常に敵意を抱いていました。なぜなら、私が芸術の原則とみなしていたものすべてを否定しているように思えたからです。しかし、リハーサルのあいだに、あなたにも、また、私の感覚では……構成力が十分でない、あの作品においてさえ、「音楽」がどれほど存在するかがわかって、うれしかったです。

実際、国民音楽協会では、このちも、一九〇〇年には《クレマン・マロの墓碑銘》、一九〇二年には《水の戯れ》、一九〇四年には弦楽四重奏曲、さらに歌曲集《シェエラザード》というように、ラヴェルの重要な新作が初演されることになった。

サロンでの成功

ジェダルジュが作曲の技法をラヴェルに教えてくれたとすれば、フォーレの役割はラヴェルが世に出る後押しをしてくれたこと。そのひとつが、ラヴェルやフロラン・シュミット、ロジェ＝デュカスなど、自分の学生を国民音楽協会に入会させて、彼らの作品をプログラムに載せることだったが、それだけではなかった。フォーレはパリ音楽院の作曲科教授に就任した一八九〇年代後半から、弟子たちをパリのサロンに同伴して、積極的に紹介したのである。

サロンとは、もともと上流階級の夫人が毎週決まった曜日にサロン、つまり客間で催す社交的な集いのことで、有名なサロンには特徴があり、どのような芸術家を招いてサロンの常連にするかが、女主人の腕の見せどころであった。

ラヴェルが生きた第三共和政の時代には、こうした名流夫人の開くサロンのほかに、音楽家自身が開いていたサロンや文芸サロンなどもあった。当時、パリでは各種の活発な音楽活動がおこなわれていたものの、公的助成という点では、音楽は美術に比較して恵まれていなかった。そのなかで、作曲家の新しい音楽創造を支える上でサロンは大きな役割を果たしていた。作曲家にとってサロンは、政治・経済・文化を先導するエリートたちと面識を得られるばかりでなく、サロンのなごやかな雰囲気のなかで、エリートの聴衆の前で新作を披露できることも大きなメリットだった。何より、サロンでの演奏には、公開コンサートとは異なり、警察の許可も、税金を納める必要もなかった。フォーレもドビュッシーもラヴェルも、みな、サロンを通じてパリのエリートたちの世界に入った。一八七二年、フォーレを有名なメゾソプラノ歌手ポーリーヌ・ヴィアルドのサロンに紹介したのは、兄貴分のサン＝サーンスであった。フォーレはパリ音楽院の教授に就任すると、自分の学生たちを同じようにサロンに同道したのである。

この時代、さまざまな有名サロンがあった。たとえば、フォーレがラヴェルを紹介した、ルネ・ド・サン＝マルソー夫人のサロンやポリニャック大公妃のサロンは、音楽的に特に名を知られていた。こうしたサロンの女主人たちは自分自身がすぐれた音楽家でもあったので、作曲家の伴奏で、みずから作曲家の新作歌曲を歌うこともあれば、ピアノなどを演奏することもあった。

ポリニャック大公妃ウィナレッタ（一八六五〜一九四三）はニューヨークで、ミシンの発明で莫大な財を成したアイザック・シンガーを父として生まれた。父親から財産の一部を受け継いだウィナレッタは、その財力を背景にパリの社交界でしだいに重要な地位を占めるようになった。彼女は二度目の結婚相手に、三十歳以上も年上の名門貴族エドモン・ド・ポリニャック大公を選んだ。二人は男女間の愛情ではなく、芸術に対する深い愛情で結ばれた変則的なカップルだったが、彼らのサロンはパリ一番の芸術サロンとして一躍有名になった。ラヴェルの《亡き王女のためのパヴァーヌ》（一八九九）はのちにオーケストラ用に編曲され、ピアノ独奏曲としてもオーケストラ曲としても親しまれているが、これはポリニャック大公妃に献呈されている。この作品は一九〇〇年に出版され、ラヴェル自身が意外に感じるほどの好評を得るが、出版前にサロンでたびたび演奏されていた。夫のポリニャック大公は一九〇一年に世を去るが、その後もウィナレッタはサロンを継続し、音楽家たちを援助し続けた。彼女は、名教師として知られるナディア・ブーランジェ（一八八七〜一九七九）に助言を受けつつ、さまざまな前衛作曲家たちを応援すると同時に、古楽の復興運動にも助力を惜しまなかった。ちなみに、ナディア・ブーランジェはフォーレの弟子の一人だった。一九〇九年末、ラヴェルたちが保守的な国民音楽協会に反旗を翻して、独立音楽協会を結成した際に、温かく支援したのもウィナレッタだった。

一方、毎週金曜日に開かれていたド・サン＝マルソー夫人（マルグリット、一八五〇〜一九三〇）のサロンには、フォーレ、ドビュッシー、ダンディ、アンドレ・メサジェなどがしばしば訪れた。ここでは、すばらしい晩餐がふるまわれたあと、内輪のコンサートが始まった。作曲家や作家、画家たちが集うなごやかな雰囲気のなかで、さまざまな作品が演奏されたり、即興されたり、詩の朗読がおこなわれたりした。一九〇一年にはモダンダンスの創始者、アメリカの若い舞踏家イサドラ・ダンカン（一八七七〜一九二七）が踊ったこともあった。そのとき、ピアノでショパンのワルツや前奏曲を弾いて踊りの伴奏をしたのは、若き日のラヴェルだった。

ラヴェルの歌曲《クレマン・マロの墓碑銘》は一九〇〇年に国民音楽協会で初演されたが、それ以前にド・サン＝マルソー夫人が自分のサロンで歌っている。そのときのラヴェルの反応について、夫人は日記にこう記している。「彼〔ラヴェル〕は自分の作品を聞いて喜んだのかしら。わからない。なんて奇妙な人でしょう。才能に恵まれ、いたずらっぽさがある」（注8）。超然とした雰囲気を漂わせていたラヴェルの姿が目に浮かぶ。

こうしたサロンの女主人たちは、作曲家に演奏と出会いの場を提供していただけではない。学士院芸術アカデミーの選挙の際には、特定の作曲家の票集めに動くこともあったし、オペラ座やオペラ＝コミック座など国の助成劇場の演目に注文をつけたりもした。たとえば、ラヴェルの初の歌劇《スペインの時》は一九〇七年に作曲されたものの、オペラ＝コミック座はなかなか上演しようとしなかった。そこに圧力をかけて一九一一年の初演にこぎつけられたのは、当時有力な大臣だったジャン・クリュッピの夫人のおかげだったのである。

音楽院院長デュボワとの確執

パリ音楽院はどの科も、秋の入学試験、一月の定期試験、六月の定期試験（ここで最終試験を受ける資格があるかを判断する）、そして夏の最終試験というサイクルで一年が回っていた。それぞれの審査員は年度はじめに政府が任命し、その構成には規定により、一定数の外部審査委員が入っていた。

作曲科の場合、最終試験にあたるものはなく、そのかわりがローマ賞コンクールだった。ローマ賞以外に、作曲科の試験が設置されるのは一九二一年のことである。作曲の学生にとっての必修科目は「フーガ」で、その最終試験で何らかの賞、つまり、一等賞、二等賞、次点第一位、次点第二位のいずれかを得ることが必要だった。

ラヴェルの場合、このフーガの試験が鬼門となった。まず、一八九八年六月の定期試験では、ラヴェルはフーガの最終試験を受ける資格を得られなかった。一八九九年七月、ラヴェルははじめてフーガの最終試験に駒を進めるが、課題を提出しなかった。理由は不明である。一九〇〇年七月三日、彼はふたたびフーガの最終試験を受けるが、今回は、試験官の一人、音楽院院長デュボワがラヴェルの答案に零点をつけた。答案には「不可、書法のひどい不正確さのため」と書かれていた。

デュボワがつけた零点のおかげで、ラヴェルは何も賞が得られなかった。先に述べたように、ラヴェルはこの時期もずっとジェダルジュにフーガの指導を受けており、ジェダルジュの弟子たちのあいだでは、ラヴェルはエネスコとならんでフーガを得意としていた。しかし、その書法は、教条的なデュボワの基準に照らし合わせれば、許しがたいものだったわけである。

今回もフーガの試験に通らなかったため、ラヴェルはこれ以降、フォーレの作曲のクラスの正規生としての身分を失ってしまった。だがフーガの成績がどうであれ、フォーレがラヴェルを自分のクラスから除籍したいと思っていたわけではなかった。そこで、ラヴェルはフォーレのクラスに聴講生として残ることになった。ラヴェルはこの聴講生の身分を一九〇三年まで続けた。

注5　資料によって若干異なるが、ラヴェルの身長は一メートル六十一センチほど、体重は四十九キロほどだった。
注6　これまでは二十歳とされてきた。
注7　フランソワ・ポルシル著、安川智子訳『ベル・エポックの音楽家たち　セザール・フランクから映画の音楽まで』水声社、二〇一六年、一〇〇頁。
注8　アービー・オレンシュタイン著、井上さつき訳『ラヴェル　生涯と作品』音楽之友社、二〇〇六年、三三頁。

第三章　ローマ賞コンクールの内と外で（一九〇〇〜一九〇五）

作曲のローマ賞コンクール

ラヴェルにとって、パリ音楽院の作曲科でフーガの賞を取れなかったとしても、アカデミックなキャリアをつけるチャンスが残されていた。それがローマ賞コンクールである。

ローマ賞コンクールは、十九世紀以降のフランスの作曲家の伝記を読むと、かならずといってよいほど出てくる名称である。実は作曲家だけでなく、画家や彫刻家などの伝記にもひんぱんに登場する。つまり、ローマ賞コンクールは芸術のさまざまな分野で設けられており、作曲のほかに、絵画、彫刻、建築、版画の部門があった。

作曲部門は一八〇三年にナポレオンによって制定されたもので、ラヴェルの生きた第三共和政の時代にはフランス学士院の一部門である芸術アカデミーの管轄となっていた。このコンクールで一等賞（大賞）を取った作曲家としては、エクトール・ベルリオーズ（一八三〇）、シャルル・グノー（一八三九）、ジョルジュ・ビゼー（一八五七）、マスネ（一八六三）、ドビュッシー（一八八四）、フロラン・シュミット（一九〇〇）、そしてジャック・イベール（一九一九）などが挙《あ》げられる。

当時コンクールを受けるためには、フランス国籍をもち、コンクールが開催される年の一月一日の時点で三十歳未満でなければならなかった。ローマ大賞受賞者は四年間奨学金が与えられ、最初の二年間はローマのヴィラ・メディチに、三年目はドイツかオーストリアに、そして四年目はローマかパリに滞在することになっていた。

こうした規定からもわかるように、この賞はもともと美術のためのもので、画家や彫刻家の卵がローマにある留学生会館に行って勉強する、というのが趣旨だったので「ローマ大賞」と名付けられた。これを受賞した作曲家は、四年間で室内楽とオーケストラの作品、声楽作品などを完成させることが義務付けられた。四年終了後はさらに、数年間別の財団から助成してもらうことも可能だった。したがって、大賞を受賞するということは、最低四年間、最高七年間作曲に打ち込める環境と、作品演奏の機会が与えられることを意味していた。

こうした物質面もさることながら、ローマ大賞を受賞することには特別な意味があった。学士院芸術アカデミーはフランスの芸術をつかさどる公的機関であったことから、その芸術アカデミーが主宰するコンクールには絶大な権威があり、「ローマ大賞受賞」という肩書は新人作曲家にとってまたとない「お墨付き」になったのである。

受験資格として、パリ音楽院の作曲科で学ぶこととは明文化されていないものの、後述するように特殊な課題を課すコンクールであるため、実質的にはパリ音楽院作曲科で学んでいなければこれを受けることはほとんど不可能だった。パリ音楽院は作曲科自体が、なかばローマ大賞受験準備クラスと化していたのである。

したがってパリ音楽院の作曲科教授にとって、自分のクラスからローマ大賞受賞者を出すことは、志願者に対する最高のアピールとなった。たとえば、ドビュッシーは新しく作曲科教授となったエルネスト・ギローのクラスに入ったが、ドビュッシーが一八八四年にローマ大賞を受賞すると、翌年、ギローの作曲のクラスに入学する学生が激増したことが知られている。

ローマ賞コンクールは二段階選抜方式を取っていた。まず予選で、四声フーガ一曲と合唱とオーケストラのための曲を書く。審査にあたるのは、芸術アカデミーの作曲部門のメンバーと外部委員である。ラヴェルが受験していた当時、芸術アカデミーの作曲部門のメンバーはずっと同じ顔ぶれで、パリ音楽院院長のデュボワ、パリ音楽院作曲科教授のルヌヴー、エミール・パラディール、エルネスト・レイエール、サン＝サーンス、そしてマスネだった。この予選でコンクール本選出場者は最大六名に絞られる。

その後の本選ではカンタータを書くのだが、歌詞が与えられ、それに曲付けをして、複数の独唱者とオーケストラのためのカンタータを仕上げることが課題だった。期間は一カ月である。

驚くべきことに、本選のカンタータ課題はベルリオーズが受けていた一八二〇年代からほとんど変わっていなかった。要は、一定期間に、与えられた歌詞をいかにうまく処理して声楽とオーケストラのための、いわばオペラの一場面を作るか、ということである。予選の課題にしても、「フーガ」は、アカデミックな基礎の有無を問うものであったし、オーケストラ伴奏つきの合唱は、本選と同じく、与えられた歌詞をいかにうまく合唱作品にできるか、そして、オーケストラの扱いに習熟しているか、ということを見るものだった。十九世紀のフランス音楽界はオペラ中心で、パリ音楽院がオペラに焦点を当てた教育をおこなっていたことを考えれば、こうした内容のコンクール課題は不思議ではないが、それが十年一日どころか、百年にわたって変わらなかったところにフランスの特質がかいまみえる。

当然、パリ音楽院の作曲科では、ローマ賞の「過去問」を解くことが教育の中心となり、学生たちは以前に出題された歌詞を使ってカンタータを書く練習をしていた。

一九〇〇年一月、ラヴェルは期末課題として、カンタータ《カリロエー》を提出するも、賞は与えられなかった。ラヴェルは友人のドゥミトル・キリアックに宛てて、三月二十一日付の手紙で次のように書いている。ルーマニア人のキリアックはフォーレのクラスの同期でブカレストに帰っていた。

……ぼくは実際、ローマ賞の準備をしています。それにまじめに取り組みはじめました。フーガはかなり楽になりましたが、カンタータのほうはかなり心配です。一月の試験に、ぼくは《カリロエー》からの情景を辛抱強く作曲しました。その効果については自信があります。音楽はかなり味気なく、控えめに情熱的で、学士院の紳士方にも近づきやすい程度の大胆さがあり、オーケストレーションについては、ジェダルジュは巧みでエレガントだという意見でした。結局、すべては悲惨な失敗に終わりました。フォーレがぼくを救おうとすると、デュボワ氏はフォーレがぼくの音楽的な素質に関して思い違いをしていると彼に断言しました。困るのは、批判がぼくのカンタータに対してではなく、遠まわしに《シェエラザード》に向けられていたことです。それが演奏されたとき、君も覚えているとおり、デュボワ院長もいたのです。この影響に対して五年も戦う必要があるのでしょうか？　ぼくが同じ態度を最後まで保ちつづける勇気がないことは確かです。

デュボワ院長がラヴェルを評価していなかったことがわかる。ラヴェルが国民音楽協会のコンサートで序曲《シェエラザード》を初演したことが、裏目に出たのだった。

一九〇〇年パリ万国博覧会

さて、一九〇〇年、パリは沸き立っていた。第五回パリ万博が開かれたのである。会期は四月十五日から十一月十二日までだった。パリ万博はこれまで回を追うごとに規模が大きくなってきたが、今回はこれまでにも増して大規模に開催され、入場者は延べ五一〇〇万人近くに達した。これは、当時のフランスの人口が約三五〇〇万人であったことを考えれば驚異的な数字である。パリの万博は、ほかのどの都市で開かれた万博よりもたくさんの外国人を引き寄せ、また、自国民をも引き寄せた。その秘訣は一八八九年に続いて、今回も祝祭的要素を重視した点にある。万博の趣旨は、見物客に近代科学やテクノロジーの驚異を教えこむことから、いまや、客をいかに楽しませるかというエンターテイメントに力点が移ったのである。今回、万博の主な会場となったのは、シャン＝ド＝マルスとコンコルド広場、ヴァンセンヌの森。前回も大規模だったが、その二倍以上の面積が使われた。この広大な敷地のなかで、「一世紀の総決算」と銘打たれた博覧会が雑然と広がっていた。

ラヴェルは、おそらく一九〇〇年万博の会場にも足を運んだと思われるが、残念ながらそれを示す資料は残っていない。万博が開幕してほどなく、五月にラヴェルは初のローマ賞の予選を受けていた。四声フーガ一曲と、合唱とオーケストラのための曲を一週間で書くのである。フーガは主題が与えられ、合唱曲は課題歌詞が与えられる。このときの合唱曲の課題歌詞は、アンリ・カザリスによる「舞姫たち」だった。カザリスといえば、サン＝サーンスが彼の詩をもとに、一八七四年、交響詩《死の舞踏》を作曲したことが思い出される。ラヴェルはこの歌詞に異国情緒豊かな音楽をつけたが、予選通過はかなわなかった。本選ではフロラン・シュミットが五度目の挑戦でローマ大賞を得た。

その後、七月のフーガの最終試験で、デュボワに落第点をつけられたラヴェルはフォーレの作曲科のクラスから除籍され、その後は聴講生となったことは先に述べた。その身分でラヴェルは一九〇一年一月、パリ音楽院の作曲の賞に《プレリュードとフーガ》を書いて提出しているが、賞は取れなかった。作品は現存していない。

ドビュッシーからの編曲依頼

一九〇〇年、ラヴェルはラウル・バルダックとリュシアン・ガルバンとともに、ドビュッシーの家でオペラ《ペレアスとメリザンド》の試演を聴かせてもらっている。ドビュッシーがオペラ＝コミック座でこのオペラを初演し、成功をおさめるのは一九〇二年のことである。ラウル・バルダック（一八八一～一九五〇）はドビュッシーの後妻となったエンマ・バルダックの息子で、パリ音楽院で学び、その後、ドビュッシーにも師事した。ラヴェルの手紙には、彼が繊細な音楽家で、フォーレの古い弟子でもあり、フォーレは彼に愛情をもっていたと書かれている（一九二二年七月十八日付）。一方、リュシアン・ガルバン（一八七七～一九五九）は一八九七年頃からのラヴェルの知り合いで、パリ音楽院の級友だった。彼はドイツのヘッセン方伯家の音楽秘書職を一八九七年から第一次世界大戦が勃発する一九一四年まで十六年間つとめた。ガルバンはラヴェルのオペラ《スペインの時》の台本を書いたフラン＝ノアンの従兄弟にあたり、一九一八年にはラヴェルの弟子、ロラン＝マニュエルの従姉妹と結婚している。また、ガルバンにデュラン社の校正係の職を世話したのはラヴェルである。ガルバンはラヴェル専属の校正係をつとめ、生涯、ラヴェルと親しかった。

一九〇〇年十二月九日、ドビュッシーの管弦楽のための素描《ノクテュルヌ》のなかの二曲〈雲〉と〈祭り〉がカミーユ・シュヴィヤール指揮のコンセール・ラムルーで初演された。ラヴェルはこの初演を聴きに行き、会場でビニェスをサティに紹介している。

ドビュッシーは〈シレーヌ〉を加えて《ノクテュルヌ》を完成させたのち、二台ピアノに編曲する仕事を〈雲〉と〈シレーヌ〉についてはラウル・バルダックに、〈祭り〉についてはリュシアン・ガルバンに頼んだ。そのうちの〈シレーヌ〉の編曲がラヴェルに回ってきた。これがバルダックから頼まれたのか、ドビュッシーに頼まれたのかは不明だが、この楽譜が一九〇九年に出版されたとき、《ノクテュルヌ》全体の編曲はラヴェル一人の名前になっていた。

アパッシュの仲間たち

一九〇二年のはじめ、パリにアパッシュと呼ばれる新しい芸術グループが生まれた。ラヴェルとビニェスは熱心なメンバーで、ほかに、中心的なメンバーとしては、詩人のトリスタン・クリングソールやレオン＝ポール・ファルグ、画家のポール・ソルドとエドゥアール・ベネディクトゥス、オペラ座の司祭をしていたレオンス・プティ神父、指揮者のデジレ＝エミール・アンゲルブレシュト、ピアニストのマルセル・シャデーニュ、作曲家のカプレ、モーリス・ドラージュ、ポール・ラドミロー、フロラン・シュミット、デオダ・ド・セヴラック、批評家のミシェル＝ディミトリ・カルヴォコレッシ、マンヌス・シェーンネスヴェト、そしてエミール・ヴュイエルモーズ、スペインの数学者ホアキン・ボセタ、飛行家のモーリス・タビュトーなど、さまざまな分野のメンバーが集まった。彼らは自分たちを「アパッシュ（アパッチ）」と呼んだが、その呼び名を考案したのはビニェスだった。彼らは「芸術的ごろつき」だと自認し、重要だと考えるものをつねに擁護し、前衛的な音楽のコンサートに忠実に通った。一九〇二年にドビュッシーの歌劇《ペレアスとメリザンド》が初演された際、日参して熱烈な拍手を送ったのもアパッシュのメンバーであった。

アパッシュには秘密のテーマソング（ボロディンの交響曲第二番の冒頭）があり、各メンバーにはそれぞれニックネームがついていた。ラヴェルは「ララ」あるいは「ラヴトン」と呼ばれていた。アパッシュのメンバーが集まるのは、通常土曜日の夜だった。彼らは第一次世界大戦が始まるまで、かなり規則的に集まり、夜更けまで、絵画について議論したり、詩を朗読したり、新しい音楽を演奏したりした。このグループがラヴェルに与えた影響は非常に大きかった。ラヴェルの世界が広がっただけでなく、のちに一緒に仕事をする人物や、生涯の友人に出会ったのは、アパッシュの集まりにおいてであった。

詩人のレオン＝ポール・ファルグによれば、ラヴェルは「われわれの好みや趣味、つまり中国美術、マラルメ、ヴェルレーヌ、ランボー、［詩人のトリスタン・］コルビエール、セザンヌ、ヴァン・ゴッホ、ラモー、ショパン、ホイッスラー、ヴァレリー、ロシア人たち、そしてドビュッシーに対するわれわれの熱狂ぶりを共有していた」という。

一九〇七年、スペインからパリにやってきた作曲家のマヌエル・デ・ファリャ（一八七六〜一九四六）はビニェスの紹介でアパッシュの集いに参加するようになり、一九〇九年には、ロシアからやってきた若い作曲家、イゴール（イーゴリ）・ストラヴィンスキー（一八八二〜一九七一）がグループに一時加わることになる。

こうした刺激的なグループのなかで、ラヴェルは《水の戯れ》、〈悲しき鳥〉、ソナチネを初演した。

一九〇一年のローマ賞

一九〇一年の五月、ふたたび、ローマ賞の季節がめぐってきた。今回、予選の四声フーガは前年よりも出来がよかった。合唱曲の課題歌詞は、「すべては光、すべては喜び」という詩句から始まるヴィクトル・ユゴーの「心安まる光景」だった。オーケストラ伴奏つき合唱曲の作曲も無難にこなし、ラヴェルは本選に進んだ。

本選のカンタータの課題歌詞はフェルナン・ベッシエ作による「ミルラ」だった。王の敗北が迫るなか、ギリシア人の奴隷ミルラはニネヴェの王サルダナパルスと運命をともにするという内容である。このとき、本選に残ったのは五人、アルベール・ベルトラン、アンドレ・カプレ、ガブリエル・デュポン、エメ・キュンク、そしてモーリス・ラヴェルだった。

コンクール参加者は、予選は一週間、本選は一カ月間、会場となったコンピエーニュ宮殿の小部屋にこもって作曲することが義務づけられていた。参加者は

1901年ローマ賞コンクールの本選参加者たち
左から、守衛、デュポン、キュンク、守衛、カプレ、ベルトラン、ラヴェル

試験会場にピアノやベッドをレンタルして、身の回りの品と共に持ち込まなければならなかった。自由な外出はいっさい禁止、面会時間も決まっており、驚くなかれ、いつも監視がついていた。たとえば、一九〇一年のローマ賞コンクールの本選の際に会場でとられた写真が残っているが、ラヴェルやカプレ、デュポンのほか二名の参加者と一緒に写っている二名の制服姿の男性は監視役の守衛である（前頁写真）。本選参加者はコンクールの期間、ほかの仕事にたずさわることは一切できず、逆にピアノなどのレンタル料や食費を負担しなければならなかったため、決して安易な気持ちで受けられるコンクールではなかった。

一九〇一年の本選でラヴェルは二等賞第二席となった。このとき、一等賞を得たのはアンドレ・カプレ、二等賞第一席にはガブリエル・デュポンが入った。ラヴェルは上から数えて第三位ということになる。この賞は、ラヴェルが五回にわたって参加したローマ賞コンクールで唯一獲得できた賞となった。

ピアノ曲《水の戯れ》の誕生

パリ音楽院のフォーレの作曲のクラスの聴講生であった一九〇一年、ラヴェルはピアノ作品の傑作《水の戯れ》を作曲する。この曲の自筆譜には一九〇一年十一月十一日の書き込みがある。一九〇二年四月五日、サル・プレイエルで国民音楽協会主催のリカルド・ビニェスのピアノ・リサイタルで、《亡き王女のためのパヴァーヌ》とともに初演された。この作品をサン＝サーンスは「まったくの不協和音」と酷評したが、曲を献呈されたフォーレは喜び、作曲のクラスでラヴェルに演奏するように促した。

ピアニストのギャビー・カサドシュ（一九〇一〜九九）によれば、ラヴェルはエラール社のピアノを好んでいた。エラール社のピアノは軽いタッチで早く弾くことができ、音色が非常に美しいというわけではないが、技術的に非常に容易に演奏できるという利点があったという。

題辞「水にくすぐられて笑う河神」というフレーズは、象徴派の詩人・文学者であったアンリ・ド・レニエ（一八六四〜一九三六）の「水の祭典」からの引用である。この詩は翌一九〇二年に出版された詩集『水の都市』に収められたもので、ラヴェルの自筆譜にはレニエ自身の手で題辞が書き込まれていることが注目される。後述するように、若いラヴェルが文学界の人々とも交流があったことを示す証しである。

こうして、学生の身分でありながら、ラヴェルの作品は国民音楽協会で演奏されていった。とはいえ、国民音楽協会ではダンディ会長をはじめとするスコラ・カントルム派から白い眼で見られ、パリ音楽院では院長のデュボワ以下、アカデミックな教授陣ににらまれ、ラヴェルの立場は順風満帆からはほど遠かった。

1901年頃のビニェス（左）とラヴェル

一九〇二年のローマ賞での敗退

一九〇一年のローマ賞で二等賞第二席を得たラヴェルにとって、次にめざすのはもちろん大賞だった。

一九〇二年一月、彼はローマ賞準備のためにカンタータ《セミラミス》を作曲する。いわば模擬試験のようなものである。注目すべきは、このラヴェルのカンタータを四月七日にポール・タファネルがパリ音楽院で指揮していることである。タファネルは当時、フルート科とオーケストラ科の教授だったので、フォーレが頼み込んで、学生オーケストラを使って試演してもらったのだろう。ラヴェルの家族のほかに、フォーレ、ケックラン、ビニェスなどがそれを聴いたという。こうしてラヴェルは次のローマ賞コンクールに向けて着々と準備を進めた。

一九〇二年四月三十日、ラヴェルはオペラ＝コミック座でドビュッシーの《ペレアスとメリザンド》の初演に立ち会い、ドビュッシー擁護派として奮闘。つづく二カ月間はローマ賞に集中した。予選では、フーガと合唱曲《夜》を作曲し、本選へ進んだ。ただし、本選に残った六人中、予選の成績は最下位であったことを付記しておこう。

本選はウジェーヌ・アドニスとエドゥアール・アドニス作の歌詞によるカンタータ《アルシオーヌ》である。古代ローマの詩人オウィディウスの『変身物語』にもとづいたプロットだった。実はこの課題歌詞も毎年コンクールによる選抜で決定され、賞金は五〇〇フランだった。このときも二十人ほどの競争者を押しのけて選ばれた歌詞だったが、竜頭蛇尾で時代遅れの感があった。結局、作曲のローマ大賞はエメ・キュンク、二等賞はロジェ＝デュカスとアルベール・ベルトランの手に渡った。ラヴェルが賞を得るためには、以前獲得した賞よりも高いランクにノミネートされる必要があったが、そこには至らなかったのである。

ローマ賞四度目の挑戦

一九〇二年の後半、ラヴェルはイギリスの作曲家フレデリック・ディーリアスから依頼された編曲に取り組んだ。それは彼のオペラ《マルゴ・ラ・ルージュ》を、オリジナルのオーケストラ版からピアノ・ヴォーカル版に編曲する仕事だった。十二月には弦楽四重奏曲の作曲に着手し、第一、第二楽章を仕上げた後、翌一九〇三年四月に第三、第四楽章を完成させた。

一九〇三年五月、ローマ賞の季節到来である。ラヴェルはフーガと合唱曲《プロヴァンスの朝》を穏健なスタイルで書き、無事、本選に進んだ。本選の課題歌詞はマルグリット・コワフィエの手になる「アリッサ」で、愛と義務との板ばさみになるアイルランドの首長の話である。ラヴェルの気をそそるような題材ではなかったが、彼はとにかく作曲した。だが、結果はまたしても失敗だった。大賞はラウル・ラパラに、他の賞はレイモン・ペックとポール・ピエルネに授与された。

今回の失敗はラヴェルにとってショックだった。ラヴェルは九月十一日に幼友達のジャーヌ・クルトー（旧姓ゴダン）に宛てた手紙で、ローマ賞の審査発表のときのフォーレの発言について書いている。そのときフォーレは、自分が大賞を受賞したラパラの師であるにもかかわらず、学士院の全員の前で、「この判断は破廉恥です。明らかに前もって決められたものです」と述べたという。ラヴェルは以下のように書いている。「これはほかのみんなの意見でもあったのですが、それにしても、フォーレは非常に勇気がありました。第一に、ラパラは自分の学生だったこと、第二にこれによって、フォーレが自分で学士院会員になる道を永久に閉ざしてしまったからです。学士院会員の空きが出ればフォーレがまっさきに会員になるべきなのに」。このような内容である。しかし、ラヴェル本来の様式とローマ賞で要求されるアカデミックな様式との距離が広がれば広がるほど、ローマ賞を得ることは難しくなっていった。先に述べたように、ローマ賞コンクールを受けるには費用もかかった。一九〇四年、ラヴェルはローマ賞コンクールに参加しなかった。

実は、ラヴェルが参加しなかった一九〇四年のローマ賞コンクールで注目すべきできごとが起こった。はじめて女性がローマ賞コンクールに参加し、二等賞第二席に入ったのである。エレーヌ・フルリーという人物だった。一九〇二年までローマ賞コンクールの作曲部門は男性に限定されていたが、この年にヴィドールのクラスのマリー・ジュリエット・トゥタンがコンクールへの参加を望み、女性に門戸を開くかどうかが議論されるようになった。このことを踏まえ、翌一九〇三年、大臣はローマ大賞コンクールへの女性の参加を公式に認め、彼女に道が開かれた。しかし、会場のコンピエーニュ宮に缶詰になっておこなわれる試験であることから、心配した父親は、パリ音楽院のデュボワ院長に女性の食事や休息時間が男性の参加者と分けられ、しかも女性の監視のもとで行われるようにしてほしいと要望した。これに対して、デュボワ院長はすぐに回答せず、返事が予選当日の朝になってしまったため、結局、受験者のトゥタンも父親も試験会場には現れなかった。その翌一九〇四年からは女性も参加するようになり、上述したように、この年、初の女性入賞者が出たのである。一九〇八年には、のちに名教師として知られるナディア・ブーランジェが同じく二等賞第二席を得ているが、大賞には手が届かなかった。女性ではじめて大賞を受賞したのは一九一三年、ナディア・ブーランジェの妹で、夭折《ようせつ》した作曲家リリー・ブーランジェだった。

一九〇四年のローマ賞コンクールに参加しなかったかわりに、ラヴェルはアパッシュの仲間、トリスタン・クリングソールの詩にもとづいて、歌曲集《シェエラザード》を作曲し、ピアノのためのソナチネの第一楽章を完成し、さらに、ポール・グラヴォレの詩「花のマント」に曲をつけた。

《五つのギリシア民謡》——民謡編曲の始まり

一九〇四年二月、音楽学者のピエール・オーブリーは抑圧された民（ギリシア人とアルメニア人）の歌についての講演をおこなうにあたって、カルヴォコレッシにギリシアの歌を数曲選び、歌手も探してほしいと依頼した。ルイーズ・トマセが歌うことになったが、ピアノ伴奏がほしいというので、カルヴォコレッシはラヴェルに頼み、三十六時間で伴奏を書いてもらった。ここで歌われた五曲のうち、〈私にくらべられる色男はだれ〉と〈ピスタチオを摘む女の歌〉はのちに《五つのギリシア民謡》に組み入れられた。

ミシェル＝ディミトリ・カルヴォコレッシ（一八七七〜一九四四）はマルセイユ生まれのギリシア系の音楽評論家で、ラヴェルとは一八九八年に知り合った。多言語に通じ、英語などのさまざまな言語で評論を書き、のちにロンドンに居を構えた。彼はラヴェルの親友で、アパッシュのなかでは「カルヴォ」と呼ばれていた。彼はロシア音楽に熱中し、バレエ・リュスのパリ公演では数シーズンにわたりセルゲイ・ディアギレフの秘書をつとめた。

弦楽四重奏曲と歌曲集《シェエラザード》の初演

一九〇四年三月五日、ラヴェルの弦楽四重奏曲の初演が国民音楽協会のコンサートで、エマン四重奏団によっておこなわれた。弦楽四重奏曲に関してはこれまで、ドビュッシーがラヴェルに「すべての神、そして私の名において、この作品の一音符たりとも変えないように」と書き送ったという話が伝わっていたが、ドビュッシーの手紙（圧縮空気管を使用した気送電報）が公刊されたことで、実際の内容が明らかになった。文面は三月四日付、つまり初演の前日で、そこには以下のように書かれている。

バルダックからたったいま、あなたがあなたの四重奏曲を――特にアンダンテを――もっと音量を下げて演奏させようとしていると聞きました……すべての神、そして私の名において、そうしないでください。満員のホールと空のホールの音響の違いをお考えなさい……ほかを少し不明瞭にしているのはヴィオラだけなので、少し小さくしたら？　それ以外は何にもさわらずに。そうすれば、すべてはうまくいくでしょう。

つまり、ドビュッシーはリハーサルを聴いて、楽器のバランスについてラヴェルにアドヴァイスしている。この時期、ラヴェルとドビュッシーがかなり親しい関係だったことがうかがえる。

初演の後、批評家たちの意見は鋭く対立した。ピエール・ラロは「信じられないほどドビュッシーの音楽に似ている」と述べ、一方、ジャン・マルノールはラヴェルを「未来の巨匠の一人である」と称賛した。

それから二カ月半後の一九〇四年五月十七日には、国民音楽協会のシーズン最後のコンサートで、ラヴェルの連作歌曲集《シェエラザード》がオーケストラ伴奏で初演されている。ソプラノ独唱はオペラ座歌手のジャーヌ・アトー、オーケストラを指揮したのはアルフレッド・コルトーだった。コルトーはこのコンサートにおいて、《アンテルメード》の作曲者として、フランクやほかの作品ではピアニストとして、そして《シェエラザード》では指揮者として、三役で登場した。ラヴェルの歌曲集《シェエラザード》は好意的に受け入れられた。

自己批判の強いラヴェルだったが、歌曲集《シェエラザード》のみずみずしさは自分でも評価していた。後年、彼はロザンタールに、《シェエラザード》には「いまでは書いたことを恥ずかしく思う部分もたくさんある。しかしこの作品には、二度と見つけられないものがある」と語った。弦楽四重奏曲と歌曲集《シェエラザード》の作曲によって、ラヴェルは確固とした自信を得たように見える。

ゴデブスキ夫妻と知り合う

ゴデブスキ夫妻はラヴェルのもっとも親しい友人だったが、夫妻をラヴェルに紹介したのはビニェスだった。ビニェスの一九〇四年六月十六日の日記には、「シーパ・ゴデブスキ家で夕食。ラヴェルを紹介した。私たち、自分とラヴェル、は音楽を演奏し、ラヴェルは彼の《ソナチネ》の第一楽章を弾いた。彼らはそれを非常に好んだ。ボナールもそこにいた」と書かれている。ピエール・ボナールはナビ派の画家で、日本でも人気がある。グザヴィエ・シプリアン（通称シーパ）・ゴデブスキ（一八七四〜一九三七）はポーランド出身で、ロシアで活躍した著名な彫刻家の父親と、裕福な母親マティルダ・ナタンソンとのあいだに生まれた。妻のイダ（一八七二〜一九三五）はポーランド人だった。シーパはプロの芸術家ではなかったが、芸術を愛し、芸術に一家言あった。これ以後、ラヴェルは一家の家をたびたび訪れ、彼らの子供たち、ミミとジャンとも大の仲良しになった（九〇頁参照）。

ゴデブスキ家は当時、コンコルド広場に通じるサン＝フロランタン通りのこじんまりしたアパルトマンに住んでいた。その後、一家はアテーヌ通りに引っ越したが、ラヴェルは彼らの家をしばしば訪問し、フォンテーヌブロー近くの田舎の別荘、ラ・グランジェットにも滞在した。その滞在中に書かれたのが《マ・メール・ロワ》である。

ラヴェルはソナチネをゴデブスキ夫妻に、《マ・メール・ロワ》をゴデブスキ家の姉弟ミミとジャンに献呈している。

サン＝フロランタン通りのゴデブスキ家のサロンには多数の芸術界の名士やアパッシュの仲間たちが集った。ラヴェルはこの家で文学者のポール・ヴァレリーやレオン＝ポール・ファルグ、アンドレ・ジイド、ジャン・コクトー、画家のボナールやエドゥアール・ヴュイヤールと知り合った。シーパ・ゴデブスキの異母姉ミシャ・ゴデブスカもこのサークルの一員だった。

ミシャ・ゴデブスカ（一八七二〜一九五〇）の母方の祖父はベルギーの名チェリスト、アドリアン＝フランソワ・セルヴェで、母はロシアとベルギーの血を引いていた。ミシャが生まれたときに母が亡くなったため、ミシャは祖父母のもとで育ち、のちに、パリの寄宿舎に送られ、フォーレにピアノを師事した。彼女はその美貌で知られ、「パリの女王ミシャ」とも呼ばれ、ロートレックやルノワールをはじめとするさまざまな画家が彼女をモデルにして絵を描いた。

彼女は三回結婚したが、彼女のサロンはつねに芸術界の中心になった。二十一歳で結婚した最初の夫は、ポーランド出身の遠縁のタデー・ナタンソン（一八六八〜一九五一）である。彼は、兄弟とともに芸術雑誌『ラ・ルヴュー・ブランシュ』（一八八九〜一九〇三）を創刊した。この雑誌は『メルキュール・ド・フランス』に対抗する芸術雑誌として、当時の芸術家や文学者たちが協力した。彼らは社会主義を信奉し、ドレフュス事件のときには、ドレフュスを擁護する側に回った。ラヴェルは左翼系『ル・ポピュレール』紙を購読し、社会主義者であったが、そのもとはこの時期の交遊から始まっていたのだろう。

ミシャが一九〇五年に二回目の結婚をした相手は、裕福で『ル・マタン』紙の出版者であったアルフレッド・エドワール（一八五六〜一九一四）だった（のちの「ラヴェル事件」の際、『ル・マタン』紙が攻撃の口火を切ったのは偶然ではない）。そして、一九二〇年に結婚した三人目の夫が、スペイン人の画家でバレエ・リュスとも仕事をしていたホセ・マリア・セルト（セール）（一八七四〜一九四五）である。ミシャはディアギレフを援助し、さらにはココ・シャネルと親しかったことでも知られる。ラヴェルはミシャに《博物誌》の〈白鳥〉と《ラ・ヴァルス》を献呈している。

こうして、ラヴェルの交友関係は広がっていった。彼は『メルキュール・ド・フランス』の火曜日のレセプションにも顔を出し、ミシャ・ゴデブスカを通して、『ラ・ルヴュー・ブランシュ』周辺の文壇の人々とも交流するようになった。

「ラヴェル事件」

一九〇五年五月、ラヴェルは、ふたたびローマ賞コンクールを受験する。これが五回目の挑戦で、年齢制限のため、最後の受験となった。

ところが、あろうことか、ラヴェルはこの一九〇五年のローマ賞コンクールでは予選の段階で落とされてしまい、本選に進むことができなかったのである。実は予選で、ラヴェルはフーガの最後を七の和音で終え、合唱曲《曙《あけぼの》》では連続五度を含む和声の禁じ手を使っていた。とはいえ、《曙》はラヴェルが作曲したローマ賞コンクール用の合唱曲のなかで、芸術的にもっともすぐれた作品だった。これを審査したのは、欠席したサン＝サーンスを除く学士院芸術アカデミー会員五人、つまり、デュボワ、パラディール、ルヌヴー、レイエール、マスネ、外部審査員として、リュシアン・イルマシェール、アルフォンス・デュヴェルノワ、そしてグザヴィエ・ルルーの計八人だった。

一九〇一年の段階で二等第二席を得ていたラヴェルを、そして、すでに《水の戯れ》（一九〇一）、弦楽四重奏曲（一九〇二～〇三）、歌曲集《シェエラザード》（一九〇三）などの作品で新進作曲家として高い評価を得ていたラヴェルを、本選に進ませなかった審査員たちの決定は世間に大きな波紋を呼んだ。『ル・マタン』紙は五月二十一日と二十二日両日にわたって、「ラヴェル事件」を取り上げた。これに対し、審査員のパラディールは五月二十五日の『ラ・リベルテ』紙上で、審査結果に対する不満は「落選した参加者の取るに足らない泣き言にすぎない」と言い放った。その後、『メルキュール・ミュジカル』誌の六月一日号で、本選に残った六人全員がパリ音楽院作曲科のルヌヴー教授のクラスの学生で、ルヌヴー自身が学士院芸術アカデミー会員として審査員席にいた事実をルイ・ラロワが明かすと、この事件はスキャンダルへと発展し、さらに、パリ音楽院自体に対する批判へとつながった。

『ジャン・クリストフ』などの作品で知られる文学者ロマン・ロラン（一八六六～一九四四）は音楽学者でもあったが、このロマン・ロランをはじめ、マルノールやカルヴォコレッシなど、多くの人々がラヴェル擁護に回り、論陣を張った。いつもはラヴェルを批判する批評家のピエール・ラロでさえ、今回にかぎってはラヴェルを擁護した。

このスキャンダルの直後、一九〇五年六月十五日、辞任するデュボワ院長に代わってフォーレが十月の新年度からパリ音楽院の院長に就任することが発表されたとき、フランス音楽界には大きな衝撃が走った。フォーレは一八九六年以来、作曲科の教授ではあったが、自身はパリ音楽院卒ではなく、作曲のローマ大賞も取っておらず、歌劇の分野で成功していたわけでもなく、学士院芸術アカデミー会員でもない、という「ないないづくし」の作曲家だったからである。ちなみに、デュボワは「ラヴェル事件」のスキャンダルのために辞任に追い込まれたわけではなく、その前に、すでに辞意を表明していたことは付け加えておく必要があるだろう。大事なことは、その後任にルヌヴーやパラディールなどのパリ音楽院卒業組ではなく、フォーレが選ばれたことであった。

さて、フォーレは、院長に就任すると、さっそくパリ音楽院の第一次改革案を打ち出す。それは、フォーレが従来のパリ音楽院の教育において特に問題視していた部分を改革するものだった。フォーレは自分が卒業したニデルメイエール校と、新たに開校したスコラ・カントルムのカリキュラムをとりいれることによって、パリ音楽院の教育を再生させようとしたのである。その改革によって、作曲科の学生は一年間だけ和声を習えば、対位法とフーガの勉強を始められるようになり、声楽科は基礎が重要視されるようになった。一方、音楽史のクラスが充実し、アンサンブルの授業が積極的に推進された。

こうした改革を断行したフォーレは「（フランス革命時に恐怖政治をおこなった）ロベスピエール」と呼ばれ、辞任する教授も相次いだが、フォーレが動じることはなかった。これらの改革を契機として、停滞していたパリ音楽院の教育に活力が戻ってきたのである。

それにしても、ラヴェルはなぜ、ローマ賞の予選で、審査員の神経を逆なでするような作品をあえて出したのだろうか。ニコルスは、証拠はないとしながらも、当時ラヴェル一家が置かれていた状況から新説を出している。ラヴェルの父ジョゼフと弟エドゥアールは、「死の旋風」と名付けた自動車を発明し、それを使った興行を三月二十二日からカジノ・ド・パリでおこなっていた。車のハンドルを握るのは二十二歳の曲芸師、マルセル・ランダル。彼女が乗った車は高さ十メートルの空中で一回転するというもので、興行は大成功をおさめていた。ところが、悲劇が起こった。四月十四日、アクシデントが起こり、けがをしたランダルは翌朝息を引き取ったのである。四月二十八日、父と弟は予審判事のところに出頭しているが、これは過失罪を回避するためだったと思われる。こうした家庭状況のなかで、ラヴェルがローマ大賞を受賞したら、規定にしたがって、彼はいやおうなくローマに何年も行かなければならなくなる。そこで、ラヴェルは自分が落ちるように仕向けたのではないかというのである。真相はわからない。

デュラン社との契約

一九〇五年の「ラヴェル事件」はジャーナリズムを賑わせるスキャンダルとなったが、この年にデュラン社がはじめてラヴェルの作品、ソナチネを出版したことは注目される。

一九〇五年九月十日付の『ルヴュー・ミュジカル・ド・リヨン』誌のレオン・ヴァラスに宛てた手紙で、ラヴェルはこれまでに出版された作品とその出版社を列挙しているが、《古風なメヌエット》から始まって、それまでにすでに六曲がエノック、ドメ、アストリュックなど四社から出版され、ソナチネに関しては出版社未定と書かれている。ラヴェルの作品は出版社のあいだですでに人気があった。

その後、デュラン社がソナチネの出版権を得たわけである。また、デュラン社は一九〇三年からドビュッシーと交渉し、一九〇五年、一万二〇〇〇フランで独占契約を結んでいた。それと同じように、デュラン社はラヴェルと独占的な契約を結び、「最初に作品に目を通す」権利を年額一万二〇〇〇フランで結んだとラヴェル研究者のマルセル・マルナは述べているが、詳細は不明である。

デュラン社は、サン＝サーンスの弟子でオルガニストだったオーギュスト・デュラン（一八三〇〜一九〇九）が出版者シェーヌベルクと組んで一八七〇年に創立した会社である。オーギュストの息子ジャック（一八六五〜一九二八）はパリ音楽院でドビュッシーと同じクラスであり、ピアノ科と作曲科の一等賞を取っていた。ジャックが正式に経営に参加するのは一九〇九年だが、ドビュッシーに対するオファーと同様に、ラヴェルに対するオファーはジャックを通じてなされたと考えられる。

第四章　新進作曲家としての活躍（一九〇五〜一九〇九）

ヨットクルージング

「ラヴェル事件」で世間が揺れている時期に、ラヴェルはエドワール夫妻からの招待を受けて、一九〇五年六月から夫妻の豪華ヨット「エメ号」で、二カ月にわたる長いクルージングに出発した。水路を伝って、フランス、ベルギー、オランダ、ドイツを回り、オステンドから海路をたどり、ルアーブルに達する長い旅行である。ヨットには相客として、ゴデブスキ夫妻、および、彼らと親しい二人の画家、ピエール・ボナールとピエール・ラプラドが乗り込んでいた。

ラヴェルは、出かける前に楽器会社のエラール社から委嘱され、デュラン社で出版予定の《序奏とアレグロ》を終わらせなければならず、「一週間ぶっ通しで仕事をし、三晩徹夜して、何とか仕上げ」て、旅の途中からエメ号に合流した。親友のモーリス・ドラージュが車で合流地のソワッソンの水門まで送ってくれた。あわただしい旅立ちだったが、おしゃれなラヴェルは旅行前に行きつけの洋服屋に立ち寄り、そこに、《序奏とアレグロ》の自筆譜を置き忘れてしまった。幸い、洋服屋はその楽譜を弟エドゥアールに返してくれたので、弟がデュラン社に楽譜を届け、事なきを得た。

くつろいだ船旅の間に、ラヴェルは元気をとりもどした。エメ号の旗に記された、ミシャ・エドワールの頭文字MとEを使ったモノグラムは、ラヴェルがそれ以前にMとRを組み合わせて作ったモノグラムを真似たものだった。ラヴェルが文房具や印刷譜に使っていたこのモノグラムは、従来、エメ号の旗のモノグラムを模倣したものとされていたが、実際は逆で、ミシャがラヴェルを真似ていたのである。

　船旅ではリエージュ、アムステルダム、フランクフルトなどに立ち寄った。ラヴェルがとくに強い印象を受けたのは、オランダの風車のある田舎、アムステルダムの動物園や水族館、フランクフルトのゲーテの生家、美術館で見たハルス、レンブラント、クラナッハ、ベラスケスなどの名画とならんで、ベルギーやドイツの工業地帯の光景だった。工場に魅了されたラヴェルは一九〇五年七月五日付の手紙で、ドラージュに次のように書き送っている。

　ここはアーハウス［オランダとの国境に近いドイツの町］。二万四千人が昼夜兼行で働いている巨大な精錬工場です。……日が暮れてからヨットを降りて工場に行きました。この精錬の城の印象を、この白熱したカテドラルの印象を、ベルト装置や警笛やすさまじい槌音が織りなすみごとなシンフォニーの印象をどのように伝えればよいでしょう。空は見わたすかぎり赤く、どんよりとして、燃えるようでした。……これらすべてが音楽的です！　これを使おうと思っています。

左がミシャ・エドワール、右がラヴェルのモノグラム

ハープのための《序奏とアレグロ》

ヨットクルージングに出かける直前にラヴェルが仕上げた《序奏とアレグロ》は、ピアノとともにハープを製造していたエラール社からの委嘱で作曲されたもので、実質的には、弦楽四重奏、フルート、クラリネットの伴奏によるハープのための小協奏曲となっている。

ハープという楽器は、ピアノ製造でも有名なフランスの楽器メーカー、エラール社が十九世紀はじめに、ペダルを踏みこむことによって半音を自由に作れるダブルアクションのペダルハープを考案して以来、この会社の独壇場となっていた。それに対抗すべく、プレイエル社が新たに製作したのがクロマティックハープである。これはすべての半音用の弦をもつ二列弦の楽器で、ペダルをもたず、ピアノの黒鍵と白鍵と同じようなコンセプトで作られていた。一九〇三年、パリ音楽院にクロマティックハープのクラスが作られ、続いてブリュッセル音楽院でもクロマティックハープのためのクラスが開設された。ブリュッセル音楽院のクロマティックハープ科の試験曲としてドビュッシーに委嘱されたのが、一九〇四年作曲の弦楽オーケストラをともなうハープのための《神聖な舞曲と世俗的な舞曲》である。

こうして、それまでハープの製造を独占していたエラール社は、プレイエル社から挑戦状を突きつけられたかたちになった。そこで、エラール社は従来のペダルハープのほうが新しい楽器よりもすぐれていることを示す作品を書いてもらおうと、ラヴェルに白羽の矢を立てたのである。

その後、パリ音楽院のクロマティックハープ科は一九〇八年にいったん廃止され、一九一二年に復活するも、一九三〇年に楽器の製造自体が中止となったことにより、クラスも無くなった。クロマティックハープは弦の数が多いために調弦が複雑で、グリッサンドを演奏しにくいなどの難点があり、従来のペダルハープに軍配が上がった。現在では、ドビュッシーの作品もペダルハープのレパートリーとなっている。

ピアノ曲集《鏡》

一九〇五年七月二十七日ごろ、ヨットクルージングから戻ったのち、ラヴェルはほとんどのエネルギーをピアノ曲集《鏡》の作曲に傾けた。《鏡》は五曲からなるが、一九〇五年五月に〈洋上の小舟〉、十月に〈夜蛾《やが》〉が完成したこと以外に、くわしい作曲経過は不明である。ただ、その一年前にビニェスとカルヴォコレッシが〈悲しき鳥〉を聴いたと記録している。この曲集は実験的な手法で作曲され、また、題にも示されているように、外界の事物あるいはその印象が描写されている。ラヴェル自身、一九二九年の「自伝的素描」のなかで、この曲集について「《鏡》は私の和声的な発展の上で顕著な変化を示しているもので、私の作曲法に慣れていた音楽家たちでさえ当惑した」と語っている。

各曲はアパッシュの親しい仲間たちに献呈されている。〈夜蛾〉は詩人のレオン＝ポール・ファルグ、〈悲しき鳥〉はビニェスに、〈洋上の小舟〉は画家のポール・ソルド、〈道化師の朝の歌〉はカルヴォコレッシ、〈鐘の谷〉はモーリス・ドラージュに。〈夜蛾〉はファルグの詩節「納屋の夜蛾が飛び立ち、不器用に、ほかの梁《はり》の周りを回る」から着想を得ている。ちなみに、〈悲しき鳥〉をビニェスに献呈したことについて、カルヴォコレッシによれば、皮肉屋のラヴェルは「もっともピアニスティックでない曲をピアニストに献呈するのは面白い」と語ったという。

ラヴェルやビニェスが好んだエラール社のピアノはタッチが軽かったので、〈道化師の朝の歌〉で多用されるスタッカートや反復音、グリッサンドなどは、現代のピアノで演奏するよりもはるかにたやすかったと思われる。〈道化師の朝の歌〉は、スタッカート、反復音、グリッサンド（シングルとダブル）という三種類の技巧のための練習曲と思われるほどだが、ラヴェルは反復音よりもグリッサンドのほうが優先されるべきだと考えていたという。グリッサンドは反復音を中断することによって、それらを二次的な役割に変えてしまうからだ。一方、ヴラド・ペルルミュテール（一九〇四～二〇〇二）によれば、ラヴェルは「ひどいダブルグリッサンドより、よいシングルグリッサンドのほうがよい」と述べたという。ギャビー・カサドシュは「シングルグリッサンドで弾いてもよいし、お望みならば、あなたの鼻で弾いてもいいですよ」と言われたという。いずれにしても、テンポに関しては妥協の余地はなかった。

《鏡》の公的な初演は一九〇六年一月六日、サル・エラールで開かれた国民音楽協会のコンサートで、リカルド・ビニェスのピアノ独奏でおこなわれた。この日のコンサートでは、これ以外にポール・ル・フレムのヴァイオリンソナタ、ポール・ラドミロー編曲の《ブルターニュ民謡》、ヴァンサン・ダンディの弦楽四重奏曲第一番が演奏された。ラドミローとラヴェルはフォーレの弟子、ル・フレムはダンディの弟子であるが、作風から言えば、ラヴェルの作品が飛びぬけて前衛的だった。ビニェスによる初演は成功した。特に、きわめて高度なテクニックで演奏された〈道化師の朝の歌〉はただちにアンコールされた。

ラヴェルは一九〇六年の秋、《鏡》の第三曲〈洋上の小舟〉のオーケストラ編曲に着手し、オーケストラ版は一九〇七年二月三日、ガブリエル・ピエルネ指揮、コロンヌ管弦楽団によって初演された。ラヴェルは多数の自作ピアノ作品をオーケストラ版に編曲したが、その最初の作品となったのが〈洋上の小舟〉であった。ちょうど一九〇五年十月にドビュッシーが《海》を初演していたので、ラヴェルは自分でもオーケストラを使って海の情景を描きたいと思ったのかもしれない。しかし、オーケストラ版の初演は不評であった。この曲はオーケストラ的な発想で書かれた作品のように見えるが、実はピアニスティックな書法で書かれ、かならずしもオーケストレーションしやすい題材ではなかった。ラヴェルは、オーケストラ版で、ほぼ全体にわたって、ピアノの原曲を忠実に編曲しているが、たとえばピアノならば最弱音から最強音まで三小節間で到達できる部分が、大編成のオーケストラを使った場合には同じようにはいかない。ラヴェルは初演のあと、スコアを取り下げてしまったが、幸いなことに破棄はしなかった。スコアはラヴェルの没後、一九五〇年になって出版された。《鏡》からはもう一曲〈道化師の朝の歌〉が一九一八年になってからオーケストラ編曲され、こちらは大成功をおさめることとなる。

一九〇六年に話を戻すと、二月四日をもって、ラヴェルはシェノー塾で数年間続けていた和声クラスの講師をやめている。シェノー塾はピアニストのテレーズ・シェノーが自宅で開いていたものだった。《ソナチネ》の私的な初演は一九〇五年十二月十七日にポリニャック大公妃のサロンでリカルド・ビニェスによっておこなわれていたが、公的な初演は一九〇六年三月三十一日にパリのスコラ・カントルムのホールで開催された国民音楽協会の第三三七回コンサートにおいて、ガブリエル・グロヴレーズの演奏によっておこなわれた。同年三月二十四日にはジャーヌ・バトリが、歌曲《おもちゃのクリスマス》を作曲者のピアノ伴奏で初演し、すぐ後に管弦楽伴奏で初演している。

歌曲集《博物誌》物議をかもす

一九〇六年冬、歌曲集《博物誌》が完成する。これはジュール・ルナールの同名の詩集から取られた五つの動物のスケッチに曲をつけたものである。一九〇七年一月十二日にサル・エラールでおこなわれた国民音楽協会のコンサートで、ラヴェルが全幅の信頼を寄せていたジャーヌ・バトリの歌とラヴェル自身のピアノによって初演され、物議をかもした。

ジュール・ルナール（一八六四〜一九一〇）は小説『にんじん』で知られる作家で、簡素で日常的な言葉を使いつつ、鋭い観察眼ですぐれた作品を書いたが、みずから音楽には素養がないと言明し、ラヴェルが自分の詩を歌曲のテキストに使ったことに当惑した。

ルナールの一九〇六年十一月十九日の日記には、タデー・ナタンソンからラヴェルが『博物誌』に音楽をつけたいと思っていることを知らされ、「お好きなように」と答えたことが記されている。タデー・ナタンソンはミシャ・ゴデブスカの最初の夫である。ラヴェルはルナールのつれない態度にもめげず、彼を初演に招待した。初演がおこなわれた一九〇七年一月十二日のルナールの日記には、ラヴェルとのやりとりが以下のように記されている。

私は『博物誌』にいったい何を加えることができたのかと尋ねた。彼は答えた――私の構想は何かをつけ加えることではありませんでした。それを解釈したのです。

でも、どのようにして？

私はあなたがたとえば木を前にしているときに、言葉を使っておっしゃるように、音楽を使って言おうとしました。私は音楽で考え、感じます。そして、あなたと同じことを考え、感じたいと思います。本能的で感傷的な音楽もあります。私のがそうです――もちろん技能《メチエ》を学ばなければなりませんが――、それから知性的な音楽もあります。ダンディがそうです。今夜は主にダンディのような人々ばかりです。彼らは感情を解しませんし、それを説明しようとも望みません。

ラヴェルが自分の音楽を「本能的で感傷的」、ヴァンサン・ダンディの音楽を「知性的」と表現しているることが少々不思議にも思えるが、当時のラヴェルは楽想にあふれていた時期であったし、ダンディはといえば、教条的な姿勢に拍車がかかっていたことを考えれば、この言葉に納得も行く。

ラヴェルはこの作品で、伝統的なフランス歌曲の書き方から離れて、カフェ・コンセール風の語り口を使い、風刺的な詩の内容に合わせた。初演の聴衆はこのような書法に驚き、憤慨し、初演は失敗に終わった。批評家は激しく批判する者もいれば、擁護する者もいた。ドビュッシーはといえば、この歌曲集について、擁護したルイ・ラロワに宛てた手紙で次のように書いている（一九〇七年三月六日付）。

ラヴェルがこのうえなく才能に恵まれた人物であるのを認める点では、私はあなたに賛成です。けれども、私を苛立たせるのは、椅子の周りに花を咲かせる、彼の「手品師」、あるいは良く言って、幻術師といった態度です。……不幸なことに、ひとつの芸当、それはつねに準備されたもので、一回しか人を驚かせることはできないのです。［笠羽映子訳］

一九〇七年――ラヴェルの「スペイン年」

旺盛な作曲活動を続けるなかで、ラヴェルは一九〇七年、立てつづけにスペイン風の大規模な作品を二曲書いた。初のオペラ《スペインの時》と管弦楽曲《スペイン狂詩曲》である。さらに、パリ音楽院の声楽科教授アメデ・エティックからの依頼で、同年二月に作曲された歌曲《ハバネラ形式のヴォカリーズ＝エチュード》もスペイン風の作品だった。歌詞をもたずにヴォカリーズで歌われるこの小品は、その後さまざまな楽器のために編曲され、演奏されている。

《スペインの時》はフラン＝ノアンの一幕もののコメディを台本にしたもので、もとの劇は一九〇四年にオデオン座で初演され、大成功をおさめていた。ラヴェルは、時計屋の細君の恋愛遊戯を扱ったウイットに富んだ芝居が気に入り、フラン＝ノアンに翻案許可を求める手紙を書いた。ラヴェルをフラン＝ノアンに紹介してくれたのは、画家ピエール・ボナールの義弟でオペレッタ作曲家のクロード・テラスである。フラン＝ノアン（一八七三～一九三四、本名モーリス・ルグラン）は作家・ジャーナリストで、のちに『エコー・ド・パリ』紙の編集長をつとめた。彼はリュシアン・ガルバンのいとこでもあった。ラヴェルから手紙を受け取ったフラン＝ノアンは一九〇七年四月十七日付でラヴェルに二つ返事で許可を出し、「土曜日の二時ころ、家に来て、この劇を一緒に読み直してみませんか」と誘っている。

当時、ラヴェルの父ジョゼフの健康状態が悪化していたため、ラヴェルは劇場作品を早く成功させて病床の父を喜ばせたいと願っていた。フラン＝ノアンのように好意的な台本作者を得て、ラヴェルの筆もはかどったはずである。彼はすでに着手していたオペラ《沈鐘》の作曲をいったん中断し、猛スピードで《スペインの時》の作曲の筆を進めた。その甲斐《かい》あって、《スペインの時》のピアノ伴奏譜は一九〇七年十月一日に完成した。ところが、オペラ＝コミック座の支配人アルベール・カレはこの作品をなかなか上演しようとしなかった。結局、政府の大臣ジャン・クリュッピの夫人の後押しで一九一一年五月十九日にようやく初演されたが、父は一九〇八年にすでに亡くなっていた。

初演の際、《スペインの時》は、マスネのフランス革命期を舞台にした因習的なオペラ《テレーズ》と組み合わされて上演されたことで、その乾いたユーモアがいっそう際立った。聴衆のなかには、憤慨する者や当惑する者がいる一方で、熱狂する者もいた。批評家のガストン・カローは台本が「少々ポルノ的なヴォードヴィル」だと評して、フラン＝ノアンから厳しい反撃を受け、謝罪に追い込まれた。

一方、《スペイン狂詩曲》は一九〇七年十月に二台ピアノ版ができあがった。管弦楽版は翌年二月に完成。一九〇八年三月十五日、パリのシャトレ劇場において、エドゥアール・コロンヌ指揮のコロンヌ管弦楽団によって初演された。批評はおおむね好意的で、この作品の絵画性や斬新なオーケストレーションが賞賛された。

ドビュッシーとの複雑な関係

《スペイン狂詩曲》は〈夜への前奏曲〉〈マラゲーニャ〉〈ハバネラ〉〈祭り〉の四曲からなるが、第三曲は一八九五年に作曲された二台ピアノのための作品（《耳で聞く風景》第一曲）をオーケストラ用に編曲したものである。つまり、《スペイン狂詩曲》はラヴェルが以前に作曲した〈ハバネラ〉を核にして、それに、ほかの三曲を追加するかたちで作られている。オーケストラのスコアには第三曲のタイトルの下に「１８９５」という作曲年が刻まれている。一八九八年に国民音楽協会のコンサートでリカルド・ビニェスとマルト・ドロンのピアノによってこの曲が初演されたのち、未出版の手書き譜をラヴェルから借りたのがドビュッシーだった。

当時のドビュッシーは、前衛作曲家として知る人ぞ知るといった存在だったが、その後、オペラ《ペレアスとメリザンド》の成功によって、フランス作曲界の本流に位置するようになった。一九〇三年七月、ドビュッシーのピアノ曲集《版画》が出版されたが、それを見てラヴェルは驚き、困惑した。第二曲〈グラナダの夕暮れ〉で聞かれる嬰ハ音のハバネラの執拗なリズムこそ、ラヴェルが〈ハバネラ〉のなかで使っていたものにほかならなかった。ロジェ＝デュカスは知人に宛てた十一月三日付の手紙に「〈グラナダの夕暮れ〉はラヴェルの〈ハバネラ〉そのものです」と認め、ラヴェルは「この件でとても困惑しています。彼の魅力的な〈ハバネラ〉を提示する勇気はないのです」と書いている。

ちなみに、ドビュッシーが〈グラナダの夕暮れ〉に先立って一九〇一年に書いた二台ピアノのための《リンダラージャ》は、さらにラヴェルの〈ハバネラ〉に似ているのだが、こちらはドビュッシーの生前には出版されなかったので、ラヴェルは知らなかったはずである。

一九〇七年五月二十二日のロマン・ロランの日記には、ラヴェルとドビュッシーの友情が壊れたことが書かれている。ロランは次のように書いている。

このことでラヴェルは苦しんでいるようだ。ドビュッシーにすべての原因があるのは明らかだ。ドビュッシーは、私は知っているのだが、ラヴェルの音楽（あるいはその成功）に激しい反感をもっている。ラヴェルはドビュッシーについて尊敬と謙譲の念をもって語り、マルノールに対して、ドビュッシーが自分のことを嫉妬する理由はまったくないし、自分の成功が彼を不安にさせるようなことは何もないと語った。

実はこの日記が書かれた五月二十二日、ラヴェルの支持者であるジャン・マルノールとロマン・ロランはラヴェルをマルノールの自宅に食事に招き、リヒャルト・シュトラウス（一八六四〜一九四九）に引き合わせていた。シュトラウスはシャトレ劇場で《サロメ》を上演中だったので、パリに滞在していたのである。ラヴェルがこの十五年間で傑出したオペラは《サロメ》と《ペレアスとメリザンド》だと言明していたこともあって、彼らは連れ立ってオペラ＝コミック座に《ペレアスとメリザンド》を観に行ったが、シュトラウスはあまり感心せず、「勢《シュヴング》いに欠ける」と述べたという。

批評家ラロとの確執

ラヴェルとドビュッシーはお互いに影響を及ぼしあい、お互いの作品を意識していたが、当時は、年下のラヴェルが模倣者として批判されることが多かった。なかでも、作曲家エドゥアール・ラロの息子で音楽批評家のピエール・ラロは、日刊紙『ル・マタン』をはじめとする批評欄を執筆していたが、ドビュッシーを擁護するあまり、ラヴェルをドビュッシーの亜流としてこきおろした。

一九〇六年一月六日のラヴェルの《鏡》の初演の際も、ラロはラヴェルの新作について一応進歩は認めた上で、そのあとに続くのはドビュッシー礼賛である。いわく「ショパン、シューマン、リストに続き、ドビュッシー氏はピアノ書法の新しい方法を創造した。それは特別な様式、独特の名人芸である」（『ル・タン』一九〇六年一月三十日付）。これに対して、ラヴェルはラロに抗議の手紙を送り、自分の《水の戯れ》が出版されたとき、ドビュッシーは《ピアノのために》の三曲しか書いていなかったこと、純粋にピアニスティックな点だけからいえば、ドビュッシーに特に新しいところはないと主張した（一九〇六年二月五日付）。ラヴェルの主張は正しかったが、その後もラロは攻撃の手をゆるめることがなかった。

一九〇七年一月十二日の《博物誌》の初演の際にもラロはラヴェルを糾弾し、ラヴェルが「これほど完璧に道を誤ったことはなかった」と批評し、さらに近ごろの「若い音楽家たち」がドビュッシーに対してなんの恩義を感じていないことを非難した（『ル・タン』一九〇七年三月十九日付）。それに対して、ラヴェルは「若い音楽家たち」がだれかは書いていないが、自分の名前が何回も登場する以上、読者はそれがラヴェルのことだと思うだろう、ラロはもう少し明快に説明すべきであったとして、撤回を求める手紙を新聞の編集長に書き送った（一九〇七年三月下旬）。

するとラロはこのラヴェルの手紙を新聞に掲載し、「ラヴェル氏は自分が非難されているわけではないのに反論している」と述べ、さらには、一年前にラヴェルから送られた私信をラヴェルに断りなく一部掲載し、いかにラヴェルがドビュッシーに恩義を感じていないかという根拠にした（『ル・タン』一九〇七年四月九日付）。

一連の騒動に、ラヴェルはやりきれない思いだっただろう。こうした状況下で、彼は旧作の〈ハバネラ〉を含んだ《スペイン狂詩曲》を作曲したのである。初演の際、ラロはこの作品について小難しく衒学的《げんがく》だと断じたが、大方の評判は良く、オーケストレーションの名手としてのラヴェルの評判は定着したのである。

辣腕《らつわん》プロデューサー、ディアギレフ登場

一九〇七年五月、パリでロシア音楽フェスティヴァルが開かれ、五回のコンサートがおこなわれた。そこではリムスキー＝コルサコフやグラズノフが自作を指揮し、シャリアピンがムソルグスキーを歌い、ラフマニノフがピアノを弾き、指揮もした。五月十六日に開かれた第一回コンサートにアパッシュのメ

ンバーは駆けつけ、リムスキー＝コルサコフが《クリスマスの夜》を指揮するのに立ち会った。ラヴェルがどの程度ロシア音楽のコンサートに通ったのかは不明だが、五月二十八日に批評家のジュール・エコルシュヴィルがロシアの音楽家たちのために開いた打ち上げのパーティーには、フォーレ、ダンディ、メサジェ、アルベール・ルーセル、シュミットなどとともに、ラヴェルも参加した。ビニェスの日記には、そこで、ディアギレフ、シャリアピン、グラズノフ、リムスキー＝コルサコフに紹介されたことが記されている。

ロシア音楽フェスティヴァルを企画したのは、ロシアの天才興行師セルゲイ・ディアギレフ（一八七二〜一九二九）である。彼は「天才を見つける天才」と謳《うた》われた辣腕プロデューサーで、美術、音楽、舞踏などの広いジャンルに通じ、数々の美術展やコンサート、オペラ、バレエの舞台を手がけていた。ディアギレフは、まずフランスの作曲家のポール・デュカとダンディを招いてフランスの現代音楽を集めたコンサートをロシアで開いた後、一九〇七年、今度はパリでロシア音楽コンサートのシリーズを企画したのである。

カルヴォコレッシは、ラヴェルを含むアパッシュのメンバーたちにディアギレフを紹介した。ディアギレフはアパッシュの面々に会うと、黄色い大きな革カバンからロシア音楽の楽譜を次々に取り出し、ずらりと並べてみせた。ディアギレフはそれらの楽譜にアパッシュのメンバーが飛びつくだろうと思ったのだが、予想は外れた。彼らはすでに暗譜で演奏できるほど、ロシア音楽をよく知っていたのである。

ディアギレフは翌一九〇八年、バス歌手のフョードル・シャリアピン（一八七三〜一九三八）を起用して、パリ・オペラ座でムソルグスキーの《ボリス・ゴドゥノフ》を上演。この年、ディアギレフはサンクトペテルブルクで新進作曲家イゴール・ストラヴィンスキーの作品を聴き、翌年のパリ公演のために編曲を依頼する。こうして、二人のコラボレーションが始まった。

ディアギレフはパリの公演で観客がバレエに熱狂する様子を見て、女性プリマにタマラ・カルサヴィナ、男性プリマにヴァスラフ・ニジンスキーを看板スターとして、この都市に常設のバレエ団を作ることを決め、ここからバレエ・リュスの大躍進が始まる。ストラヴィンスキーの才能を見抜いたディアギレフは、一九一〇年のシーズンに向けて、ロシアの「火の鳥」の民話にもとづくバレエ作品を書くように依頼するが、これはストラヴィンスキーがはじめて受けた大規模作品の委嘱であった。一九〇九年、パリにやってきたストラヴィンスキーはアパッシュの仲間に加わった。

ここで、フランスとロシアの関係について、少しさかのぼってみよう。世紀末から第一次世界大戦が勃発する一九一四年にかけて、パリは世界に冠たる国際都市だった。ヨーロッパの都市のなかで、パリほど富、文化、創造性、教育機関、展覧会、販売網、交通網が集中しているところはなかった。たとえば、ロンドンはパリよりも人口が多く経済的にも豊かであったが、劇場や新聞の数、そして、学生、ジャーナリスト、文人、芸術家の数に関しては、ロンドンよりもパリのほうが多く、パリにはさまざまな国から多くの外国人芸術家が集まっていた。

特に活躍していたのが、ロシアの芸術家だった。フランスとロシアは一八九四年、露仏同盟が正式に締結されたことにより、蜜月時代を迎えていた。この同盟は、一方の当事国がドイツ・オーストリア・イタリアの三国同盟からの攻撃を受けた場合には他方の国がただちに軍事的に支援するという内容を含んだもので、皇帝ニコライ二世のフランス来訪や大統領フェリックス・フォールのロシア訪問などを通して、両国の関係はさらに緊密になっていった。フランスでロシアの文豪トルストイ、ツルゲーネフ、ドストエフスキーの作品が次々に翻訳されていったのは、まさしくこの十九世紀末のことである。音楽の世界でもロシア・ブームが起こり、コンセール・コロンヌやコンセール・ラムルーなど、パリのオーケストラ団体のコンサートでは、ロシア五人組の音楽がひんぱんに取り上げられていた。こうした状況を背景に登場したのが、ディアギレフである。

もともとフランスでは伝統的にバレエがさかんで、オペラ座でもバレエはあらゆる公演に欠かすことのできない要素だった。バレエ本来の作品はもちろんだが、オペラ座で上演されるグランドオペラにもバレエの華やかな場面を入れることが必須条件だった。ヴァーグナーの《タンホイザー》にしても、ヴェルディの《シチリア島の夕べの祈り》や《ドン・カルロ》にしても、オペラ座での公演を目的とした「パリ版」にはことごとくバレエの場面が加えられている。しかし、パリのバレエ創作は十九世紀後半、衰退の一途をたどっていた。この時代のバレエ作品で現在までレパートリーに残っているのは、ドリーブの《コッペリア》（一八七〇）以外にはほとんどない。フランス音楽界が十九世紀末に飛躍的な発展を遂げた後も、バレエ音楽の分野で新しい動きはなかなか生まれてこなかった。

それとは対照的に、ロシアでは皇帝の庇護のもと、フランスなどから多くの舞踏家や舞踏教師が招かれ、バレエは隆盛をきわめ、すぐれたダンサーを輩出し、人材も豊富だった。ディアギレフがバレエ・リュスで上演した〈ポロヴェッツ人の踊り〉や、ニコライ・リムスキー＝コルサコフ作曲による、舞踏劇仕立てにした《シェエラザード》は、きらびやかな音楽、レオン・バクストの異国的な原色の衣装、ミハイル・フォーキンの大胆な振付によって、パリで熱狂的人気を博した。

ディアギレフは、自分が見出した作曲家たちに次々とバレエの作曲を委嘱した。こうして、センセーショナルな成功をおさめたストラヴィンスキーの三大バレエ、つまり《火の鳥》（一九一〇）、《ペトルーシュカ》（一九一一）、《春の祭典》（一九一三）のほか、ラヴェルの《ダフニスとクロエ》（一九一二）、ドビュッシーの《遊戯》（一九一三）、エリック・サティの《パラード》（一九一七）をはじめ、重要なバレエ作品が生み出されることになった。ラヴェルがディアギレフからの委嘱を受けて《ダフニスとクロエ》に着手したのは一九〇九年だが、完成は一九一二年のことなので、この作品については後述する。

父ジョゼフの死

ラヴェルの父ジョゼフは長く病床についていたが、一九〇八年九月末に容体が悪化し、十月十三日、七十六歳で脳血栓症のため世を去った。母との絆《きずな》が強かったラヴェルだが、父の死にはやはり衝撃を受けた。父はルヴァロワの墓地で宗教色抜きの葬儀によって葬られた。

その後、ラヴェルは母と弟とともに、パリ郊外のルヴァロワを離れて、パリ中心部のアパルトマンに引っ越した。凱旋門のあるエトワール広場に近い十七区カルノー大通り四番地である。いまや三人家族となったラヴェル家は母が亡くなるまで、このアパルトマンに住むことになった。

ヴォーン・ウィリアムズへのレッスン

レイフ・ヴォーン・ウィリアムズ（一八七二～一九五八）は、二十世紀前半のイギリスを代表する作曲家である。彼は一九〇七年十二月十三日にパリに到着し、一九〇八年二月末までのおよそ三カ月、ラヴェルのもとで、作曲とオーケストレーションを学んだ。ヴォーン・ウィリアムズは当時、民謡を使った《ノーフォーク狂詩曲》の成功によって、イギリスで高く評価されるようになっていた。彼はフランスでさらに研鑽を積みたいと思い、最初はダンディに師事することを考えたが、カルヴォコレッシの助言にしたがって、ラヴェルの集中レッスンを受けることにしたのである。レッスンは週四、五回おこなわれた。

ヴォーン・ウィリアムズは、自伝のなかでラヴェルから受けたレッスンについて、以下のように語っている。

私は多くのことを彼から学んだ。たとえば、ドイツ的な重い対位法のやり方はかならずしも必要ではない。彼のモットーは「複雑だが、理解しにくくはない」だった。彼は、線というよりも、色彩に関して、どのようにオーケストレーションするかを示してくれた。私にとってまったく新しい角度からすべての芸術的な問題を考えるということは、心が躍るような経験だった。彼はブラームスとチャイコフスキーをひとまとめにして「どちらも少々重い」とした。エルガーは「まったくメンデルスゾーン」で、彼自身の音楽は「まったくシンプルで、ただのモーツァルト」だった。彼は展開のための展開に反対した。人は何かしらよくなるためにのみ展開するべきだ。彼はあらゆる生きた音楽には暗黙の旋律線があるとよく言っていた。例として、旋律が表明されないが、内在している［ベートーヴェンの］ハ短調の交響曲の冒頭をあげた。私が仕事をしている小さなホテルにはピアノがないと告げると、彼はショックを受けた。「ピアノがなくては、新しい和声を創造することはできないよ」。私は主にオーケストレーションを彼とともに練習した。彼自身のピアノ曲をいくつかと、彼にはじめて教えてもらったリムスキー［＝コルサコフ］やボロディンを少し編曲した。

ヴォーン・ウィリアムズのオーケストラの扱いはこのレッスンによって長足の進歩をとげ、彼はカルヴォコレッシに「あなたは、探していた人物にまさしくぴったりな人を紹介してくれました」と礼状を書いた（注9）。

このレッスンを通して、ラヴェルとヴォーン・ウィリアムズの友情も深まった。ラヴェルは一九〇九年四月、ロンドンのフランス演奏協会の後援で、フロラン・シュミットとともにロンドンへ初の演奏旅行に出かけるが、そのときヴォーン・ウィリアムズはラヴェルを自宅に招待し、ロンドンの観光名所を案内した。温かいもてなしに喜んだラヴェルはパリに戻ったあと、夫人に「ほかの国をこれほどなつかしく思ったのは今回がはじめてです」と礼状を書いている（一九〇九年五月五日付）。ラヴェルとヴォーン・ウィリアムズとの友情は第一次世界大戦以後まで続いた。

《夜のガスパール》とリカルド・ビニェス

一九〇八年に入って、ラヴェルはピアノ曲集《夜のガスパール》を作曲している。この作品は、若くして他界したフランスの幻想詩人アロイジウス・ベルトラン（一八〇七〜四一）の散文詩集『夜のガスパール』に触発されたもので、そのなかから三篇が選ばれている。ラヴェルの少年時代、ベルトランの詩を彼に紹介したのはリカルド・ビニェスであった。ラヴェルはベルトランのグロテスクで幻想的な詩に深く心を動かされ、その感動がこの作品を生み出す原動力となった。こうして作曲されたラヴェルの《夜のガスパール》には「アロイジウス・ベルトランによるピアノのための三つの詩」という副題がつけられ、各曲の冒頭にエピグラフとして詩の全文が添えられている。これは、音楽によって詩の内容を表現しようというラヴェルの意図を示している。

《夜のガスパール》は、技術的に難易度の高い作品として知られているが、事実、ラヴェルは作曲にあたって、当時難曲の代表とみなされていたミリー・バラキレフ作曲の《イスラメイ》よりも難しいピアノ曲を書くと友人に告げていた。その意志を反映してか、特に難易度の高い第一曲〈オンディーヌ〉と第三曲〈スカルボ〉はそれぞれ、当時有名だったピアニスト、ハロルド・バウアーとルドルフ・ガンツに献呈されている。第二曲〈絞首台〉を献呈されたのは友人の音楽評論家ジャン・マルノールである。ラヴェルは彼に宛てて、「〔これを献呈するのは〕あなたを吊るすためのロープがあなたにふさわしいと判断したからではなく、三曲のうち一番やさしいからです」と一九〇八年九月二日付の手紙にユーモアを交えて書いている。初演は一九〇九年一月九日、パリのサル・エラールで開かれた国民音楽協会のコンサートで、リカルド・ビニェスによっておこなわれた。批評家はこぞってビニェスのすばらしいテクニックを賞賛し、作品は好評を得た。

しかし、ラヴェルがビニェスに作品の初演を依頼するのはこれが最後になった。その後、一九二二年にラヴェルがピアノ作品の録音のためにピアニストを選考する際、ビニェスは候補に上がらなかった。その理由をラヴェルはカルヴォコレッシに次のように説明している（一九二二年三月二十四日付の手紙）。

ぼくはリカルドには二つの理由で頼みません。一つ目の理由は、その時期、彼はスペインにいるだろうから。二つ目の理由は、ぼくは特に《夜のガスパール》を録音したいのですが、ビニェスはこれらの曲、とくに〈絞首台〉を、作曲者が望むように演奏したいと思ったことがなかったからです。……ぼくが望むようなニュアンスや動きを守ったならば、〈絞首台〉は聴衆を退屈させてしまうだろう、と断言したときの議論にあなたが居合わせたかどうかわかりませんが。

ビニェスのおかげで、ラヴェルは『夜のガスパール』の詩と出会い、この作品が生まれたが、皮肉にもその世界を表現するのはビニェスの演奏ではなかった。

《ハイドンの名によるメヌエット》

一九〇九年、音楽雑誌『ルヴュー・ミュジカルSIM（国際音楽協会）』は一八〇九年五月に亡くなったハイドンの没後百年記念号を企画し、当学会の創立者ジュール・エコルシュヴィルはフランスの主要な作曲家たちに、ハイドンの名字のアルファベットを音名に変えた（シ・ラ・レ・レ・ソ）主題にもとづく小曲の作曲を依頼した。依頼がいくぶん遅かったこともあり、サン＝サーンスのように断った作曲家もいるが、ラヴェルのほかにドビュッシー、ダンディ、ヴィドール、アーン、デュカが曲を寄せた。なかでもラヴェルの小品は、対位法の技法を使って精巧に作られた珠玉のメヌエットである。

初演は一九一一年三月十一日、サル・プレイエルの国民音楽協会のコンサートで、エヌモン・トリヤのピアノで、ほかの五人の作曲家の作品とともにおこなわれた。ラヴェルの《ハイドンの名によるメヌエット》のほかに、ドビュッシーの《ヴァルス・ラント》、デュカの《プレリュード・エレジアック》、アーンの《主題と変奏》、ダンディのメヌエット、そしてヴィドールのフーガが演奏された。

注9　オレンシュタイン、前掲（四四頁。注8）書、七六頁。

第五章　前衛音楽の旗手として（一九〇九〜一九一四）

独立音楽協会設立

《夜のガスパール》の初演が国民音楽協会のコンサートで成功をおさめた翌週、一九〇九年一月十六日、ラヴェルはシャルル・ケックランに宛てて、新しい協会を作るので、そこに加わらないかという誘いの手紙を送った。ラヴェルはそれまで所属していた国民音楽協会と袂《たもと》を分かち、現代音楽に開かれた新しい組織「独立音楽協会」を立ち上げることに決めたのである。

この当時、国民音楽協会の会長職にあったダンディとその弟子たちがしだいに協会内で勢力を強め、一党独裁的な傾向を強めるようになったことについては、第二章で述べた。こうした状況下で、一九〇九年、ラヴェルは国民音楽協会を脱退し、フォーレを会長として新たに独立音楽協会を旗揚げすることとなった。

それ以後、伝統ある国民音楽協会と前衛的な独立音楽協会、という二つの異なる美学をもつ音楽協会が並存する時期が到来した。一九〇九年から第一次世界大戦が始まる一九一四年まで、フランスの主要な作曲家のうち、スコラ・カントルム派系列の作曲家は国民音楽協会に、パリ音楽院系列の作曲家は独立音楽協会に所属するという棲《す》み分けがおこなわれた。もちろん、この線引きは明快なものではなく、双方に所属する作曲家もいた。たとえば、楽壇の大御所フォーレである。フォーレは独立音楽協会の会長に就任したものの、国民音楽協会からも籍を抜かず、どちらのコンサートへも作品を供給しつづけた。聴衆に関しては、国民音楽協会はこれまでどおりエリート階級の顧客が中心だったが、独立音楽協会は新しいもの好きのスノッブが多かった。ラヴェルは、独立音楽協会の中心人物として活躍することになった。独立音楽協会の第一回のコンサートは一九一〇年四月二十日、パリのサル・ガヴォーで開催された。その旗揚げ公演では三曲の新作が初演された。フォーレの歌曲集《イヴの歌》、ドビュッシーの《スケッチ帖より》、そしてラヴェル自身のピアノ連弾曲集《マ・メール・ロワ》だった。

《マ・メール・ロワ》の世界

ラヴェルは生涯独身を通したが、大の子供好きで、パーティーに招かれると、しばしば大人たちの席を離れて、その家の子供たちと子供部屋で遊んでいたという。ラヴェルは、親しかったゴデブスキ夫妻の子供たち、ミミとジャンを特にかわいがり、彼らのために、ピアノ連弾曲集《マ・メール・ロワ》を作曲した。この作品は「ミミならびにジャン・ゴデブスキ」に献呈され、おとぎ話にもとづく五つの小曲からなる。〈眠りの森の美女のパヴァーヌ〉〈おやゆび小僧〉〈パゴダの女王レドロネット〉〈美女と野獣の対話〉、そして〈妖精の園〉である。子供用に作曲されたため、ピアノのテクニックも平易で、オクターヴさえ使われていない。このように書法はシンプルだが、そうした制約のなかにあって、音楽自体はラヴェルの個性が打ち出された繊細な傑作である。

第一曲〈眠りの森の美女のパヴァーヌ〉には一九〇八年九月二十日の日付があるが、あとの四曲の作曲時期は不明である。当初はゴデブスキ家の二人姉弟が初演することも考慮されていたが、彼らには複雑すぎるということで、結局、十一歳のジャンヌ・ルルーと十四歳のジュヌヴィエーヴ・デュロニーによって一九一〇年四月二十日、初演された。ジャンヌ・ルルー（一八九八〜一九七九）はマルグリット・ロンの弟子で、その後、一九一八年にパリ音楽院ピアノ科の一等賞を取り、一九二三年に作曲のローマ大賞を受賞した。一方、ジュヌヴィエーヴ・デュロニー（一八九五〜一九六三）はソフィー・シェネとアルフレッド・コルトーの弟子で、一九一五年にパリ音楽院ピアノ科の一等賞を得ている。

初演の翌日、ラヴェルがジャンヌ・ルルーに書いた礼状が残っているが、そこには「子供らしく才気豊かに演奏してくれて、本当に本当にありがとう」と書かれている。

一九一一年、ラヴェルはこの作品をオーケストラ編曲し、さらに、バレエ用に増補した版を用意した。バレエ化の提案は一九一一年末、当時テアトル・デ・ザールの支配人だったジャック・ルーシェ（一八六二〜一九五七）から出されたもので、一九一二年一月二十八日がバレエの初日と決められたため、ラヴェルは大車輪で取り組んだ。バレエの台本も自分で書き、それに合わせて新しい曲を追加し、曲順も変更した。〈前奏曲〉と〈紡ぎ車の踊り〉がつけ加えられ、舞台の転換のために間奏も追加された。

初演は予定どおり、一九一二年一月二十八日にパリのテアトル・デ・ザールでガブリエル・グロヴレーズの指揮によっておこなわれ、成功をおさめた。衣装と舞台装置はジャック・ドレザ、振付はジャンヌ・ユガールが担当し、バレエ編曲の版は、ジャック・ルーシェに献呈された。実はその時期、ラヴェルは前から委嘱されていた《ダフニスとクロエ》の作曲も最終段階に入っていた。ところが、後から入ってきたバレエ版《マ・メール・ロワ》の編曲が先に完成して、初演されたわけである。

サティを表舞台に

一九一一年一月十六日、独立音楽協会の二シーズン目の開幕コンサートで、ラヴェルはサティのピアノ作品を三曲演奏した。《星々の息子》の第一幕への前奏曲、《サラバンド》第二番、そして《ジムノペディ》第三番である。一曲目については、この直後に管弦楽編曲もしている（楽譜は不明）。このころ、ラヴェルはサティに《マ・メール・ロワ》のスコアを贈り、献辞に「エリック・サティへ、〈対話［美女と野獣の］〉やほかのもののグラン・パパ［おじいちゃん］、弟子の、愛情を込めた敬意を表して、モーリス・ラヴェル」と書き込んだ。

サティは、この年の十月二十一日にラヴェルに若い音楽家を紹介した。それが、ロラン＝マニュエルというペンネームで活躍したアレクシス・マニュエル・レヴィ（一八九一〜一九六六）である。彼はラヴェルの弟子となり、ほどなくラヴェルのもっとも親しい仕事仲間となった。

ラヴェルとサティは一八九〇年代のモンマルトルでの最初の出会い以降、一八九八年末にサティがパリの南の郊外、アルクイユに引っ越してから疎遠になっていた。サティは生涯アルクイユで過ごし、毎日、十キロの道のりを歩いてパリに「通勤」したが、国民音楽協会のような既成勢力のコンサートライフとは無縁だった。しかし、サティの音楽はリベラルな独立音楽協会にはうってつけだった。ラヴェルが初期作品を演奏した独立音楽協会のコンサートがきっかけとなって、サティは新しい芸術の先駆者として認められるようになっていった。

《高雅で感傷的なワルツ》の作曲とバレエ化

さて、国民音楽協会の向こうを張って設立された独立音楽協会は、前衛的な路線を進んだ。一九一一年五月九日のコンサートでは、作曲者の名前を伏せて新作を演奏し、その作曲者名を問うという趣向を凝らしたプログラムを組んだ。プログラムの四曲目は「x」作曲による《高雅で感傷的なワルツ》と記載されていた。聴衆による投票では、この作品がラヴェル作曲によるものだと正答した人も多かった一方、コダーイやサティの作ではないかという意見も見られた。ラヴェル自身は、「シューベルトの作品にならった」と「自伝的素描」で語っているが、洗練された透明感あふれる書法や斬新な和声はラヴェルならではのものである。

この作品はロシアのバレリーナ、ナターシャ・トゥルハノヴァからの委嘱で、一九一二年三月に二週間でオーケストラ用に編曲され、四月二十日にバレエ《アデライード、または花言葉》という題名で、シャトレ劇場で上演された。この公演のプログラムは、ヴァンサン・ダンディの《イスタール》、フロラン・シュミットの《サロメの悲劇》、ポール・デュカの《ラ・ペリ》、そしてラヴェルの《アデライード、または花言葉》だったが、初演日には四つのバレエをそれぞれの作曲者が指揮して話題となった。

バレエ《ダフニスとクロエ》上演まで

一九一一年の暮れから一九一二年四月にかけて、ラヴェルは《マ・メール・ロワ》と《アデライード、または花言葉》という突然舞い込んだ二つのバレエ上演にたずさわったが、一九〇九年以来バレエ・

リュスのための作品《ダフニスとクロエ》を彼に委嘱していたディアギレフにしてみれば、良い気持ちはしなかっただろう。ここで《ダフニスとクロエ》がどのような状況で委嘱されたか、少しさかのぼって見てみよう。

《ダフニスとクロエ》のシナリオは、もともと、バレエ・ダンサー兼振付師のミハイル・フォーキンがディアギレフと協力する以前、一九〇四年にペテルブルクでバレエ化することを考えていたもので、三世紀頃のギリシアの作家ロンゴスの抒情詩をもとにしていた。ラヴェルが一九〇九年六月二十七日、サン＝マルソー夫人に宛てて書いた手紙には、すでにフォーキンと台本をめぐって話しあったことが次のように書かれている。

気違いじみた一週間を過ごしたことをご報告します。バレエ・リュスの来シーズンのためのバレエの台本の準備をしていたのです！　ほとんど毎晩、夜中の三時まで仕事をしていました。厄介なのは、フォーキンがフランス語をひと言も知らず、僕はロシア語ではののしることしかできないことです。通訳がいるとはいえ、この会話がどんなものかはご想像がつくでしょう。

ラヴェルはこう書いてはいるが、フォーキンは演劇学校時代から、バレエ・ダンサーとしては珍しいほど各方面の教養を身につけ、独学でフランス語を学んでいた。

フォーキンはラヴェルと相談しながら台本を仕上げていったが、二人の考えが相当隔たっていたために、その溝を埋めるのは容易なことではなかった。ラヴェルは「古代趣味に心を砕くよりも、むしろ十八世紀末のフランスの画家たちが想像を駆使して描いたものに似通った、私の夢想するギリシアに忠実な音楽の巨大なフレスコ画（「自伝的素描」）」を創り出そうとしたのに対し、フォーキンのほうは、「アッティカの壷に赤や黒で描かれている古代の踊りのかたちのイメージをとりもどし、それを力強く表現しようとした」からである（注10）。

　このようにイメージが食い違っていては、ラヴェルの筆も鈍るというもの。一九一一年、全曲の完成に先立って、まず、第一組曲が完成し、四月二日、ガブリエル・ピエルネ指揮のコロンヌ管弦楽団によってシャトレ劇場で初演されたが、このように、バレエが初演される前に管弦楽組曲版が初演されるということは珍しい。当然、ディアギレフはこのことに不満だった。その後もラヴェルの筆はなかなか進まず、初演は何回も延期された。しかもできあがった音楽を、ディアギレフは気に入らなかった。「バレエ的」でないという理由からである。ディアギレフは《ダフニスとクロエ》の上演をあきらめ、出版社デュランとの契約を破棄することさえ真剣に考えたが、何とか思いとどまった。

　全曲が完成し、リハーサルが始まってからも、事態はいっこうに改善しなかった。ダフニスを踊るニジンスキーと振付師フォーキンとのあいだで、たえまなく衝突が起こり、それにディアギレフも加わったからである。当時、ディアギレフとニジンスキーは同性愛の関係にあったので、事態はなおさら複雑になった。これがきっかけで、フォーキンは《ダフニスとクロエ》の初日（二度目の上演という説もある）の後で、ディアギレフと袂を分かつことになる。

　一方、踊り手たちにとっては、ラヴェルの音楽と合わせて踊ることが難しかった。彼らは「全体の踊り」の四分の五拍子のリズムが覚えられず、「セル・ゲイ・ディア・ギ・レフ《Ser/gei/Dia/ghi/lev》」とディアギレフの五音節の名前を繰り返しながら踊ったというエピソードが伝えられている。バレエ・リュスは精鋭ぞろいで、翌年には、ストラヴィンスキーの《春の祭典》の複雑なリズムをみごとに踊ることになるのだから、この話は少々眉唾《まゆつば》ものだが、フォーキン自身の回想によると、《ダフニスとクロエ》は、当初予定されていた一九一二年六月五日の初演の数日前の段階で、まだ二十ページ分以上のスコアの振付ができていなかったというから、踊り手たちは新しいリズムになじむだけの時間的余裕がなかったのだろう。

結局、一九一二年六月五日を初日として、全部で四回公演が予定されていた《ダフニスとクロエ》の初演は、六月八日に初日が延期され、このシーズンには合わせて二回しか上演されなかった。インパクト激減である。シャトレ劇場でおこなわれたこの初演は、指揮がピエール・モントゥー、振付がフォーキン、美術がバクスト、配役は、ダフニスがニジンスキー、クロエがカルサヴィナなど、豪華な顔ぶれだったが、バクストの美術もフォーキンの振付も、ラヴェルの音楽が表現するギリシアとは様式的に調和していたとは言えず、この初演は期待を下回る出

1912年、《ダフニスとクロエ》を連弾するニジンスキー（手前）とラヴェル（奥）

来だった。

初演の際、同じプログラムのなかにニジンスキーが踊る《牧神の午後》が含まれていたことも《ダフニスとクロエ》にとっては痛手となった。これはドビュッシーの《牧神の午後への前奏曲》を音楽に使ったバレエ作品で、五月二十九日に初演されたものだが、いわゆる「エロチックな表現がスキャンダルとなり、警察当局が最後の場面を禁止しようとさえしたほどで、いわゆる「スキャンダルの成功」をおさめていた。《ダフニスとクロエ》の初日は、《牧神の午後》の割を食ったかたちになってしまったのである。

《ダフニスとクロエ》は翌シーズンに、ピエール・モントゥー指揮のバレエ・リュスによって再演されるが、このときには別の強敵が現れた。ストラヴィンスキーの《春の祭典》である。この作品の上演が歴史に残る大荒れの舞台になったことは有名だが、そのおかげで《ダフニスとクロエ》の存在はかすんでしまったのである。

その後、《ダフニスとクロエ》の合唱の扱いをめぐって、ラヴェルとディアギレフは激しく対立する。ラヴェルは（歌詞をもたない）合唱が作品の重要な構成要素だと考えていたが、ディアギレフは不必要な出費だと思っていた。妥協案として、ラヴェルは、大きな公演ではかならず合唱を入れることを条件に、合唱を抜いた管弦楽版をこしらえた。ところが、一九一四年六月、ラヴェルはロンドンのドルリー・レーン劇場でおこなわれる公演が合唱抜きでおこなわれると知る。ラヴェルは激怒して、ロンドンの四つの新聞に公開状を送って抗議し、「私は深く悲しみ、驚き、このやりかたは作曲者と同じくらいロンドンの聴衆を馬鹿にするものだと考えます」と締めくくった。ディアギレフの言いのがれに対し、ラヴェルは追及の手を緩めず、ついには、主要な上演においては合唱を加えるという同意書を取り交わしたと見られる。その証拠に、ラヴェルは、第一次世界大戦後もバレエ・リュスのために作曲を続けた。

しかし、一九二〇年四月《ラ・ヴァルス》の試演を聴いたディアギレフはこう言い放つ。「傑作だ……、だが、バレエじゃない。これはバレエの肖像画だ、……バレエの絵だ」。それを聞いたラヴェルは静かに楽譜を取り上げ、その場を立ち去った。こうして二人の関係は決裂した（二二四頁参照）。

ストラヴィンスキーとの関係

一九一三年三月末から四月中旬にかけて、ラヴェルはディアギレフの依頼で、ストラヴィンスキーと一緒にスイスのクララン（ジュネーヴ湖畔）に籠もり、ムソルグスキーの未完のオペラ《ホヴァンシチーナ》の改作に共同で取り組んだ。オーケストレーションを仕上げ、最後の合唱を作曲することが仕事の内容だった。ディアギレフは、六月から始まるバレエ・リュスのシーズンでこれを上演しようと考え、当初、ストラヴィンスキーにこの仕事を頼んだのだが、彼は《春の祭典》の作曲に追われていたので、ラヴェルと共同で作業するならば引き受けると返答し、ラヴェルは母を連れてストラヴィンスキーのいるスイスのクラランに行くことになったのである。

この改作については、ラヴェルとストラヴィンスキーはリムスキー＝コルサコフによる改訂版から作業したため、ムソルグスキーのオリジナルからはかけ離れたものになっている。合唱はストラヴィンスキーが書いたが、オーケストレーションの改編でラヴェルがおこなったことが判明しているのは二箇所だけである。

その間、ストラヴィンスキーは最新作《春の祭典》の手書き譜をラヴェルに見せた。ラヴェルはただちにその真価を理解し、リュシアン・ガルバンに宛てた手紙で、「《春の祭典》の初演は《ペレアス》の初演に匹敵する重要なイベントになるでしょう」と予言した（一九一三年三月二十八日付）。

また、ラヴェルは滞在中にストラヴィンスキーの《日本の抒情詩》を聴いて、その音楽と室内アンサンブル伴奏の独奏曲という編成におおいに興味を示した。ストラヴィンスキーが《日本の抒情詩》を作曲したのは、その前年の十二月にベルリンでシェーンベルクに会った際、《月に憑かれたピエロ》を聴き、それに触発されてのことだという。ラヴェルは自分でも同じような歌曲を書きたいと考え、マラルメの詩による歌曲作品に着手した。

《ステファヌ・マラルメの三つの詩》

こうして書かれた《ステファヌ・マラルメの三つの詩》は、まず、第一曲〈ため息〉がクラランで完成し、パリに戻ってから、五月に第二曲〈むなしい願い〉、そして、八月末にサン＝ジャン＝ド＝リュズで〈壺の腹から一飛びに踊り出た〉が作曲された。

カルヴォコレッシによれば、ストラヴィンスキーとラヴェルはアルノルト・シェーンベルクの有名なピアノ作品である作品十一が一九一一年（実際は一九一〇年）に出版された際、興味を示していたという。現に、一九一三年五月二十八日の独立音楽協会のコンサートではこの作品のパリ初演がおこなわれた。

ラヴェルは《ステファヌ・マラルメの三つの詩》の第一曲を完成した翌四月二日にアルフレッド・カゼッラ夫人に宛てた手紙のなかで、「スキャンダラスなコンサート」を開催する計画を熱く語り、《月に憑かれたピエロ》や《日本の抒情詩》そして自分のマラルメ歌曲をプログラムに入れたいと述べていた。《月に憑かれたピエロ》の楽譜をこの時点でラヴェルは見たことはなかったが、独立音楽協会のコンサートで取り上げるのにふさわしいと考えていたのである。

「スキャンダラスなコンサート」は一九一四年一月十四日に独立音楽協会のイベントとして開催され、ラヴェルのお気に入りのジャーヌ・バトリが《マラルメの三つの詩》を歌い、ストラヴィンスキーの《日本の抒情詩》やモーリス・ドラージュの《四つのインドの詩》が演奏された。しかし、シェーンベルクの《月に憑かれたピエロ》は演奏されず、結局、この曲のパリ初演は、第一次世界大戦後にもち越された。

ラヴェルがマラルメの歌曲にとりかかっているころ、偶然ドビュッシーが同じくマラルメの詩による歌曲、《ステファヌ・マラルメの三つの詩》を作曲していた。しかも、驚くことに、ドビュッシーが選んだ詩のうち、〈ため息〉と〈むなしい願い〉はラヴェルと共通していた。ドビュッシーよりも早く曲を仕上げたラヴェルは、マラルメの義理の息子であるエドモン・ボニオ博士に詩の使用許可を求めた。ラヴェルとボニオは親しかったので、すぐに許可が出た。その年の夏、ドビュッシーは出版社のデュランを通じてボニオに詩の使用許可を求めた。ボニオはラヴェルの曲と重なっていない〈扇〉については同意したが、他の二曲については拒絶した。デュラン社に泣きつかれたラヴェルはボニオにデュランへ許可を出すように頼み、ドビュッシーの歌曲集の出版が可能になった。

一九一四年三月二日には、ラヴェルがオーケストラ編曲した、シューマンの《謝肉祭》とショパンの《レ・シルフィード》が、ニジンスキーが率いる一座によって、バレエとしてロンドンのパレスシアターで初演された。これはニジンスキーの委嘱によるものだった。ニジンスキーは一九一三年九月、同僚のバレリーナと電撃結婚したため、ディアギレフに解雇されていた。ニジンスキーには、ジャック・ルーシェから年俸十万フランでオペラ座のメートル・ド・バレエ兼プルミエ・ダンスールに就任しないかというオファーもあったが、彼はそれらを断り、一九一四年の春にパレスシアターで自分の一座とプログラムで八週間の興行を打つことにしたのである。その際、ニジンスキーがプログラムに入れようと考えたのが、《レ・シルフィード》と《謝肉祭》だった。この二曲は彼がバレエ・リュス時代にロシアの作曲家による編曲版で踊っていたものだが、編曲版の演奏権はディアギレフが持っているので、ニジンスキーがその音楽を使うことはできなかった。一刻も無駄にできない状況で、彼が頼ったのがラヴェルである。ラヴェルが作曲家としては遅筆だが、オーケストラ編曲者としては仕事が早いことをニジンスキーは知っていたし、ショパンとシューマンという題材がラヴェルの食指をそそりそうなことも予想できた。その期待にこたえてラヴェルは期日に間に合わせたが、四月十六日にニジンスキーがインフルエンザのために踊れなくなり、興行自体中止された。

この年、四月と五月には、ロシアのサンクトペテルブルク歌劇団のソプラノ歌手、アルヴィーナ・アルヴィからの委嘱により二つのヘブライ旋律の編曲がおこなわれ、独立音楽協会のシーズン最後のコンサートで演奏された。

六月二十日ごろ、ラヴェルは母親を連れてサン＝ジャン＝ド＝リュズにでかけ、夏のヴァカンスに入った。六月三十日付のリュシアン・ガルバンに宛てた手紙には、以下のように楽しげに書かれている。

私は《三重奏曲》と《ザスピアク＝バット》を書いています。バスクのペロータ、聖ヨハネの焚火《たきび》、「トロ・デ・フエゴ［牛の角に松明をつけて走らせる闘牛］」、その他の花火など、お楽しみはいろいろありますが。

翌七月一日、サン＝ジャン＝ド＝リュズの海水浴場がオープンした。砂浜でラヴェルが母とアレクサンドル・ブノワ夫人とその息子の四人で写っている写真が残っているが、ラヴェルの表情はとてもリラックスしている。

ところが、そのころ、セルビアでは、オーストリアの次期皇帝候補、フランツ・フェルディナントが妻とともに暗殺されるという事件が起こっていた。当初、それが大戦争に発展するものとはだれも予想し得なかったが、六月二十八日に起こったこの暗殺事件をきっかけに、同盟関係によってヨーロッパの多くの国が戦争に加わり、戦火は世界各地に飛び火していった。大戦前、フランスは、経済力と軍事力を強化するドイツに対して警戒を強め、ロシアとイギリスとの同盟関係を堅固なものにしていたが、このサラエボ事件をきっかけに、ドイツの支持を受けたオーストリアがセルビアに対し、宣戦布告。セルビアを支持するロシアに対し、ドイツが宣戦布告。八月一日、ドイツとフランスに総動員令が出され、その二日後、ドイツはフランスに宣戦布告。フランスは第一次世界大戦に突入した。

注10　Deborah Mawer, "Ballet and the apotheosis of the dance", *The Cambridge Companion to Ravel*, Cambridge: Cambridge University Press, 2000, p.144.

第六章　第一次世界大戦とラヴェル（一九一四〜一九一八）

第一次世界大戦とその影響

こうして、ラヴェルが母と一緒にサン＝ジャン＝ド＝リュズでヴァカンスを過ごしていたあいだに、第一次世界大戦が始まった。フランスでは八月一日夕刻に総動員令が発布され、翌二日にはフランス全土に戒厳令が敷かれた。八月三日、ドイツはフランスに宣戦布告し、中立をとなえていたベルギーに侵攻を開始した。八月四日、イギリスがドイツに宣戦布告。この日、フランスの首相ルネ・ヴィヴィアニは議会で大統領レイモン・ポワンカレのメッセージを代読し「神聖同盟《ユニオン・サクレ》」の結成を呼びかけ、内閣は挙国一致体制を敷いた。当初、短期間で終わるだろうと思われていた第一次世界大戦は一九一八年十一月まで続き、その結果、およそ一千万人が命を落とし、二千万人が負傷したといわれる。フランスだけでも将兵の死者は約一四五万人、傷痍軍人は約一二〇万に及んだ。

一九一四年八月三日の時点で、ただちに戦闘体制に入ることができるフランス軍の現役兵員数は約八十八万であったが、総動員令の結果、これに加えてすでに徴兵を経験していた予備役兵三七四万人が召集され、八月十八日までに総計四六二万人をこえる兵員が配置された。ラヴェルの周囲からも続々と戦場に赴いた。ラヴェルは一八九五年、二十歳の徴兵検査で虚弱体質のために兵役を免除されていたが、居ても立ってもいられない心境だった。

八月八日、ラヴェルはサン＝ジャン＝ド＝リュズから、開戦後連絡が取れない弟のエドゥアールに宛てて手紙を書く。

［八月二日の］早鐘《はやがね》が鳴って以来、四日間、苦しみました。こんなことはこれまでなかったことです。気が狂いそうになったので、ぼくはいちばん賢明な選択をしました。軍隊に志願します。君が反対しそうな理由についてはすべて考えました。特にぼくたちのあわれなママのこと……でも、もし、ぼくの気が狂ったり、心の病気で死んだりしたら、もっと悲しいでしょう。

八月十四日付で弟からラヴェルに返信が届いた。弟は兄が志願することについて、「反対すべき理由がありません。ぼくのほうも同じ決心をしたのですから」、「パリではみな出征し、残っている人は白い眼で見られはじめています」とも書いている。陸軍省に志願したエドゥアールは輸送兵として、戦場で負傷兵を集めるという任務についた。

ラヴェルは軍隊へ志願するまえになんとかピアノ三重奏曲を完成させたいと思い、猛スピードでこれを仕上げ、「五週間で五カ月分の仕事をした」とロラン＝マニュエルやストラヴィンスキーなどに報告している。八月二十九日、ラヴェルはデュラン社社長のジャック・デュランに手紙を書き、明日、三重奏曲を完成させ、三、四日かけて書き写し、来週、バイヨンヌの入隊を志願しに行くと告げる。ラヴェルはこれが遺作になるかもしれないと覚悟し、校正刷りの修正や演奏の仕方について、多くの指示を書いた。

ところが、いざ、バイヨンヌに行ってみると、ラヴェルは体重が二キロ少ないという理由で、入隊させてもらえなかった。ラヴェルは落胆したが、気を取り直してサン＝ジャン＝ド＝リュズで負傷兵の看護にあたった。

一九一四年九月二十六日付のロマン＝マニュエルに宛てた手紙には、作曲がどのような状況にあるかが書かれている。

私はピアノの組曲にとりかかるところです。重要ではあるものの、若干時宜を得ない二つの作品を中断せざるを得なくなったので。一つ目はゲルハルト・ハウプトマンとの合作の《沈鐘》、二つ目は《ウィーン》！！！

ゲルハルト・ハウプトマン（一八六二〜一九四六）は一九一二年ノーベル文学賞を受賞したドイツの文学者で、ラヴェル、ハウプトマン、仏語翻訳者アンドレ＝フェルディナン・エロルド、そしてデュラン社のあいだで一九〇九年に《沈鐘》に関する契約が結ばれていた。しかし、フランスがドイツやオーストリアと戦闘状態に突入したこの時期、ドイツの作家の原作によるオペラの作曲をつづけることも、《ウィーン》と名づけられた交響詩の作曲をつづけることも難しかった。ラヴェルは十一月十五日から二十五日にかけてプラハとベルリンに行く予定だったが、それも戦争のために果たせなかった。戦後、《ウィーン》は《ラ・ヴァルス》というかたちで、ピアノの組曲は《クープランの墓》というかたちで完成するが、オペラ《沈鐘》は未完に終わった。

十一月十日ごろ、ラヴェルは母を連れてサン＝ジャン＝ド＝リュズからパリに戻った。そして、ピアノ三重奏曲をジャック・デュランにまずピアノで聴かせた後、アルフレッド・カゼッラのピアノ、エネスコのヴァイオリンとジョゼフ・サルモン（エヨ弦楽四重奏団のメンバー）のチェロで試演をおこない、デュランをいたく感激させた。「このリハーサルはすばらしかった。演奏に熱気があり、テクニックは非の打ちどころがなく、完璧に美的な理解がなされていた」とデュランは述べている（注11）。

ピアノ三重奏曲の初演は、一九一五年一月二十八日、サル・ガヴォーで開かれた独立音楽協会のコンサートでおこなわれた。演奏者は、カゼッラだけは試演のときと同じだったが、ヴァイオリンはガブリエル・ヴィヨーム、チェロはルイ・フイヤールだった。試演で演奏したエネスコはブカレストに仕事で戻らなければならなかったのだ。このコンサートでは、ラヴェルのピアノ三重奏曲の初演のほかに、ドビュッシーの前奏曲六曲、デュカの《ラモーの主題による変奏曲、間奏曲、終曲》が演奏された。いずれもカゼッラのピアノによる。さらに、フォーレの《閉ざされた庭》がクレール・クロワザの歌と作曲者のピアノで演奏され、最後はサン＝サーンスの二台ピアノのための《スケルツォと軍隊行進曲》で締めくくられた。この時期のフランスを代表する作曲家五人を集めたプログラムだった。

当日、コンサートは通常よりも早く、夜七時に開演された。公共交通機関は戦時のため繰り上げられて、午後十時で止まったからである。これを最後のコンサートとして、以後二年間、独立音楽協会は活動を停止した。

一方、カゼッラはこの後も、ラヴェルの作品を上演するために尽力し、二月二十四日にはローマで《ダフニスとクロエ》の第二組曲を指揮し、数日後には《水の戯れ》を演奏した。

一九一四年十一月、パリに戻ったラヴェルは車の運転を習い、免許を取った。軍隊に入るためである。年が明けて一九一五年一月二日の手紙で、ラヴェルは入隊前に《クープランの墓》を完成させたいと書いている。しかし、この曲の完成は、結局、一九一七年になってからだった。

一九一四年十二月から一九一五年二月にかけて、ラヴェルは自作の詩をテクストとして合唱曲《三つの歌》を作曲する。このうち二曲目の〈三羽の美しい極楽鳥〉は愛国的な作品で、「恋人は戦争に行った」という歌詞が入っている。ラヴェルはこの三曲を彼が軍隊へ入るために尽力してくれそうな人たち、すなわち、軍隊とつながりのあったクリングソール、大臣のポール・パンルヴェ、そして、ソフィー・クレマンソーに、それぞれ献呈した。

二月、ラヴェルはデュラン社の依頼でメンデルスゾーンのピアノ作品の校訂をおこなった。戦争の影響で、ドイツの楽譜が輸入できなくなったため、デュラン社は主要作曲家の鍵盤楽器作品の楽譜を新たに出版することにしたのである。フォーレはシューマンを、ドビュッシーはショパンを担当した。ラヴェルが校訂したメンデルスゾーンの楽譜は九巻に及び、一九一五年から一八年にかけて出版された。

入隊の決定

一九一五年三月七日、ラヴェルは四十歳の誕生日を迎えた。その三日後、ついに、待ち望んだ知らせが役所から届く。第十三砲兵連隊に入隊せよという通知で、空軍への志願は空振りに終わったが、輸送兵として志願が認められたのである。実際に、ラヴェルが激戦地ヴェルダンの部隊をサポートするためのトラック輸送兵として同地に送られるのは、さらに一年後の一九一六年三月十四

1915年頃、軍服姿でピアノを弾くラヴェル

日のことだった。ヴェルダンでは二月二十一日からドイツ軍の激しい攻勢が始まっていた。彼は自分のトラックに「アデライード」と名づけ、前線近くで、戦争の物資を輸送する任務に従事した。この時から、一九一七年六月に一時帰休するまで、「運転手　ラヴェル」の軍隊生活が始まった。

輸送兵のラヴェル

大戦下のパリのコンサートライフ

このころ、パリのコンサートライフはどうなっていたのだろうか。大戦が始まると、右翼はオペラ座が軽薄であるとして閉鎖を要求したが、支配人のジャック・ルーシェは一九一五年春からトロカデロ宮で、フランス革命期に作られたフランソワ＝ジョゼフ・ゴセックの《自由への捧げもの》やラヴェルのバレエ版《マ・メール・ロワ》を上演し、さらに一九一五年十二月からはオペラ座での上演を再開した。人員をやりくりしながらの公演で、演目はバレエ作品やオペラの抜粋だった。一九一七年にはフォーレの《プロメテ》、一九一八年にはラモーの《カストールとポリュックス》の復活上演がおこなわれた。ちなみに、大戦終了後、最初に上演されたのは、サン＝サーンスの《ヘンリー八世》であった。

大戦中、コンサート活動は、オペラにも増して困難をきわめた。総動員令によって、オーケストラの団員の多くが戦場に狩り出されてしまったため、コンセール・コロンヌとコンセール・ラムルーは、戦争のあいだ合併し、それぞれの指揮者であるガブリエル・ピエルネ（一八六三～一九三七）とカミーユ・シュヴィヤール（一八五九～一九二三）は交代で指揮台に立った。プログラムにはフランスの作曲家の作品が数多く並び、聴衆はフランスの作品にいやおうなく親しむことになった。

コンサートライフばかりではなく、戦争は音楽活動全般にわたって多大な影響を及ぼし、作曲のローマ賞コンクールの開催は一九一五年から一八年まで中止された。

戦場でのラヴェル

ラヴェルは、一九一六年三月からヴェルダンで輸送兵として任務についた。敵の激しい砲撃の下、戦争の資材を輸送することも多く、いくども危険な目にあった。高齢の母に送られた手紙には、心配させないよう、注意深くカモフラージュされていたが、ほかの人々に送られた手紙からは、彼の輸送兵としての任務がいかに神経をすり減らすものだったことがわかる。

たとえば一九一六年四月四日付けのジャン・マルノールに宛てたはがきには、次のように書かれている。

先日、あなたが用心するとおっしゃっていた「重要な任務」の一つを命じられました。徴発された、というより、放棄されたというほうが正確かもしれませんが、その車を引き取りにX・・［ヴェルダン］に行ってくることでした。困ったことは何も起こりませんでした。ヘルメットは必要なく、防毒マスクはポケットのなかに入ったままでした。私は幻覚のような光景を目にしたのです。悪夢のような、恐ろしいほど無人で、音のない町を。上空の耳をつんざくような音でもなければ、澄んだ空に並ぶ白煙の小さな球でもない。苦しいのはこのすさまじい目に見えない戦闘ではなく、むしろ、美しい夏の輝かしい光の下で不吉な眠りについているこの都市の真ん中に一人でいることを感じることです。たぶん、私はもっと恐ろしい光景を見ることになるでしょうが、この無音の恐怖ほど深く奇妙な感情をいだくことは決してないと思います。

フランス音楽防衛国民同盟への参加拒否

一九一六年春、サン＝サーンス、ダンディをはじめ、ギュスターヴ・シャルパンティエやデュボワを含むおよそ八十人のフランスの音楽家たちが集まって、フランス音楽防衛国民同盟が結成され、著作権の消滅していないドイツとオーストリアの作品を上演禁止とする案が出された。そこには、音楽だけでなく、映画やレコードも含まれていた。この同盟は広く賛同者を集めたが、ラヴェルとフォーレは同盟に参加することを拒否した。ラヴェルはフランス音楽防衛国民同盟の創設者である音楽批評家、シャルル・タンロックに宛てて、六月七日付で戦場から長い返信を送り、ていねいに、しかし、きっぱりと自分の意見を表明した。

各位

無理に取らされた休暇のおかげで、ご送付いただいたフランス音楽防衛国民同盟の要項と規約についてようやくお答えできます。もっと早くお返事できなかったことをお許しください。

フランスの作曲家にとって、外国の同業者の作品を組織的に無視すること、また、そうして国民的派閥を形成することは危険ですらあります。現在これほどさかんなわれわれの音楽芸術はすぐに衰退し、月並みな公式に閉じこもることになるでしょう。

私にとっては、たとえばシェーンベルク氏がオーストリア国籍であることはどうでもよいことです。彼はそれでもなお重要な作曲家ですし、彼の興味深い探求は何人かの近しい作曲家や、われわれにまで、喜ばしい影響を与えています。さらに、バルトーク氏やコダーイ氏や彼らの弟子たちがハンガリー人であり、彼らが作品のなかでそのことを味わい深く明らかにしていることを喜ばしく思います……

ラヴェルは他国の芸術的な成果を無視することはフランス音楽にとって逆効果であり、フランス音楽を守る最良の方法はフランスの作曲家がよい音楽を書くことだと確信していたのである。

この書簡が握りつぶされるかもしれないと危惧したラヴェルは、手紙の写しをリュシアン・ガルバンとジャン・マルノールとの二人に送り、友人のあいだで回してくれるように頼んだ。これに対して、シャルル・タンロックは、ラヴェルがシェーンベルクやゾルターン・コダーイ、ベーラ・バルトークなどを称賛するのならば、フランス音楽防衛国民同盟は見せしめに、聴衆にはつらいことだが、ラヴェル自身の作品を犠牲にすることもできると脅迫した。そして、それは現実となった。一九一六年と一九一七年に「フランス音楽フェスティヴァル」が開かれた際、この催しが戦場に赴いた作曲家や戦死した作曲家の作品を取りあげることが目的であったにもかかわらず、そこではラヴェルの作品はひとつもプログラムに載せられなかったのである。

ラヴェルの作曲の師であり、当時パリ音楽院院長をつとめていたフォーレもまた、同盟には参加しなかった。しかし、フォーレはそのかわり、フランス作曲界で対立する二つのグループ、つまりダンディを筆頭とするスコラ・カントルム派が実権を握る国民音楽協会と、ラヴェルを中心として結成された独立音楽協会を「神聖同盟」の名のもとに合併させる動きには積極的に関与した。フォーレは独立音楽協会の会長であると同時に、刷新された国民音楽協会の会長にも就任し、一九一七年『クーリエ・ミュジカル』誌上に「フランスの音楽家たちへの呼びかけ」という一文を発表し、派閥間の争いをやめて国民音楽協会に結集するようにと要請した。この呼びかけには、ドビュッシー、アルフレッド・ブリュノー、ポール・デュカ、デュパルク、ダンディ、アンドレ・メサジェなどが連署したが、独立音楽協会の中心メンバーであるラヴェルとケックランが反対したため、結局、独立音楽協会が国民音楽協会と合併することはなかった。

ドビュッシーについていえば、彼の論説や手紙に見られる文章には、敵の「野蛮な遺伝的性格」や「私たちの考え方や聴き方、さらには感じ方にまで忍び込んだ偽りの鈍重なドイツ趣味」など、愛国主義者としての側面がうかがえる。さらに彼は「フランスの子供たちに勝利を」と結ばれる《もう家のない子供たちのクリスマス》(一九一五)や《フランスへの頌歌》(一九一六～一七)を作曲して、音楽によっても愛国心を鼓舞しようとしている。

ドビュッシーが大戦中「フランスのクロード」、「フランスの音楽家」と署名するようになったことも注目される。ドビュッシーにとって、大戦中、フランス文化が攻撃されているという危機感は、彼自身の健康状態の悪化と相まって強まっていった。しかし、ドビュッシーもラヴェルやフォーレと同様に、フランス音楽防衛国民同盟には参加しなかった。その一方、ドビュッシーはフォーレと同様に「フランス音楽フェスティヴァル」には参加した。

最愛の母マリーの死

ラヴェルは母の健康状態の悪化に悩み、家族や友人からの手紙が途切れることを気に病んだ。さらに、自分自身の健康も軍隊生活で害され、ひんぱんな不眠症や食欲不振に苦しみ、シャロン＝シュル＝マルヌの病院へ送られた。一九一六年八月、一時帰休が許され、パリの母を見舞い、彼女が思ったよりも元気でいることに安心したが、病院に戻ると、ヘルニアが悪化しており、九月三十日、手術がおこなわれた。十月末にパリに戻ったラヴェルは、母の健康状態がさらに悪化していることを知る。

一九一七年一月五日、ラヴェルの母は世を去った。七十六歳だった。母の死は、ラヴェルにとって生涯最大の悲しみとなった。七日に宗教色抜きの葬儀がルヴァロワの墓地でおこなわれ、ディアギレフ、フォーレ、ミシャ・ゴデブスカ、エリック・サティ、ド・サン＝マルソー夫人などが参列した。ド・サン＝マルソー夫人の日記には、ラヴェルと弟エドゥアールの様子が次のように書かれている。「兄弟は絶望していた。彼らは母親を熱愛していた。彼らはほとんど抱えられていた。まっすぐ立っていられなかったのだ」（注12）。

ピアノ曲集《クープランの墓》を完成させる

一九一七年軍隊から一時帰休したラヴェルは、六月、フェルナン・ドレフュス夫妻の屋敷の客となっていた。ドレフュス夫人はロラン＝マニュエルの母で、ラヴェルの「出征兵士の代母」として慰問品などを送ってくれていた。夫妻の屋敷はノルマンディー地方のリヨン＝ラ＝フォレにあった。この静かな環境で、彼はピアノ組曲《クープランの墓》にふたたびとりかかり、全曲は十一月に完成した。この組曲は一九一四年七月に〈フォルラーヌ〉を作曲したところから書きはじめられ、当初は《フランス組曲》と題されていたが、のちに《クープランの墓》と名づけられ、六曲それぞれが大戦で命を落とした友人への思い出に捧げられた。〈前奏曲〉はジャック・デュランのいとこでラヴェルの作品を数曲編曲していたジャック・シャルロ中尉に。ちなみに、彼には、ドビュッシーも《白と黒で》の第二曲を捧げている。〈フーガ〉はジャン（＝ルイ）・クリュッピ少尉に。彼は、ラヴェルのオペラ《スペインの時》が上演されるように尽力したクリュッピ夫人の息子だった。実は手書き譜には、バグリオン＝デゾルモー軍曹の名前が書かれていたが、出版の時点で、軍曹の死亡は公式に確定していなかったため、差し替えられた。〈フォルラーヌ〉はガブリエル・ドリュック中尉へ。彼はバイヨンヌ出身の画家で、彼の絵のひとつは現在もモンフォール＝ラモリのラヴェル記念館の壁にかかっている。〈リゴードン〉は少年時代の友人だった兄弟、ピエール・ゴダンとパスカル・ゴダンに。この兄弟は一九一四年十一月十二日、前線に到着した当日に、同じ砲弾で亡くなった。〈メヌエット〉はジャン・ドレフュスに。彼はドレフュス夫人の再婚相手とのあいだに生まれた息子の一人で、ロラン＝マニュエルの異父兄弟であった。そして、最後の〈トッカータ〉はジョゼフ・ド・マルリアーヴ大尉に。ド・マルリアーヴは音楽に造詣の深い職業軍人で、一九〇六年にピアニストのマルグリット・ロンと結婚していた。《クープランの墓》の初演は大幅に延期され、ようやく一九一九年四月十一日に、マルグリット・ロンの演奏でおこなわれることになる。

サン＝クルーへの転居とその後

父の没後、一九〇八年以降、ラヴェルは母と弟と三人で暮らしていたが、一九一七年の十一月までにラヴェルは弟とともにカルノー大通りのアパルトマンを引き払い、パリ近郊のサン＝クルーにあるヴィラに移り、弟の仕事のパートナーであるボネ夫妻と分有して住みはじめた。一九一八年に入ってもラヴェルの意欲と健康は回復しなかった。一方、三月二十五日、ドビュッシーが直腸がんのため死去する。彼は一九一五年《フランスの音楽家クロード・ドビュッシーの作曲による、さまざまな楽器のための六つのソナタ》を企画したが、三曲しか完成させることはできず、大戦終了を待たずに世を去った。この年、ラヴェルがおこなったのは、ディアギレフから委嘱されて〈道化師の朝の歌〉の管弦楽編曲版を作り、イタリアの詩人リッチョット・カニュードによる詩集の口絵に短い音楽を作曲したことである。オペラ《子供と魔法》に関して、コレットによる台本の草稿をラヴェルが受け取ったのは、おそらくこの時期のことと思われるが、この作品については後述する。

この頃、明快さと簡素さという新たな秩序が浮上し、世の中を席巻《せっけん》するようになった。前衛芸術家の代表的な存在であった画家パブロ・ピカソが新古典主義を採用し、ラヴェルとドビュッシーがロマン派以前のフランス音楽の伝統への称賛の念を明らかにし、サティが音楽における簡素さの理念を推し進めたのは決して偶然ではない。
　サティは大戦中に表舞台に登場するようになっていた。音楽と絵の展覧会を結びつけたコンサートでは、サティとラヴェル、サティとグラナドスといった組み合わせのプログラムが演奏され、マティスとピカソはプログラムに挿絵を提供し、ジャン・コクトーは『サティ讃』を書いた。一九一七年、サティはポリニャック大公妃から交響的ドラマ《ソクラテス》の作曲を委嘱された。また、コクトーのアイデアにもとづいたバレエ音楽《パラード》をディアギレフのために作曲してもいる。戦後、サティの存在はさらにクローズアップされることになった。

注11　Maurice Ravel, *L'intégrale: correspondance（1895-1937）, écrits et entretiens*, édition établie, présentée et annotée par Manuel Cornejo. Paris: le Passeur, 2018, p.391,n.4.
注12　Roger Nichols, *Ravel*, New Haven: Yale University Press, 2011, p.188.

第七章　新しい潮流の中で（一九一八〜一九二二）

第一次世界大戦終結

一九一八年十一月十一日、フランスは戦勝国としてパリ北西のコンピエーニュの森で、休戦協定に調印した。四年半近くに及んだ戦争は、ようやく終わった。しかし、その傷跡はフランスにとっても、ラヴェルにとっても、きわめて大きかった。休戦協定の当日、ラヴェルは右肺のガングリオン切除手術を受け、年が明けると、医師の勧めにしたがって、オート・サヴォワ地方の保養地メジェーヴで三月まで療養生活を送った。

パリ郊外サン＝クルーの家に戻った直後の一九一九年四月十一日、サル・ガヴォーで《クープランの墓》の初演がようやくおこなわれた。ラヴェルは、このコンサートで戦後はじめて公衆の前に姿を現し、非常に温かい拍手を受けた。マルグリット・ロンの演奏は熱狂的に迎えられ、アンコールもされた。もっとも、すでに一九一七年十一月には完成し、十二月にはデュラン社から六〇〇〇フランの支払いがあったにもかかわらず、なぜこの作品の初演がここまで遅れたのかは、わかっていない。

大戦後の音楽状況

戦後の混乱が収まると、パリの音楽シーンは以前の活気と多様性をとりもどした。合併していたコンセール・コロンヌとコンセール・ラムルーはふたたび分離し、ガブリエル・ピエルネとシャルル・ラムルーがそれぞれを指揮した。そこに、ルネ＝バトン指揮のコンセール・パドルーと、フィリップ・ゴーベール指揮のパリ音楽院管弦楽団が加わり、ヴァーグナー、ベートーヴェン、サン＝サーンス、フランク、リムスキー＝コルサコフ、モーツァルト、ベルリオーズ、メンデルスゾーン、ドビュッシーなどの定番曲がプログラムを飾った。ヴィユー＝コロンビエ劇場では、戦中から引きつづきジャーヌ・バトリが活躍していた。

一九一九年三月十四日、独立音楽協会がドビュッシーのメモリアルコンサートを開催した。その二カ月後、五月十四日、国民音楽協会のコンサートでは、フォーレのピアノと管弦楽のための《幻想曲》とダンディの新作《シンフォニア・ブレヴィス・デ・ベロ・ガリコ（フランスの戦争による短い交響曲）》が初演された。この交響曲はフィナーレで聖ミカエルとラテンの芸術が協力して、「ドイツ野郎《ボッシュ》」の芸術にフランスの芸術が勝利して終わるというメッセージ性の強い作品だった。

オペラ座とオペラ＝コミック座でも多彩なプログラムが上演されるようになり、オペラ座では四月一日にシュミットのバレエ《サロメの悲劇》が上演され、六月二十日にはサン＝サーンスの新作オペラ《エレーヌ》が初演された。一方、オペラ＝コミック座では六月十七日、マスネの《マノン》の公演回数が一〇〇〇回に達した。

自作品の管弦楽編曲

ラヴェルは大戦中の一九一七年一月、ディアギレフの依頼でイタリアの未来派の詩人フランチェスコ・カンジュッロ（一八八四〜一九七七）の台本によるバレエを作曲することに同意していたが、結局、それは実現されなかった。当時のラヴェルは、第一次世界大戦と母の死去の影響で、精神的にも肉体的にもダメージが強く、新作に取り組める健康状態ではなかった。ただ、幸いなことに、ラヴェルにとって、管弦楽編曲という仕事は創作活動に戻るためのリハビリ的な役割を果たした。

〈道化師の朝の歌〉は、現在管弦楽曲のレパートリーとして定着しているが、ディアギレフの依頼で管弦楽編曲がおこなわれたのは、原曲のピアノ曲作曲から十三年を経た一九一八年のことだった。ディアギレフはロンドンのアルハンブラ劇場でのバレエ・リュスの公演のために、《アランフェスの庭》と題したバレエを構想しており、そのなかで使うために、ラヴェルに自身の〈道化師の朝の歌〉とシャブリエの《華やかなメヌエット》の二曲を管弦楽編曲してほしいと依頼したのである。このバレエはこの二曲の前に、フォーレのパヴァーヌが置かれていた。振付はレオニード・マシーン、舞台と衣装はホセ・マリア・セルトが担当した。初演は、エルネスト・アンセルメの指揮により、一九一九年七月十八日におこなわれたが、サティの《パラード》やファリャの《三角帽子》に比べれば、このバレエのインパクトは弱かった。もっとも、ラヴェル自身はバレエ用に作った楽曲ではないので、ロンドンでのバレエ上演の評判については気にしていなかったようだ。

ロンドンでは、バレエ・リュスの《アランフェスの庭》初演の六日後、一九一九年七月二十四日、コヴェントガーデン歌劇場で《スペインの時》がフランス語で上演されたが、これは国外でのはじめての上演だった。ラヴェルは九月二日付のイダ・ルビンシテイン宛の手紙で、「十七回もカーテンコールがあり、ロンドンでこの三十年間でもっとも成功したオペラだと新聞で報じられました」と書き送っている。ちなみに、フランスでの再演は一九二一年十二月、ジャック・ルーシェが支配人となったオペラ座でおこなわれ、コンセプシオン役のファニー・ヘルディーが絶賛された。

さて、〈道化師の朝の歌〉の管弦楽版はバレエ上演に先立って、一九一九年五月十七日、パリのシルク・ディヴェールで、ルネ＝バトン指揮のパドルー管弦楽団によって初演された。ところが、この初演はほとんど注目されずに終わった。ラヴェルの管弦楽編曲は珍しいものではなく、「戦後」の時代にあって、この作品に見られるスペイン趣味は少々時代遅れのようにみなされたのである。

一九一九年、ラヴェルは〈道化師の朝の歌〉以外にも、《クープランの墓》の六曲中の四曲を管弦楽編曲した。編曲にあたっては、曲順を入れ替え、〈前奏曲〉〈フォルラーヌ〉〈メヌエット〉〈リゴードン〉という順番にした。そのため、ホ短調からホ長調へという調的な統一感は失われたが、オーケストラ作品としての新たな魅力が生まれることになった。《クープランの墓》の管弦楽編曲に対して、デュラン社は四〇〇〇フランをラヴェルに支払い、一九二〇年二月二十八日、ルネ＝バトン指揮のパドルー管弦楽団により、コンサートでの初演がおこなわれた。

さらに、同年十一月八日、オーケストラ編曲された四曲のうち、〈フォルラーヌ〉〈メヌエット〉〈リゴードン〉の三曲を使って、パリのシャンゼリゼ劇場でバレエ・スエドワ（スウェーデン・バレエ団）によ る公演がおこなわれるが、これに関しては後述する。

《ラ・ヴァルス》とレジョン＝ドヌール勲章騒動

一九一九年の冬、ラヴェルはアンドレ＝フェルディナン・エロルドの招待で、アルデッシュ地方のラプラスにある彼の別荘で過ごした。エロルドは詩人で、アンリ・ド・レニエなどとともに、一八九〇年代の象徴主義を代表する作家として知られている。ラヴェルはパリから三五〇キロ離れたこの別荘で、創作意欲をとりもどそうとつとめた。彼は手はじめに、ヘブライ歌曲の〈カディッシュ〉と〈永遠の謎〉のピアノ伴奏を管弦楽版に編曲し、デュラン社に送った。続いて取り組んだのがバレエ・リュスのための《ラ・ヴァルス》である。この作品はヨハン・シュトラウスへのオマージュとして一九〇六年から構想があったが、大戦中に中断され、実際にとりかかったのは一九一九年十二月からだった。彼はロラン＝マニュエルに宛てて「《ウィーン》に戻ってきました。うまくいっています。ついに私ははじめました。それもトップギアで」と書き送っている。そして、ピアノ独奏版と二台ピアノ版を仕上げた後、一九二〇年四月十二日、管弦楽編曲を完成させた。

ラヴェルは仕事に励む一方、一九一九年の暮れにイダ・ゴデブスカに宛てた手紙で、亡き母に対する思いを率直に語っている（十二月二十七日付）。

私は以前、カルノー大通りのすてきなアパルトマンで迎えたその日［大晦日］のことを思い出します。私は本当に幸せでした。彼女が亡くなってもうすぐ三年になりますが、私の絶望は日ごとに深くなっていきます。仕事を再開してから、さらに痛感しています――私を黙ってかぎりないやさしさで包みこんでくれる大切な存在がもうないことを。かつてないほどわかるのですが、それこそ私の唯一の生きがいだったのです。

《ラ・ヴァルス》のオーケストレーションに取り組んでいるさなかの一九二〇年一月、レジョン＝ドヌール勲章をめぐる騒動がもちあがった。一月十五日の官報にレジョン＝ドヌール勲章のノミネート者と昇格者のリストが掲載され、そのリストは翌日、一般紙で報じられたが、そこでラヴェルは自分がレジョン＝ドヌール勲章のシュヴァリエ章にノミネートされたことを知って当惑し、受勲を拒否したため大騒ぎになった。彼はロラン＝マニュエルに「なんと奇妙な事件だ！　だれが私にこんな悪ふざけをしたのだろう？」と書いたが、実際には悪気があっておこなわれたことではなかった。ラヴェルはロラン＝マニュエル宛の一月二十二日の手紙で、ジャック・デュランから打ち明けられたこととして、「これをやったのはリュシアン・ガルバンで、高い地位にいるいとこを介しておこなったのです」と告げ、「私が絶望したのがわかるでしょう？　それで一日中、オーケストラの仕事をさぼり、ひどい夜を過ごしました」と書いている。ガルバンはラヴェルへの感謝の気持ちで彼を推薦したのだが、ラヴェルにとってはありがた迷惑で、フランス政府から勲章を受ける気はまったくなかった。

ラヴェルがレジョン＝ドヌール勲章を拒否した理由に関しては、説が分かれている。ローマ賞で再三にわたり苦杯をなめたことをはじめ、彼がフランスの公的社会に対して憤りを感じていたこともあるだろう。一方、ロザンタールはラヴェルが受勲を拒否したのは、戦時中、ラヴェルが前線で危険な任務に就いていることを政府関係者が彼の母に漏らしたため、その心労から母の健康状態が悪化し、死期を早めたと感じていたからだと述べている。記者会見の場で、弟のエドゥアールは「兄はあらゆる賞に反対しているので、原則として受勲を拒むのです」と述べたが、実際には、ラヴェルはフランス以外の国からの勲章は喜んで受け取っている。

さて、ラヴェルの父の末弟エドゥアールはジュネーヴ在住の画家だったが、一九二〇年三月八日に亡くなった。ラヴェルが死の床にある叔父をジュネーヴに見舞った際、彼はラヴェルの受勲のことを話したという。「［自分の］受勲を喜ぶ人はいたわけです」とラヴェルはジョルジェット・マルノールに宛てて、皮肉交じりに書いている（三月十一日付）。ジョルジェットは、ラヴェルを最初期から応援していた音楽批評家ジャン・マルノールの娘で、ラヴェルと親しかった。こうして、ラヴェルは父方の叔父の最期を看取った。彼はラヴェルと弟に遺産を残してくれた。

四月二日、ラヴェルのノミネートは新しい公教育省の大臣アンドレ・オノラと共和国大統領ポール・デシャネルによって正式に撤回され、この騒動の幕は降りた。

ラヴェルが郵便物にもう少し早く目を通して、公表される前に自分の意見を伝えていたら、こんな騒ぎにはならなかっただろう。ラプラスに郵便が届くのには時間がかかり、ノミネートの書類がラヴェルのもとに届いたのは公表される四日前で、しかも、ラヴェルはそれを見ていなかった。

サティは前衛的な小冊子『ル・コック』のなかで、「ラヴェルはレジョン＝ドヌール勲章を拒絶した。しかし、彼のすべての音楽はそれを受け取っている」と皮肉った。


四月十六日、ラヴェルはラプラスを引き払ってパリに戻った。翌日の、《二つのヘブライの歌》の管弦楽伴奏版の初演に立ち会うためだった。初演は、マドレーヌ・グレイとルネ＝バトン指揮のパドルー管弦楽団によっておこなわれ、グレイはこの作品をヘブライ語で歌った。ラヴェルは彼女を高く評価し、一九二一年、指揮者のアンセルメに、力強く明るい美声の持ち主だと推薦している。また、一九三二年に彼女が《マダガスカル先住民の歌》を録音したときには監修した。

その後、《ラ・ヴァルス》の試演会が、関係者を集めてパリのミシャ・セルト（セール）のアパルトマンで開かれた。これに先立って、ラヴェルは二月二十六日、ローマにいるディアギレフに宛てて《ラ・ヴァルス》の独奏ピアノ版を送ってあった。ディアギレフから、一刻も早く楽譜を見たいとせかされていたからである。このバレエの振付はマシーンがおこなう予定だった。試演会がおこなわれた正確な日程は不明だが、五月の初旬、バレエ・リュスがローマとミラノでの巡業を終えてパリに戻った後、五月十五日初演予定だったストラヴィンスキー《プルチネッラ》のリハーサル期間中のことだったと思われる。そこにはディアギレフ、アンセルメ、マシーン、フランシス・プーランク、ストラヴィンスキーが集っていた。プーランクによれば、マルセル・メイエとラヴェルが二台ピアノで演奏をはじめると「彼［ディアギレフ］の入れ歯と片眼鏡がぴくぴくしはじめるのが見えた。彼が困惑し、この曲を好きではなく、「否《ノン》」と言おうとしていることがわかった」。そして、ラヴェルが弾き終えると、ディアギレフはこういった。「ラヴェル、これは傑作だ……だが、バレエじゃない……バレエの肖像画だ」。プーランクはつづけて「驚いたことに、ストラヴィンスキーはひと言も発しなかった！」と書いている。ラヴェルは静かに手書き譜を取りあげると出て行った。

このくだりは有名だが、ニコルスによれば、プーランクは別のところで、ディアギレフの最後の言葉は「あまりに短すぎ、レジュメが多すぎる」というものだったと述べており、ディアギレフが実際的な問題を頭に置いていたことがわかる。また、ストラヴィンスキーが無言だったことについては、新古典主義の《プルチネッラ》のリハーサルに入っていた当時のストラヴィンスキーと、《ラ・ヴァルス》のラヴェルとの美学的な隔たりは大きく、ストラヴィンスキーがひと言も発言しなかったのも無理はないとしている。

結局、《ラ・ヴァルス》はまず二台ピアノ版で初演された。一九二〇年十月二十三日、ウィーンで、ラヴェルとカゼッラのピアノによる（一三〇頁参照）。管弦楽作品としては、同年十二月十二日、パリでカミーユ・シュヴィヤール指揮のコンセール・ラムルーで初演された。初演の際、若い世代の作曲家たちはこの作品を酷評した。一九二一年、ジョルジュ・オーリックは「ラヴェルに別れの挨拶をするために」と題した辛辣《しんらつ》な記事を書き、マルナによれば、アンリ・ソーゲは「ラヴェルはくだらない。彼の音楽はもはや面白くない」と述べたという。翌年、一九二一年十一月二十四日、セルゲイ・クーセヴィツキー指揮の演奏によって、ようやく《ラ・ヴァルス》は真の成功をおさめたが、ダリウス・ミヨーは依然として「これはバレエ・リュス用のサン＝サーンスだ」とネガティブな見解を示した（『クリエ・ミュジカル』誌）。

では、バレエとしての初演はいつおこなわれたのだろうか。従来は、イダ・ルビンシテインによる一九二九年とされていたが、実際には、一九二六年十月二日、アントワープのフラマン王立歌劇場において、ソニア・コルティの振付により、初演がおこなわれたことが判明した。実は、その前にマーラーの未亡人アルマなどが、ウィーン国立歌劇場での上演に尽力したのだが、それは実現しなかった（注13）。

オペラ《子供と魔法》に着手する

一九二〇年の夏、ラヴェルは二つの新たな作品に取り組んでいた。オペラ《子供と魔法》と、ヴァイオリンとチェロのための二重奏曲である。

《子供と魔法》は、女性作家コレット（本名シドニー・ガブリエル・コレット、一八七三〜一九五四）の台本によるオペラで、ラヴェルはこれを一九二〇年から一九二五年にかけて作曲したが、二人の最初の出会いは二〇年前にさかのぼり、場所はルネ・ド・サン＝マルソー夫人のサロンだった。当時、新進作家コレットは、十五歳年上の夫で一世を風靡した小説家・音楽批評家のアンリ・ゴーティエ＝ヴィラールに連れられて夫人のサロンを訪れ、そこでラヴェルに会った。そのときコレットの目に映ったラヴェルの第一印象は、「よそよそしく超然としていた」という。

一九〇六年、夫と離婚したのち、一九一二年『ル・マタン』紙の主筆、アンリ・ド・ジュヴネルと再婚し、一女をもうける。やがてコレットは「わが娘のための喜遊曲」のあらすじを書き上げ、オペラ座の支配人ジャック・ルーシェに見せる。コレットによれば、これはルーシェからの依頼だったというが、ともかく、ルーシェはこのあらすじを気に入り、作曲家の人選が始まった。コレットの回想では、ルーシェから作曲家の名前がいろいろ挙がるうちに「ラヴェルの名前が出て、そのとたんなりふり構わず大声を出してしまった」という話になっている。しかし、ルーシェとコレットの手紙から、オペラ化の話は一九一六年四月以降、デュカ、ストラヴィンスキー、シュミットに相次いで断られた挙句、ラヴェルのもとに持ち込まれたことが判明した。最初からラヴェルに作曲を依頼したという話は作り話だったわけである。

ラヴェルはこの仕事を引き受けたが、そこから完成までの道のりは遠かった。まず、台本そのものがラヴェルの手もとに届くまでに時間がかかった。一九一六年に最初に送られた台本はついにラヴェルのもとに届かなかった。輸送兵ラヴェルは当時、ヴェルダンの近くに配属されていたが、台本は郵送される途中、紛失してしまったのである。

一九一八年になって、ラヴェルはようやく台本を手にするが、その時期には彼がすぐに仕事にかかれる状態ではなかった。コレットからの問い合わせの手紙に対して、ラヴェルは一九一九年二月二十七日、メジェーヴから返事を書き、音信不通であったことを詫び、健康状態が思わしくないと弁解している。

実際、すでに着手しています。紙に書いてはいませんが、メモもとっています。修正さえ考えています……。心配ご無用。カットではありません。反対です。たとえば、リスの語りはもっと展開できないでしょうか。森についてリスがしゃべりそうなこと、そして、それがどのように音楽に役立つかご想像ください！

もう一点。古くて黒いウェッジウッドの茶碗とティーポットがラグタイムを歌うのはどうでしょうか。白状すれば、二人の黒人女に国立音楽アカデミー［オペラ座］でラグタイムを歌わせるというアイデアで私はうっとりするのです。……おそらく、アメリカの黒人スラングは使っていないとおっしゃるでしょう。私も英語はまったく知りませんが、あなたと同じようにします。何とかやります。この二点についてお考えをお聞かせ願えれば幸いです。

コレットは大喜びで、ラヴェルの提案をすべて受け入れ、次のように書き送った（三月五日付）。

拝啓
もちろんラグタイムですとも！　もちろんウェッジウッドの黒人ですとも！　ミュージックホールのすさまじい突風がオペラ座のほこりを巻きあげることでしょう！　それいけ！　……西部劇の上映

中に、映画館のオーケストラがあなたの魅力的な《マ・メール・ロワ》を演奏していることをご存知ですか。もし、私が作曲家でラヴェルだとしたら、それを聞いて喜ぶと思います。
それから、リスはあなたが望まれることを何でも申します。ひたすらニャーニャー鳴く「ネコ」の二重唱はお気に召しましたか。私たちはアクロバットも使えるでしょう。「算数」のあれはポルカではないのですか。ご健康を祈り、うずうずしながら、あなたと握手いたします。

コレット・ド・ジュヴネル

この文通から、ラヴェルが歌詞に関して、さまざまな注文をつけたことがわかる。こうして、ラヴェルはようやくこのオペラの作曲に本格的にとりかかったのである。しかし、オペラの作曲は、コンサートやリハーサルの立て込んだ日程のため、まもなく中断されてしまった。

ドビュッシー追悼の二重奏曲

一方、二重奏曲（ヴァイオリンとチェロのためのソナタ）については、『ルヴュー・ミュジカル』誌の依頼で作曲が始められたものである。この雑誌は、ソルボンヌ大学でロマン・ロランに師事した音楽学者アンリ・プリュニエールが一九二〇年に創刊したもので、彼は第二号の付属楽譜として十人の作曲家にドビュッシーを追悼する作品を依頼し、一九二〇年十二月、それを「ドビュッシーの墓」という題名で出版した。プリュニエールが選んだ十人は、デュカ、ルーセル、サティ、シュミット、バルトーク、ファリャ、ユージン・グーセンス、ジャン・フランチェスコ・マリピエロ、ストラヴィンスキー、そしてラヴェルだった。

このなかでは、ストラヴィンスキーとラヴェルの作品が特に知られている。ストラヴィンスキーのものは、一九二〇年十一月二十日に完成し、ドビュッシーの思い出に捧げられた、《管楽器のための交響曲》の最後のコラールの部分にあたる。ラヴェルのものは、一九二二年二月に完成し、ヴァイオリンとチェロのためのソナタという題名になる作品の第一楽章で、この時点ではヴァイオリンとチェロのための二重奏曲という名前だった。このソナタについては後述する。

ウィーンへの演奏旅行

一九二〇年十月十六日、ラヴェルはカゼッラとともにウィーンに到着した。これは「AFEEA（芸術の普及と交流のためのフランス協会）」から公的な支援を受けて実施された演奏旅行で、ラヴェルの作品によるオーケストラと室内楽のコンサートが予定されていた。この協会は会長をラヴェルの古くからの友人で、著名なジャーナリスト・音楽批評家であるロベール・ブリュッセル（一八七四〜一九四〇）がつとめていた。まず、十月二十二日おこなわれたオーケストラ作品の公演では、オスカー・フリート指揮のウィーン交響楽団による演奏で、《スペイン狂詩曲》から始まり、《ダフニスとクロエ》の組曲とマリア・フロイントの独唱による《シェエラザード》、そして《二つのヘブライ歌曲》がつづき、最後をふたたび《スペイン狂詩曲》で締めるという珍しいプログラムが組まれた。

十月二十五日の室内楽公演では、ラヴェルのピアノによる、ソナチネ、《マラルメの三つの詩》、《夜のガスパール》、《博物誌》、ピアノ三重奏曲というプログラムが予定されていたが、実際には、ラヴェルがピアノを弾いたのは、マリア・フロイントの独唱による《マラルメの三つの詩》と《博物誌》だけで、曲目が一部変更され、《水の戯れ》、《夜のガスパール》より〈絞首台〉、《鏡》より〈鐘の谷〉はいずれもカゼッラがピアノを演奏した。

そのほかに、十月二十三日、ウィーン楽友協会のシューベルトザールで開かれた、シェーンベルクが立ち上げた「私的演奏協会」のコンサートにおいて、シェーンベルク、アルバン・ベルク、ウェーベルンの作品に加えて、ラヴェルの弦楽四重奏曲とエドゥアルト・シュトイアーマンのピアノによる《夜のガスパール》、さらに、《ラ・ヴァルス》のピアノ二台版の初演がラヴェル自身とカゼッラによっておこなわれた。

このウィーン滞在中、合わせて十二のラヴェル作品が演奏されたが、残念なことに、シェーンベルクは不在だった。当時彼はアムステルダムに住んでおり、ちょうどコンセルトヘボウ管弦楽団で《グレの歌》を指揮しているところだった。また、ベルクもぜんそくの発作のために演奏会に行かれなかったが、シェーンベルクに宛てて、長い報告の手紙を書いている（一九二〇年十月二十八日付）。そこでは、「このコンサートはチケットの価格が高かったこともあって人が少なかったですが、芸術的に見れば満足のいくものでした。［アルトゥル・］シュニッツラー、［エーリヒ・ヴォルフガング・］コルンゴルト、［カロル・］シマノフスキなども顔を見せましたが、プッチーニは来ませんでした」と報告している。ベルクによれば、ラヴェルはシェーンベルクに敬意を表して、最新の作品、つまり《ラ・ヴァルス》をプログラムに入れたという。また、マリア・フロイントも演奏することになったため、コンサートの上演時間は三時間に達した。彼女がラヴェルのどの作品を歌ったかは不明だが、おそらく作曲者が伴奏したのだろう。ベルクは「ラヴェルはパリではコンサートが終わる前に出てしまうので有名だから、できるかぎり時間は短くしたほうがよいと言われていましたが、実際にはそれとは正反対でした！」と知らせている。このコンサートで、ベルクの作品を聴いたラヴェルはそれを気に入り、パリで演奏するために楽譜を持ち帰ったという。実際、翌年六月二日に開かれた独立音楽協会のコンサートで、ラヴェルらはベルクの作品をプログラムに組み入れた。

ジャーコモ・プッチーニについていえば、彼は十月二十日から始まる『三部作』《外套》《修道女アンジェリカ》《ジャンニ・スキッキ》のウィーン初演のために同地を訪れていた。ラヴェルはそれらのオペラを観に行き、リヒャルト・シュトラウスの《影のない女》も観た。

ウィーンでラヴェルはインタビューに応じ、オーケストラと歌手、そして、困難な時期にも、音楽を支援しつづけたウィーンの聴衆を称賛し、「音楽がすべての人々の和解の精神に影響を及ぼしますように」と語った。また、「『反ドイツの流れ』が問題になったとき、あるいは問題になっているとき、ウィーンとオーストリアはそこには含まれませんでした」とも述べている。

ウィーン滞在の前半、ラヴェルはツッカーカンドル夫妻とともに過ごした。妻のベルタはウィーンで有名なサロンを開いていた。彼女の姉は、ラヴェルが懇意にしていたポール・クレマンソーの妻、ソフィーだった。ポール・クレマンソーは「虎」と呼ばれた大物政治家ジョルジュ・クレマンソーの弟で、エンジニアだった。ラヴェルは、大晦日をクレマンソー夫妻とともに過ごすことにしていた。ベルタによれば、ラヴェルはウィーンで小さなバッグを二つ買い、小切手に署名したところ、女性の店主が「《水の戯れ》や〈オンディーヌ〉を作曲なさったモーリス・ラヴェルさんですか？　なんと光栄なことでしょう。代金をお支払いいただくわけにはいきません。どうぞウィーンの記念にお受け取りください」と言われ、パリではありえないと感激していたという。

ウィーン滞在の後半二週間、ラヴェルとカゼッラはマーラーの未亡人であるアルマ・マーラーの家に宿泊した。そのときのことを、アルマはおよそ四十年後『回想録』のなかで、ラヴェルがナルシストで、朝食時にほお紅を塗り、香水を漂わせて現れた、と書き、ラヴェルに対してかなり手厳しい評価を下している。ラヴェルがつねに身だしなみに気を使い、おしゃれだったことは事実であるが、ロザンタールはラヴェルが化粧したことは一度もなかったと語っている。

三週間のウィーン滞在を終え、パリ郊外のサン＝クルーの家に戻ったラヴェルは、十一月と十二月、バレエ・スエドワによる《クープランの墓》の初演と、《ラ・ヴァルス》のオーケストラ初演に立ち会った。スウェーデンの興行師ロルフ・ド・マレは資産家で、一九二〇年から十五年間にわたりシャンゼリゼ劇場を借りて、バレエ・スエドワによる前衛的な公演をおこなった。その初年度のシーズンのために、ド・マレがラヴェルに依頼したのが《クープランの墓》のうち〈フォルラーヌ〉〈メヌエット〉〈リゴードン〉をバレエ音楽として用いることだった。このバレエ化を提案したのは、バレエ・スエドワの指揮者、アンゲルブレシュトだったといわれる。このバレエ版は一九二五年末までに一六七回も公演され、著作権料収入はラヴェルの懐をおおいに潤した。

終《つい》の棲家《すみか》「ル・ベルヴェデール」の購入

戦後、ラヴェルはパリで仕事をするのは不可能だと感じ、友人のジョルジェット・マルノールに家探しを依頼した。彼女はほうぼう探し歩いたのち、パリの南西およそ五十キロに位置するモンフォール＝

ラモリに「ル・ベルヴェデール」と呼ばれる屋敷を見つけた。なかの部屋は、ラヴェルが望んだ通りこぢんまりしたサイズで、バルコニーからはイル＝ド＝フランスの風景がぜいたくに見渡せる。パリの喧騒から離れ、鉄道の駅まで優に五キロあるのも、静かに仕事に没頭したいラヴェルにとっては都合がよかった。

二万フランで「ル・ベルヴェデール」を購入したラヴェルは、大規模に改修した後、一九二一年五月からここに住みはじめた。「ル・ベルヴェデール」は現在、ラヴェル記念館となり、彼が過ごしたそのままに保存されている。日本風の庭園や多数の日本の版画（浮世絵や錦絵）、アラビアのコーヒーセット、また洗練された細工の骨とう品や機械仕掛けの鳥、オルゴールなど。書斎にはエラール製のピアノと作曲机が置かれ、壁には母の肖像（一八八五、父の末弟エドゥアールによって書かれたもの）、父の肖像（一八九六、M・デブタン作）、そして十一歳のラヴェルの肖像画（一八八六、L・タンズィ作）が掛かっている。この家でラヴェルはシャム猫を飼い、猫たちを愛情深く世話した。以来、亡くなるまでの十七年間、ラヴェルの生活は、「ル・ベルヴェデール」、パリ、そして演奏旅行で訪ねる外国の三通りで営まれるようになった。

モンフォール＝ラモリにあるラヴェルの家「ラ・ベルヴェデール」

当時のパリのサロン

第一次世界大戦後、パリのサロンの状況はどのようになっていただろうか。ラヴェルは一九一九年、ポーランドからパリにやってきた若い作曲家アレクサンドル・タンスマンを支援し、パリの音楽界に紹介したが、タンスマンによれば、当時のパリのサロンは次のような状態だった。

まず、アンリ・プリュニエール率いる『ルヴュー・ミュジカル』のサロンがあり、偉大な国際センターとなっていた。それから、クレマンソー夫人のサロンもあった。そこでは、アインシュタイン、ホフマンスタール、ステファン・ツヴァイクなどと会うことができた。ラヴェルのいちばんの友人であるゴデブスキ家のサロンはとても面白いところで、そこではマヌエル・デ・ファリャ、ビニェス、アンドレ・ジイドなどに会った。それから重要だったのが、毎週月曜日のロラン＝マニュエルのサロンだ。全員がそこにいた。ミヨー、オネゲル、ルーセル、シュミット、そしてラヴェルだ。したがって、今とはずいぶん違った音楽生活だった。たとえば、ラヴェル、シュミット、ストラヴィンスキー、あるいはプロコフィエフと比べてどちらが抜きん出ている、などということは意味をなさなかった。みな音楽家で、有名であろうがなかろうが、違いはなかった。

実際、一九二〇年にパリでラヴェルに会ったセルゲイ・プロコフィエフは、彼のような偉大な作曲家に握手できる喜びを彼に伝え、「先生《メートル》」と呼びかけたところ、ラヴェルはまるでプロコフィエフが自分にキスしようとしたかのように手をふりほどいて、「ああ、私を先生と呼ぶのはやめてください」と叫んだという。ラヴェルがパリを訪れるのは、友人と会ったり、新しいトレンドやテクニックを見つけにいったりするためで、その点では貪欲だった。リハーサルのあとでオーケストラの音楽家をつかまえて、これこれが演奏可能かどうか尋ねることもよくあった。コンサートで夜遅くなり、モンフォール＝ラモリの自宅に戻れないときには、ゴデブスキ家のアパルトマンの向かい側にあるホテル、オテル・ダテーヌに宿泊することを常とした。

オペラ座でのバレエ《ダフニスとクロエ》の上演

一九二一年六月二十日、バレエ《ダフニスとクロエ》のオペラ座初演がおこなわれた。一九一二年にバレエ・リュスで初演されたこのバレエは、今回、オペラ座支配人ジャック・ルーシェの尽力で上演が可能になったもので、バクストの舞台装置、フォーキンの振付は変わらず、ダフニス役は初演のニジンスキーに代わってフォーキンが踊り、クロエ役はフォーキンの妻ヴェラ・フォーキナがつとめた。このときの上演は、聴衆や報道関係者のあいだで、初回よりもずっと評判が良かった。ラヴェルも舞台に満足して、ルーシェにバレエの「華やかなプロダクション」を称賛した。

この時期、ルーシェがバレエ《ダフニスとクロエ》をオペラ座で上演したのには理由があった。実は今回、彼は《ダフニスとクロエ》とデュカの《ラ・ペリ》をオペラ座初演しただけでなく、その十日前にはベルリオーズのオペラ《トロイアの人々》を全幕、オペラ座で初演していた。ベルリオーズの《トロイアの人々》は作曲者がオペラ座で上演するつもりで書いたものの、ヴァーグナーの《タンホイザー》にその座を奪われて、オペラ座上演を果たせず、格下のリリック座で後編だけが初演されたというい わくつきの作品で、ベルリオーズは全曲の上演を見ることなく、この世を去った。それをルーシェは、カットはしたものの、オペラ座での全曲初演に踏み切ったのである。つまり、彼はラヴェル、デュカ、ベルリオーズという三人のフランス人作曲家のバレエやオペラをオペラ座で初演したことになる。これには前年の夏、イタリア人作曲家マリピエロの《七つのカンツォーネ》を上演したところ、なぜ、外国人を優遇してフランス人作曲家を無視するのか、とルーシェを非難する声が上がったことに対する回答という意味合いが含まれていた。

オペラ座ばかりでなく、同じ時期に、パリでは興味深い作品の初演が立てつづけにおこなわれていた。五月十七日、バレエ・リュスはゲテ＝リリック座でプロコフィエフの《道化師》を、六月にはミヨーの《人間と欲望》をそれぞれ初演していた。六月十八日にはバレエ・スエドワが《エッフェル塔の花嫁花婿》を踊り、六月十七日、二十日、二十四日にはイタリアの未来派による二十七の騒音発生装置とオーケストラによるコンサートがルイージ・ルッソロの兄であるアントニオ・ルッソロの指揮により開催された。この初演には、ストラヴィンスキー、オネゲル、ファリャ、文学者のポール・クローデル、詩人のトリスタン・ツァラ、画家のモンドリアンとともに、ラヴェルも立ち会った。

さらに、フォーレのピアノ五重奏曲第二番が国民音楽協会の五月二十一日のコンサートで初演され、その三日後、テアトル・ミシェルではプーランクの《理解されない憲兵》、サティの《メデューサの罠》、ミヨーの《溶けたキャラメル》、オーリックの《ペリカン》が初演された。

さて、ルーシェは《ダフニスとクロエ》が成功したことで自信を深め、ラヴェルにさらに《スペインの時》のオペラ座初演をもちかけた。ラヴェルはそれに対し、「ひとつだけ心配があります。劇場の規模と……作品の規模です」とルーシェに書き送っている。ラヴェルの《スペインの時》はオペラ＝コミック座で初演された小規模で肩ひじ張らない雰囲気の作品であるが、オペラ座はといえば、フランスの頂点に君臨する公的な性格の強い劇場で、二番手のオペラ＝コミック座とでは、劇場自体の規模も、上演される作品の性格や規模も異なっていた。そこをラヴェルは心配したのだが、ルーシェの判断を信頼して、オペラ座上演に同意した。

《スペインの時》は一九二一年十二月五日にオペラ座での初演がおこなわれ、センセーショナルな成功をおさめた。初演の四日後、ラヴェルはルーシェに感謝している。

この冒険がうまくいくのか月曜日まで疑っていましたが、正しかったのはあなたでした。あなたは、私のオペラ＝ブッフを国立音楽アカデミー〔オペラ座〕に入れるという大胆さに加えて、作品にふさわしい出演者と舞台を用意してくださいました。この完璧なアンサンブルが成功をもたらしたのです。二重にお礼を申し上げます。

この後、《スペインの時》はオペラ座のレパートリーとなり、上演は十年間で五十回に達した。このオペラがオペラ＝コミック座で再演されるのは、一九四五年のことである。

ヴァイオリンとチェロのためのソナタの完成

ラヴェルはオペラ座での《ダフニスとクロエ》と《スペインの時》のリハーサルにかかりきりになったが、それが一段落つくとヴァイオリンとチェロのためのソナタに戻り、曲は一九二二年二月に完成した。ただ、一月十二日は、パリにシェーンベルクの《月に憑《つ》かれたピエロ》の全曲初演を聴きに行くために作曲を中断している。

シェーンベルクのこの作品は一九一二年にベルリンで初演されており、ラヴェルは第一次世界大戦前に独立音楽協会のコンサートでパリ初演しようと計画したが果たせなかった。大戦中、ラヴェルがシェーンベルクの音楽を擁護したことにより、国内で攻撃されたことはすでに見たとおりである。戦争が終わって、ようやくパリ初演が可能になった。今回企画したのはピアニストのジャン・ヴィエネールだった。指揮は作曲家のダリウス・ミヨーがつとめ、フランス語訳されたテクストはマリア・フロイントがシュプレッヒ・シュティンメ（語りと歌の中間に位置する唱法）で歌った。フルート奏者のルイ・フルーリーによれば、パリ初演は二十五回ものリハーサルを経て、一九二一年十二月十五日に小さなサル・アグリキュルトゥールで、まず第一部が演奏された。そのときは警察が呼ばれる騒ぎとなったが、翌年一月二十二日、サル・ガヴォーでおこなわれた全曲演奏は高く評価された。パリではさらに二回上演され、イギリスとイタリアでもコンサートが開かれた。また、独立音楽協会では一九二七年十二月のコンサートで取り上げられ、シェーンベルク自身の指揮により上演されている。

ヴァイオリンとチェロのためのソナタに話を戻すと、完成直前、一九二二年一月三十日、ラヴェルはカルヴォコレッシに次のように書き送っている。

ヴァイオリンとチェロのためのデュオは一年半もずるずると長引きましたが、終わらせることに決めました。それまではモンフォールを離れないし、大きなピラミッドのように積み重なっていく手紙にもいっさい返事をしないつもりです。一昨日、いったん完成したのですが、残念ながらスケルツォが望んでいたようなものではなかったので、また最初からはじめました。

ヴァイオリンとチェロのためのソナタは一九二二年四月六日、サル・プレイエルで開かれた独立音楽協会の第八十四回コンサートで初演された。演奏はヴァイオリンのエレーヌ・ジュルダン＝モランジュとチェロのモーリス・マレシャルだったが、ラヴェル自身はリヨンに行っていたため初演に立ち会えなかった。この作品はラヴェルの作曲様式の転換点となったもので、線的な動きに対する関心が強く見られ、多調性の使用が特徴で、シェーンベルクやコダーイの影響も見られる。初演のさい、批評は賛否両論に分かれた。こうした新しい作曲様式に困惑し、ラヴェルの戦前の作品と比べ、否定的な見解を述べる人も多かった。

初演をつとめたエレーヌ・ジュルダン＝モランジュ（一八八八〜一九六一）は、一九〇六年にパリ音楽院でヴァイオリンの一等賞を得た演奏家で、ラヴェルとは夫を第一次世界大戦で亡くした直後の一九一七年に知り合い、親友の一人となった。

注13　Nichols, 前掲（一一六頁。注12）書、p.235.

第八章　円熟への道（一九二一〜一九二七）

《ガブリエル・フォーレの名による子守歌》

ヴァイオリンとチェロのためのソナタの完成後、ラヴェルの創作ペースは停滞し、続く二年間で新しく作曲されたのは、アンリ・プリュニエールの依頼で『ルヴュー・ミュジカル』誌のために書かれた二曲、《ガブリエル・フォーレの名による子守歌》と《ロンサールここに眠る》だけだった。

このうち、《子守歌》は一九二二年夏に、リヨン＝ラ＝フォレで作曲された。この夏、ラヴェルはモンフォール＝ラモリに閉じこもることに嫌気がさして、ドレフュス夫人と一緒にリヨン＝ラ＝フォレで八月と九月を過ごした。そこで彼は《子守歌》を作曲し、《展覧会の絵》を管弦楽編曲した。アンリ・プリュニエールは七十八歳になるフォーレを讃えて、十月一日付『ルヴュー・ミュジカル』誌を「フォーレ特別号」とし、フォーレの弟子七人に曲を依頼した。それに応えてラヴェルが作曲したのが《子守歌》で、六月二十日に生まれたロラン＝マニュエルの息子クロードに献呈されている。ラヴェルのほかには、ルイ・オベール、エネスコ、ケックラン、ポール・ラドミロー、シュミットがピアノ曲を寄せ、ロジェ＝デュカスは、このために作曲した交響詩のピアノ編曲版を寄せた。ラヴェルは、一九〇九年の《ハイドンを讃えて》に倣《なら》って、フォーレの名前を音名に読み替え、それを使って、ヴァイオリンとピアノのための小品を作曲した（注14）。

このフォーレ特別号には、ラヴェルの《子守歌》だけでなく、ラヴェルの「フォーレの歌曲について」という記事がロラン＝マニュエルによる口述筆記のかたちで掲載されている。ただし、この論考について、ロジェ＝デュカスとロザンタールの二人はロラン＝マニュエルが書いたものだと述べており、ラヴェルの考えがどこまで反映されているのかは不明である。

特別号が出版されると、フォーレは自分に寄せられたオマージュに感激し、礼状をラヴェルに書いた（注15）（一九二二年十月十五日付）。

親しい友よ、私はフォブール・ポワソニエール［パリ音楽院が以前に建っていた通りの名前］以来の君の成長ぶりに思いを馳せています。そして、君が思う以上に、君が占めている確固とした地位、君が華やかに、そしてすばやく手に入れたその地位を喜びに思っています。それは君を教えた老教師にとって喜びと誇りなのです。

《ガブリエル・フォーレの名による子守歌》は一九二二年十二月十三日、旧パリ音楽院で開かれた独立音楽協会の第八十八回コンサートで、エレーヌ・ジュルダン＝モランジュのヴァイオリンとマドレーヌ・グロヴレーズあるいはレイモン・シャルパンティエ夫人のピアノによってパリ初演された。このコンサートでは、『ルヴュー・ミュジカル』のフォーレ特別号に掲載された作品がすべて演奏された。実は《子守歌》は作曲者が伴奏することになっていたのだが、ラヴェルは服用した睡眠薬の影響で、常宿のホテル・ダテーヌで起きられず、居合わせたピアニストのうちのどちらかがおそらく初見で伴奏する羽目になった。

一方、《ロンサールここに眠る》もアンリ・プリュニエールの依頼で、『ルヴュー・ミュジカル』誌のロンサール生誕四〇〇周年記念号のために書かれたものである。プリュニエールは一九二三年秋、九人の作曲家にルネサンス期の大詩人ピエール・ド・ロンサールの詩を使った歌曲の作曲を依頼した。依頼されたのは、フォーレ、デュカ、ルーセル、オベール、カプレ、オネゲル、ドラージュ、ロラン＝マニュエル、ラヴェルである。一九二四年五月一日発行のこの記念号のために、ラヴェルはローマ皇帝ハドリアヌスが死に際して残した有名な詩をロンサールが作り直した詩を選び、音楽をつけた。ところが、完成したのち、フォーレもまた同じ詩を選んでスケッチを始めていることがわかった。音楽評論家・作曲家のギュスターヴ・サマズイユによれば、ラヴェルはそれを聞いて、自分は曲を取り下げると申し出たが、フォーレのほうが辞退し、自分のスケッチを破棄した。その後、フォーレは一九二四年十一月四日、七十九歳で没した。ラヴェルは十一月八日、マドレーヌ教会で営まれた師の国葬に参列した。

ムソルグスキーの《展覧会の絵》を編曲する

一九二二年から二三年にかけて、ラヴェルの作曲活動は低調で、不眠症にも悩まされていたが、忙しい生活を送っていた。この時期に、編曲作品の傑作《展覧会の絵》が生まれている。

ロシアの作曲家、モデスト・ムソルグスキー（一八三九〜一八八一）のピアノ曲《展覧会の絵》（一八七四）の管弦楽編曲をラヴェルに依頼してきたのは、指揮者のセルゲイ・クーセヴィツキー（一八七四〜一九五一）だった。依頼を受けたラヴェルはリヨン＝ラ＝フォレのドレフュス夫人の家に身を寄せ、編曲に励んだ。最初に編曲したのは〈キエフの大門〉で、この曲は五月一日に完成したらしい。同年十月十九日、ラヴェルの編曲による《展覧会の絵》は、パリのオペラ座でクーセヴィツキーの指揮によって初演され、大成功をおさめた。ラヴェルは、クーセヴィスキーから編曲料として一万フランの小切手を受け取った。

ラヴェルはこの作品の管弦楽編曲にあたり、一八八六年にリムスキー＝コルサコフの校訂で出版されたピアノ譜にもとづいて仕事を進めた。この版はリムスキー＝コルサコフが、ムソルグスキーのオリジナルの楽譜に修正を加えているため、オリジナルとは異なる点もある。ラヴェルはオリジナルのピアノ譜を欲したが、入手できなかったので、カルヴォコレッシに「持っていたら貸してほしい」と頼み、「あるいはだれか自分にその楽譜を貸してくれる人を知らないか」と尋ねている（一九二二年二月三日付）。しかし、結局、オリジナルのピアノ譜は手に入らなかった。ちなみに、オリジナル版のピアノ譜がはじめて出版されたのは、一九三一年のことである。

《展覧会の絵》については、ラヴェル以前にも、さまざまな作曲家や指揮者が管弦楽編曲を手がけていた。なかでもチェコ出身でフィンランド在住のレオ・フンテクが一九二二年に発表した《展覧会の絵》全曲の管弦楽編曲について、マルセル・マルナはクーセヴィツキーがラヴェルに送ったのではないかと推測しているが、裏づけは取れていない。いずれにしても、ラヴェルはこの編曲になみなみならぬ精力を傾け、ムソルグスキーのピアノ曲から新作を作り上げたと言われるほど、独自の管弦楽編曲を成しとげている。

マルナは、ラヴェルがこの編曲をおこなうことになった背景には、ストラヴィンスキーとの複雑な関係があったと考えている。この時期、前述した《ラ・ヴァルス》の件で二人の仲は冷えていたが、ストラヴィンスキーと仲たがいしていたのはラヴェルだけでなく、クーセヴィツキーも同様だった。そのため、クーセヴィツキーはロシア人のストラヴィンスキーではなく、ラヴェルに編曲を依頼したというのである。たしかに、ストラヴィンスキーは自伝のなかでも、「私はつねに、作曲者以外の人物による既存の作品の編曲には断固反対する態度をとってきた。ムソルグスキーのような、自分の行為を自覚し、革新している芸術家が問題である場合には特にそうである」（一九三五）と、自分のことは棚に上げて述べている。もっとも、ラヴェルの編曲が大成功をおさめた後、ラヴェルとストラヴィンスキーは友好的な関係に戻った。一九二三年六月二十六日、ラヴェルはストラヴィンスキーの《結婚》に好意的な手紙を書き、それを喜んだストラヴィンスキーは、七月十四日付で「旧友である自分に、もう少ししばしば様子を知らせてくれるとうれしい」と返信している。

ラヴェルは、一九二二年九月に《展覧会の絵》の編曲を終わらせた後、アムステルダムに出かけた。指揮者のヴィレム・メンゲルベルクが、手兵のコンセルトヘボウ管弦楽団を指揮し、フランス音楽フェスティヴァルのなかでラヴェルの《ラ・ヴァルス》《スペイン狂詩曲》、そして《シェエラザード》の三曲を演奏したからである。コンサートは大成功だった。このときにアムステルダムでおこなわれたインタビューの内容が興味深い。そこでラヴェルはバレエの将来について聞かれ、「バレエはいまや衰退しています。バレエ・リュスもむかしほど良くありません。もし、十八世紀に戻るのならばよいでしょうが」と答え、「もっとも将来性があるのは映画だと思います。音楽はそこに有用な方法でかかわること

《展覧会の絵》の管弦楽編曲をするラヴェル（1922年）

ができます。オネゲルは映画の動きと音楽を同調させることによって、この種のことを試みています」と語っている（『デ・テレグラーフ』一九二三年九月三十日付）。

注目されるのは、フランスの六人組についての意見で、ミヨーとプーランクの才能が傑出していること、そして、彼らの思想上の指導者はドビュッシーではなく、サティであることを述べ、サティについての評価を聞かれると、「サティは精神的な影響を与えています。しかし、彼は完全に誠実だというわけではありません。作曲家にとってもっとも重要なのは誠実さ《サンセリテ》です。ストラヴィンスキーの影響は、テクニック面では、わが国の若手作曲家たちにもっとも深い影響を与えました」と答えている。シェーンベルクが近代の作曲家のなかで、もっとも偉大だと思うかという質問に対しては、しばらく考えた後で「はい、彼は誠実な音楽家です。《月に憑かれたピエロ》はすばらしい」と答え、「オランダの聴衆は彼の音楽が好きではありませんが」という問いに対しては「わかります。フランスでも同じです。でも、若者は評価し、彼の音楽を学んでいます。しかし、彼の音楽は若者たちに影響を与えないでしょう。なぜなら、フランスの精神とはあまりに親和性がないからです」と答えている。このインタビューはラヴェルの当時の立ち位置や意見を鮮明に表している。

作曲家の「誠実さ」については、ラヴェルは「音楽についてのいくつかの考察」のなかで、芸術家の「（仕事に対する）誠意《コンシアンス》」と単なる「誠意《サンセリテ》」は別物で、後者だけではなんの価値もないと述べている（この文章はラヴェルの「自伝的素描」の締めくくりとなるはずだったもので、ロラン＝マニュエルが一九五六年になって公表した）。

ラヴェルによるドビュッシー編曲

《展覧会の絵》の編曲に取り組んでいるあいだに、別の編曲の話がもちこまれた。出版社ジャン・ジョベールから、ドビュッシーの《スティリー風タランテラ》と《サラバンド》のオーケストラ編曲を依頼されたのである。ラヴェルはドビュッシー夫人から編曲の許可が下りたら引き受けると返答し、さっそく、モンフォール＝ラモリから夫人に手紙を書いたが、それはいかにもラヴェルらしい語り口である（一九二二年六月八日付）。

この二曲、特に《サラバンド》は、とてもオーケストラ的であるのは確かです。編集者がだれに依頼するかの権限をもっていることも残念ながら確かです。でも、あなたの御許可がなければ私は何もしません。

先日の夜にはお会いできずたいへん残念でした。マルグリット・ロンがサル・ガヴォーのエントランス・ホールにあなたがいらっしゃると言ったので、階段を駆け下りたのですが、あなたはすでに出られていました。

今月二十五日頃にパリにいらして、そこでお目にかかれるといいのですが。私はロンドンに行く途中でパリを通ります。ロンドンではエオリアンが貴重な調子はずれの音を録音することになっていて、そこに私の作品も加えるのです。

夫人からの許可はすぐに下りたので、ラヴェルは十一月と十二月の二カ月をかけて編曲を仕上げた。

初演は一九二三年三月十八日、サル・ガヴォーで開かれたコンセール・ラムルーの演奏会でポール・パレーの指揮によりおこなわれた。

エオリアン社の録音

ラヴェルがドビュッシー夫人に宛てた手紙のなかで触れている「調子はずれの音を録音する」とは、ラヴェルがロンドンのエオリアン社と一九二〇年五月に交わした契約にもとづくもので、エオリアン社の自動演奏ピアノのために、ラヴェルが自作を録音することになっており、二年間のうちに、全体で十録音、トータル四十分ほどを録音する予定だった。ラヴェルは一録音につき、五十ポンド、フランスフランでおよそ一二五〇フラン受け取ることになっていた。これは、高い報酬だった。しかし、ラヴェルのテクニックで演奏できる曲は限られており、最終的にラヴェル自身がロンドンで録音したのは、《亡き王女のためのパヴァーヌ》と〈悲しき鳥〉の二曲だけだった。エオリアン社は、ラヴェルがピアニストを選び、そのピアニストが録音することも認めたため、ラヴェルはロベール・カサドシュを選んだ。ちなみに、一九一三年十一月に、ラヴェルはドイツのヴェルテ＝ミニョン社のピアノロールに《ソナチネ》の第一・第二楽章と《高雅で感傷的なワルツ》を録音していた。

ラヴェルとロベール・カサドシュ（一八九九〜一九七二）、妻のギャビー・カサドシュの三人は、一九二二年六月二十九日までにロンドンに到着したはずである。録音が六月三十日におこなわれているからである。ラヴェルが自作の演奏を託したロベール・カサドシュは当時二十三歳で、一九一三年に十四歳の若さでパリ音楽院ピアノ科の一等賞を得ていた。このとき、ラヴェルがビニェスに録音を頼まなかった理由は、第四章で見たとおり、ラヴェルが録音するつもりの《夜のガスパール》、特に〈絞首台〉を作曲者が望むように演奏してくれないことにあった。カサドシュはロンドンで《夜のガスパール》の〈絞首台〉と、《クープランの墓》の〈トッカータ〉を録音した。しかし、この二曲のピアノロールが発売されたとき、ロベール・カサドシュの名前はなく、ラヴェルの名前だけがあった。ギャビー・カサドシュによれば、夫ロベールはラヴェルの作品を演奏するのは好きだったが、ピアノロールに自分の名前を出すことにはまったく関心がなかったので、ラヴェルの提案を受け入れて、謝礼を弾んでもらったという。こうした行動はラヴェルらしくないが、エオリアン社との契約上、やむを得なかったのかもしれない。いずれにしても、約半世紀のあいだ、カサドシュの演奏がラヴェルの演奏とされてきたことは事実だ。音楽史上、ラヴェルは生前にほぼすべての主要作品が録音された最初の作曲家で、ピアノや指揮など、自分で演奏しただけでなく、監修もおこなったが、それが混同されて、ラヴェル自身の「指揮」とされてきた録音の例もあり、注意が必要である。

　ギャビー・カサドシュの回想によれば、このロンドン滞在の際に、私的なコンサートでヴァイオリンとチェロのためのソナタのロンドン初演が、ジェリー・ダラニーとハンス・キントラーによっておこなわれ、ラヴェルは演奏に満足していた。ジェリー・ダラニー（イェリー・ダラーニ、一八九三〜一九六六）は、ハンガリー出身の女性ヴァイオリニスト。名ヴァイオリニスト、ヨーゼフ・ヨアヒムの甥の娘にあたる。彼女の姉でやはりヴァイオリニストのアディラ・ファキーリと共に、イギリスを拠点として演奏活動をおこなっていた。その夜遅く、ラヴェルはジェリー・ダラニーにジプシー（ロマ）の音楽を演奏してほしいと所望した。ハンガリー出身のダラニーはすぐさま弾きはじめ、少なくとも二時間はぶっ通しで演奏した。彼女の煽情的な演奏にラヴェルは大喜びした。こうして、この夜は《ツィガーヌ》が生まれるきっかけとなった。

一九二三年一月十日、ラヴェルはジャン・フランセの父でル・マン音楽院院長のアルフレッド・フランセに長い手紙を書いた。ジャン・フランセ（一九一二〜九七）はのちに作曲家として活躍する人物で、その父親は早熟な才能を見せた息子の作品をラヴェルに送り、意見を求めていた。ラヴェルは子供の作品に見られる才能のなかで特に「好奇心」を重要視し、「好奇心こそ芸術家が持ちうるもっとも豊かな才能です」と述べ、さらに、次のようにていねいに助言している。

作曲のテクニックを学ぶ前に、まずは、音楽の素材を「本能的に」自分のものにすることが大事です。それにはピアノのような……ポリフォニックな楽器に習熟して、古今の作品に触れることがよいでしょう。

特に、彼に学校の勉強を続けさせることが大事です。今はかつてないほど、音楽家は音楽家であるだけではすまなくなっています。

今すぐ、息子さんに、彼が身を投じる「楽しみ《アグレマン》」のキャリアを進みつづける勇気を出すよう、勧めてください。

この手紙には珍しく下書きが複数残されており、ラヴェルがジャン・フランセ少年の将来を考えて言葉を選びながら書いたことがうかがえる。

ISCM（国際現代音楽協会）への参加

一九二三年一月末、ラヴェルは新しく設立されたISCMのフランス支部の会議に参加した。ISCMはバルトーク、コダーイ、ウェーベルン、ミヨーをはじめとする作曲家たちによって一九二二年ザルツブルクで設立された組織だった。

ISCMフランス支部の体制は、名誉会長がフォーレ、会長がデュカ、副会長がラヴェルとルーセル、委員にサティ、ヴュイエルモーズ、シュミット、ルイ・オベール、ケックラン、ストラヴィンスキー、ミヨー、オネゲル、ロラン＝マニュエル、カプレ、ロベール・ブリュッセルそして書記にダニエル・ラザリュスというメンバーでスタートした。プーランクはこの構成を「なんてきれいなサラダ［ごたまぜ］だ」とミヨーに宛てた手紙で皮肉っている（一九二三年一月三十日付）。顔合わせの会議でさっそく、アメリカ滞在中のミヨーを執行部に入れるかどうかで口論となった。ミヨーがアメリカで「六人組とサティ」についての講演をおこなったことが、「反ラヴェル」としてフランスに伝わり、ヴュイエルモーズがそれを問題にして、サティと激しい言葉の応酬になったのである。サティはミヨーに宛てた一九二三年一月二十八日付の手紙に、「奇妙にも、ラヴェルは自分に握手を求めただけでなく、『シックに』ヴュイエルモーズに反対した」と書いている。エミール・ヴュイエルモーズ（一八七八～一九六〇）は批評家で、アパッシュ時代からラヴェルと親交があった。

一九二三年一月三十日、ラヴェルは十六区の区役所で行われたモーリス・ドラージュとネリー・ゲラン＝デジャルダンの結婚式の立会人をつとめた。二人をながめてラヴェルは言った。「なんてカップルだ！　片時も離れないじゃないか！　もし、私に妻がいたら、妻は私に同じようにするに違いない……だけど、私は耐えられないよ！」。この言葉は、ラヴェルが独身で通したことを説明する際にしばしば引用されるフレーズである。

「ル・ベルヴェデール」での集い

一九二四年頃、レヴロー夫人が「ル・ベルヴェデール」の家政婦となり、ラヴェルの一人暮らしはようやく安定した。レヴロー夫人は、ラヴェルが一九三七年に亡くなるまで彼の身の回りの世話をした。

レヴロー夫人が来てくれたおかげで、ラヴェルは弟エドゥアールが訪ねて来ない日曜日の午後には、ときおり、仲間を「ル・ベルヴェデール」に招くこともできるようになった。そこでは、アパッシュ時代からの仲間と新しい友人が一同に会した。シリアスな話題や美学的な議論は、暗黙の了解のうちにご法度《はっと》となった。そこには、ピアニストのアンリ・ジル＝マルシェックス、ジャック・フェブリエ、ロベール・カサドシュ、歌手のジャーヌ・バトリ、マルセル・ジェラール、マドレーヌ・グレイ、ヴァイオリニストのエレーヌ・ジュルダン＝モランジュ、ジャック・ティボーなどの演奏家や、モーリス・ドラージュ夫妻、ゴデブスキ夫妻、ロラン＝マニュエル夫妻など古くからの友人たちもいたし、オネゲル、イベール、ロザンタール、ジェルメーヌ・タイユフェール、タンスマンなど若手作曲家たちもいた。彫刻家のレオン・レリッツやエレーヌ・ジュルダン＝モランジュの夫である画家、リュック＝アルベール・モローの姿もあった。

ランチの後は、かならずランブイエの森を散歩することになっていた。ランブイエのカフェ・デュ・

「ル・ベルヴェデール」の書斎。エラール社のグランドピアノが置かれ、母の肖像画と、幼少期のラヴェルの肖像画が飾られている

エレーヌ・ジュルダン＝モランジュ、ジャック・ティボー、マドレーヌ・グレイ（右端）らとともに。ラヴェルは左から３人目

ルレまで行った後で、家に戻り、レヴロー夫人が用意した夕食を食べるのだが、レヴロー夫人とラヴェルとの丁々発止のやりとりも見られた。

「ル・ベルヴェデール」では、非公式なかたちではあるが、作曲のレッスンもおこなわれた。「ラヴェルのクラス」あるいは「モンフォール楽派」などと呼ばれたラヴェルの弟子たちは、ロラン゠マニュエルとモーリス・ドラージュが基本メンバーで、そこに一九二〇年代なかばからマニュエル・ロザンタールが加わった。ニコラス・オブホフとレノックス・バークリーも、ラヴェルから助言を受けた作曲家だった。

《ツィガーヌ》の完成と評判

《ツィガーヌ》は一九二二年ロンドンで、ジェリー・ダラニーのヴァイオリンを聴いて着想された作品だが、完成にいたるまでには時間がかかった。一九二四年三月、ラヴェルはようやく本腰を入れはじめた。三月十日、彼はガルバンに、リストの《ハンガリー狂詩曲》をできるだけ早く送ってほしいと依頼し、さらに、三日後、ジェリー・ダラニーに宛てた手紙で、次のように書く。

二週間か三週間のうちにパリにいらっしゃることはありませんか？　《ツィガーヌ》について意見をうかがいたいのです。これはあなたのために特別に作曲するもので、あなたに献呈されます。この曲はロンドンのプログラムで、一時中断しているソナタのかわりになるでしょう。この《ツィガーヌ》はたいへん名人芸的な曲です。いくつかのパッセージは、それが弾けるならば、華やかで効果的でしょうが、私はいつも確信がもてるわけではないのです。

ところが、十二日後、ロラン＝マニュエルに宛てた手紙で、ラヴェルはまだほとんど何も紙に書いていない、と打ち明けている。ロンドンのコンサートは四月二十六日に決まっていたが、四月十四日の時点で曲はまだ仕上がっていなかった。ラヴェルは《ツィガーヌ》の作曲に関して、リストのハンガリー狂詩曲だけでなく、パガニーニの《二十四のカプリス》も参考にした。エレーヌ・ジュルダン＝モランジュにパガニーニを実演してもらって、演奏可能な技法を確かめて作曲を進めたが、完成後、ジェリー・ダラニーが曲を練習できた期間はたった四日間にすぎなかった。彼女のテクニックに感銘を受けたラヴェルは、のちに「知っていたらもっと難しく書いたのに」と語ったと、ダラニーはインタビューのなかで述べている。

四月二十六日のロンドンのコンサートはオール・ラヴェル・プログラムで、《ツィガーヌ》《博物誌》《ロンサールここに眠る》、歌曲集《シェエラザード》が演奏され、マルセル・ジェラールが歌い、ラヴェルが伴奏した。賢明にも、《ツィガーヌ》のピアノ伴奏はアンリ・ジル＝マルシェックスが引き受けた。《ロンサール》と《ツィガーヌ》が初演で、《ロンサール》はアンコールされ、《ツィガーヌ》のダラニーによる演奏はセンセーションを巻き起こした。

ラヴェルはこの夏、《ツィガーヌ》のオーケストラ伴奏版の編曲に取り組み、十一月三十日、パリでダラニーの独奏による《ツィガーヌ》のオーケストラ版の初演がおこなわれた。

しかし、《ツィガーヌ》に対して、フランスの若手作曲家は拒否反応を示した。アンリ・ソーゲはパリ初演を聴いたあと、プーランクに「ラヴェルが作曲したなかで、もっとも人工的だ」と書き送った。

モンテカルロでの《子供と魔法》の初演

《ツィガーヌ》のオーケストラ編曲のさなか、モンテカルロでオペラ《子供と魔法》を初演したいという話が急浮上した。もともとこのオペラは、ジャック・ルーシェがオペラ座のために作曲をラヴェルに依嘱したものだが、なぜ、ここでモンテカルロがとつぜん登場したのか実はよくわかっていない。ともあれ、モンテカルロ歌劇場の音楽監督、ラウル・ギュンスブールは「ル・ベルヴェデール」を訪れ、《スペインの時》がモンテカルロで大成功をおさめたことを説明し、来シーズンに新しいオペラがほしいとラヴェルを説得した。公式の契約が結ばれ、モンテカルロの歌劇場で上演するために、締め切りはその年の終わり、一九二四年十二月三十一日と定められた。作曲の筆は遅々として進まなかったが、ラヴェルはどうにかオペラの完成にこぎつけた。

一九二五年はじめの数カ月、ラヴェルはモンテカルロに滞在し、スコアに手を入れ、リハーサルを監督し、不眠不休で働いた。のちにカルヴォコレッシに宛てた手紙で、ラヴェルは「このころ、三カ月にわたって、三時間から五時間の睡眠で、週に一度は徹夜していました」と書いている（一九二五年七月三十一日付）。おかげで、リハーサルはまずまずの状態で進んだ。三月二十一日の初演を控えて、ラヴェルはジャック・デュランに、三月十六日付で以下のように書き送っている。

この作品を愛してくれる、すばらしいオーケストラのおかげで、そして、私がこれまで出会ったことのないほどの指揮者［ヴィクトール・デ・サバタ］のおかげで、なんとかうまく行きました。今晩、完全な通し稽古です。役柄はすばらしく演じられています。ゴーレ嬢［子供役］は六歳にしか見えません。すてきな声です。猫の二重唱はデュボワ嬢とヴァルヌリ嬢ほどじょうずにニャーニャー鳴かれたことはありませんでしたし、ヴァルヌリ嬢はさらに時計の歌を完璧に歌います。

しかし、実際にはバレエの件で問題が生じていた。初演を控えた三月十三日、メートル・ド・バレエ（バレエ監督）をつとめていたディアギレフが、踊りの場面のピアノ譜が来るのが遅く、ラヴェルの音楽は非常に複雑なので間に合わないとして、このオペラにバレエを入れることを拒否し、ディアギレフと音楽監督のラウル・ギュンスブール、さらには、その上司のルネ・レオンを巻き込んだ騒動に発展した。もとはと言えば、ラヴェルがディアギレフに握手を拒否したことから始まったことだったと、ギュンスブールはルネ・レオンに説明している。結局、バレエの場面は残されたが、三月二十六日の公演では、十人のダンサーのうち五人が一幕のパストラールの部分で登場しそこねるようなミスも出たという。

とはいえ、このオペラの初演はモンテカルロで大成功をおさめた。アンリ・プリュニエールはこのオペラを「想像力、ファンタジー、ユーモア、感受性に富んだ傑作である」と評した。ところがその後、パリのオペラ＝コミック座でパリ初演されると、こんどは激しい拒否反応に遭遇した。コレットは娘に宛てて次のように書き送っている（注16）。

《子供と魔法》は週に二回、すしづめの、しかし、大荒れの劇場で上演されています。伝統的な音楽の支持者は作曲したラヴェルを許しません。楽器や声楽の扱いの大胆さのためです。モダニストたちは喝采し、他の人々はブーイングします。〈ニャーオ〉の二重奏の間は、恐ろしい騒ぎです。

とはいえ、若い世代の「六人組」の作曲家たちがこの作品を高く評価したことは、ラヴェルを喜ばせたに違いない。オーリックはラヴェルの「みごとな作風」を称賛し、オネゲルは猫の二重唱を「もっとも驚くべき曲」だと評した。

では、オペラ座でのこの作品の上演の件はどうなっただろうか。

一九三〇年九月二十日、ラヴェルはルーシェに宛てて、オペラ座での上演を打診している。「私はオペラ＝コミック座から《子供と魔法》を引き上げました。それをやりませんか？」ただし、このときにはすぐにオペラ座上演には至らず、結局、ルーシェがオペラ座でこの作品をかけるのはラヴェルの没後、一九三九年五月のことだった。

『ルヴュー・ミュジカル』ラヴェル特別号

一九二五年四月一日号の『ルヴュー・ミュジカル』誌は、三月に五十歳を迎えたラヴェルを祝して特別号となり、カゼッラ、クリングソール、ロラン＝マニュエル、ヴュイエルモーズなどのエッセイや手紙の抜粋、批評、一九二五年までの作品目録、コレットからの短い手紙、ラヴェルを描いたデッサン、当時未出版だった《子供と魔法》のピアノ譜の一部などが掲載された。この雑誌は大戦後に発行が始まったもので、長い歴史があったわけではないが、存命中の作曲家の特別号が組まれたのは、それまでフォーレだけだった。このことからも、この時点で、ラヴェルがフランスの楽壇でいかに重要な地位を占めていたかがわかる。

薩摩治郎八《さつまじろはち》との交遊

薩摩治郎八（一九〇一〜七六）といえば、一九二〇年代、「バロン・サツマ」としてパリの社交界でその名を轟かせていた大富豪である。貿易商の家に生まれ、ロンドンに留学し、全盛期のパリに移ってイサドラ・ダンカンやラヴェル、藤田嗣治《つぐはる》と親交を重ね、日仏交流のキーパーソンとして活躍した。

薩摩治郎八とラヴェルについては、二十一世紀に入って、薩摩治郎八と親交のあったモーリス・ドラージュについてのフィリップ・ロドリゲスによる研究書が出版され、薩摩治郎八についても資料研究にもとづいた伝記が複数出版されたことで、ある程度、確証をもって述べることができるようになった。

薩摩治郎八とラヴェルは二十六歳年が離れていたが、治郎八がラヴェルやドラージュと親しくしていたことは、治郎八本人もくりかえし書き、語っていた。治郎八がラヴェルと出会ったのは一九二四年春、オートゥイユのドラージュの家で、そこに、ラヴェルやフロラン・シュミット、ロラン＝マニュエルらの作曲家が集まっていたという。ドラージュの家に治郎八を案内してくれたのは、ジャンヌ・ジル＝マルシェックスだった。ピアニストのアンリ・ジル＝マルシェックスの夫人である。

その後、数カ月のうちにラヴェルと治郎八との親交は深まり、ラヴェルのグループや六人組の作曲家とも親しくなった。一九二五年、治郎八の招聘でアンリ・ジル＝マシェックスは夫人とともに日本を訪れ、連続演奏会を開いて、ドイツ音楽一辺倒だった日本に大きな反響を呼び起こすことになる。ちなみに、ジャンヌと治郎八は恋愛関係に発展したともいわれる。

治郎八は、ラヴェルとともに藤田嗣治の絵を見たときのことを、「モンパルナスの秋」に次のように書いている。

彼〔藤田〕の最大傑作の一つであろう後身の裸女の図を、マドレン広場のベルネームジョン画廊〔原文ママ〕の名家展で見たが、その線の美しさと、音楽的顫律《せんりつ》は、自分と同行したモーリス・ラヴェルの鑑賞眼をくぎづけにしてしまった。

「こんなに海の感覚を出している画はないね。それでいて裸体の線だけなんだがね」

と、鑑賞眼の高かったラヴェルは感嘆した。事実、この画のモデルには藤田の最高技術と芸術的感覚が表現されていた。モデル・キキの追想と雪の肌があった。

この絵がどの作品を指すのか、明確には知られていないが、マドレーヌ広場のベルネーム＝ジューヌ画廊でのこととされている。

治郎八が書いたラヴェルのエピソードとしては、「パレー・ロワイヤルの幻」の一節も興味深い。

夜通し筆者やパリの詩人、言語の魔術師レオン＝ポール・ファルグ等と語り明し、ポール・モーランの言ったように……夜の踊場の最も魅力的な時間は、看板時椅子を片づけはじめる時刻……にアテネ街《ルュー・ダテン》の小ホテルの一室に引きあげたラヴェルは、生涯の朝寝坊で、日の出の空を知らなかった。

そのラヴェルが作曲中で暁の風景を描いているのだ。

「どうして朝景色が描けるんだね、モーリス？」

筆者は或夜彼にブッツケにいつた。
「夢のなかで見ているからだよ」
これがモーリス・ラヴェルだ。

治郎八は、大田黒元雄相手に語った「薩摩治郎八よもやま話」のなかでもこの話をしているが、さらに、ラヴェルが行きつけのカフェ「グラン・テカール」で夜を過ごした翌朝、定宿のホテルでズボンに自分でアイロンをかけてから寝ていたという目撃談を語っている。

大田黒　ラヴェルなんて人は、朝五時にズボンに自分でアイロンをかけたという位だけれども、如何にも几帳面なんでしょう、見た感じからも。

薩摩　几帳面ですよ、とにかく生活そのものですよ。昔から。それで作曲をしているんでもなし、要するに遊んでいるんですよ。それで酒ものまなかったですね、たいして。それから匆論酔っぱらうとか失礼なことをすることはない。ただ黙々として若い人の話を聞いていた。

絨毯もなにも敷いてないひどい部屋でしたよ。そこにアイロンだけデンと置いてあって、帰って来ると大急ぎでぬいで、ピジャマ［原文ママ］を着てアイロンかけが始まるんですよ。ネクタイからかけ始めてズボンをかけて上着をかけて、それから寝るんですよ。（笑）

薩摩治郎八の話は、どこまで信じてよいのかわからない部分もあるが、彼がラヴェルの日常に触れた一人であったことはまちがいない。

治郎八の描くラヴェルの姿は、洋画家、海老原喜之助《えびはらきのすけ》（一九〇四〜一九七〇）が『音楽の友』（一九六七年八月号）で述べている回想とも重なる。

海老原喜之助は「エビハラ・ブルー」と呼ばれた鮮やかな青の色彩を多用し、大正末期から昭和にかけて日仏両国で活躍した画家である。二十歳の暮れごろ、ピアニストのアンリ・ジル＝マルシェックスの家にディナーに呼ばれたときに、海老原はラヴェルとはじめて出会った。「背はピカソなどと同様で大きくはなく、ちょっとスペイン系のような感じがしました。すぐ二科会会員の絵描きである石井柏亭先生の話をされました」。隣りに座らされた海老原のことを、ラヴェルは「モンプティ〔坊や〕、モンプティ」と世話を焼き、「絵のことや、いろんな話をされました」という。海老原がよほど若く見えたのだろう。

その後、海老原がアンデパンダン展に出品した際は、その絵を見たらしく「色がきれいだ」とほめてくれたという。海老原はラヴェルについて「絵描きのラプラドに似たタイプで非常に深い教養のある、質素でりっぱな方だった」と語っている。

こうした交友関係を知ると、ラヴェルが後年、ピアノ協奏曲ト長調を持って世界を演奏旅行しようと思ったときに、日本が旅行先に入っていたのは不思議ではなくなる。

杵屋《きねや》佐吉の三味線を聴く

長唄三味線の四世杵屋佐吉（一八八四〜一九四五）は、ポール・クローデルの『女と影』に曲をつけたこともある音楽家だが、この杵屋佐吉が夫妻で一九二六年にフランスに渡った。文部省嘱託の音楽使節として、一九二六年七月二十二日に神戸を出発し、ヨーロッパ各地を視察するとともに、三味線音楽を紹介する目的であった。八月に杵屋佐吉はパリに到着した。十一月二十日、リヨンの領事公邸で演奏会を開き、県知事、リヨン駐在各国領事ほかの知名人と邦人二〇〇人ほどが集まったことが知られている。公式には一同「妙技に感じた」と報告されているが、実態はそうでもなかったらしい。佐吉はパリの大ホールで演奏会を開くつもりだったものを、まずは小規模の会場で音楽家や知日家を招いて試演することとし、ギメ美術館で、二〇〇人ほどの聴衆を集めて演奏したが、反応はかんばしくなかったという。そのため、薩摩治郎八はラヴェルやドラージュと相談して、ジル＝マルシェックスの家で杵屋夫妻歓迎と演奏の会を催した。このときラヴェルとは「たがいの作品の交歓演奏」をおこなったと佐吉の側の記録にある（注17）。この年、薩摩治郎八は日本に一時帰国し、伯爵山田英夫の長女千代と挙式後、妻を伴ってふたたびフランスへ戻るが、マルセイユに着くのは十月二十五日なので、ジル＝マルシェックス家での歓迎と演奏の会はその後だったように思われる。ちなみにロドリゲスによれば、佐吉の演奏にラヴェルとドラージュは魅了されたというが、その情報源は薩摩治郎八である。

歌曲集《マダガスカル先住民の歌》

一九二五年春、ラヴェルはアメリカの著名なメセナであるエリザベス・スプレイグ・クーリッジから委嘱を受けた。ラヴェル自身が選んだ詩による歌曲集で、可能ならば「フルート、チェロ、ピアノ」の伴奏で、という注文だった。「可能ならば」という依頼の仕方が巧妙で、ラヴェルはこの仕事を引き受けた。こうした制約があると、かえってラヴェルは発奮する。

ラヴェルは、クレオールの詩人エヴァリスト・ド・パルニーの一七八七年の詩集《マダガスカル先住民の歌》から、三つの詩（五番、八番、十二番）を選んだ。五月二十七日にラヴェルはロンドンに行ってクーリッジと面会し、ジャーヌ・バトリの独唱で、作曲されたばかりの〈おーい！〉を聴かせた。

演奏旅行が目白押しだったため、ラヴェルが《マダガスカル先住民の歌》を完成させるまでには時間がかかった。しかし、彼はベルギー、ドイツ、スカンジナビア、イギリス、スコットランドをめぐる二カ月以上の演奏旅行を成功裡に終わらせたのち、「ル・ベルヴェデール」に戻って作曲を再開し、一九二六年五月八日に予定されたローマのアメリカン・アカデミーでの初演一週間前にすべりこみでこれを完成させたのである。ラヴェルはローマでの初演には立ち会わなかったが、五月十六日のベルギーの初演には出かけていき、六月十三日のパリ初演にあたっては演奏を監督した。

サル・エラールで行われたパリ初演での演奏は、バトリの歌、カゼッラのピアノ、ユルバン・ボドゥワンのフルート、ハンス・キントラーのチェロというメンバーによっておこなわれた。実はフルートは当初、ルイ・フルーリーが予定されていたのだが、演奏会の直前、六月十日に彼が急逝したので、ボドゥワンに代わったのである。

この日のプログラムは、すべてクーリッジの委嘱による室内楽作品で、ほかにエルネスト・ブロッホやチャールズ・レフラーの作品が含まれていた。ラヴェルの《マダガスカル先住民の歌》は、聴衆と批評家の双方から称賛を集めた。

一九二七年二月、ラヴェルはレオン＝ポール・ファルグの詩による《夢》を完成させた。この歌曲は、ファルグをたたえた『レ・フイユ・リーブル』一九二七年六月号のために、作家のマルセル・ラヴァルから委嘱されたものだった。

最後の室内楽曲、ヴァイオリンソナタの完成

ラヴェルがヴァイオリンソナタの作曲に着手したのは一九二三年のことだったが、完成までには四年もの歳月を要した。彼がこの作品を書くきっかけとなったのは、ハンガリー出身の女性ヴァイオリニスト、ジェリー・ダラニーとの交流である。バルトークが、一九二一年から二二年にかけて相次いで二つのヴァイオリンソナタを出版したことからも刺激を受けたかもしれない。しかし、ヴァイオリンソナタの作曲が進まなかったため、ロンドンでかわりに《ツィガーヌ》がプログラムに載った経緯は、先に述べたとおりである。

次にヴァイオリンソナタの進展について話が出るのは、一九二六年三月二十六日。ロベール・カサドシュ宛ての手紙に「半分できたピアノとヴァイオリンのためのソナタ、私の編集者が待っています」とある。以後、ラヴェルは作曲を続け、ついに一九二七年五月三十日、パリのサル・エラールでの初演にこぎつけた。初演の際のヴァイオリンは、パリ音楽院以来の友人であるジョルジュ・エネスコ、ピアノはラヴェル自身が受け持った。第二楽章「ブルース」には特に注目が集まったが、シンプルでリリシズムにあふれた第一楽章や、エネスコが輝かしい演奏を聴かせた終楽章も好評で、長く喝采が続いた。

このコンサートは、デュラン社の近刊楽譜を集めておこなわれた二回シリーズのひとつで、プログラムには、ルイ・オベール、ラヴェル、ロジェ＝デュカス、ルーセル、シュミットなどによる作品が含まれていた。ラヴェルのヴァイオリンソナタは、親しい友人のヴァイオリニスト、エレーヌ・ジュルダン

＝モランジュに献呈されたが、本人はリューマチ性の疾患のため演奏できなくなっていた。

ソナタというジャンルはドイツの伝統を感じさせるが、第一次世界大戦中に「フランス風」のソナタを作曲したドビュッシーとも異なり、ラヴェルは三楽章形式で、第二楽章に「ブルース」を入れ、第三楽章は無窮動という形式を選択した。結局、この作品はラヴェルの最後の室内楽作品となった。

一九二七年の六月と七月、ラヴェルはもっぱら「ル・ベルヴェデール」かパリかで過ごしたが、このころ、若手ピアニストのヴラド・ペルルミュテールが「ル・ベルヴェデール」を訪れ、ラヴェルのピアノ作品のレッスンを受けはじめている。ペルルミュテールは、モシュコフスキーに師事した後、パリ音楽院でコルトーに師事し、一九一九年に一等賞を得た演奏家で、ラヴェル作品の演奏には定評があった。彼は演奏活動のかたわら、パリ音楽院の教授として後進の指導にもあたった。

一九二七年十二月二十八日、ラヴェルはフランス丸に乗ってル・アーヴルを出航し、大西洋を渡ってニューヨークへ向かった。行く手には足かけ四カ月に及ぶアメリカ大陸での演奏旅行が控えていた。

注14　一九二二年十月十六日付のプリュリネールからラヴェルに宛てた手紙によれば、特別号への寄稿に対しては謝金が支払われたが、音楽に対しての謝金はなかった。
注15　パリ音楽院はフォーレが院長だった一九一一年にマドリード通りに移転した。
注16　オレンシュタイン、前掲（四四頁。注８）書、一一六頁。
注17　小林茂著『薩摩治郎八　パリ日本館こそわがいのち』ミネルヴァ書房、二〇一〇年、一四四頁。

第九章　二つの協奏曲と晩年（一九二八〜一九三七）

アメリカ・カナダ演奏旅行

一九二八年一月四日、ラヴェルを乗せたフランス丸は、ニューヨークに入港した。ここから、アメリカとカナダをめぐる四カ月に及ぶ大演奏旅行が始まった。今回の旅行は、ラヴェルの友人でプロムジカ協会の会長であるロバート・シュミッツと興業主のベルナール・R・ラベルジュが企画したもので、ロベール・ブリュッセルが会長をつとめるＡＦＥＡ（芸術普及交流フランス協会）の支援を受けていた。プロムジカ協会は、シュミッツが創立した組織で、全米に十五の支部を持ち、アメリカとヨーロッパ、とくにフランスとの絆を深めることを目的としていた。

当初、一週間平均二回のコンサート、二カ月でギャラの最低保証額は一万ドルという条件だったが、最終的に、ラヴェルがボーグ＝ラベルジュ・マネージメントと交わした契約では八〇〇〇ドルとなった。そのかわり、メーソン・アンド・ハムリン社が、コンサートで自社のピアノだけを使うという条件で五〇〇〇ドルを提供した。

この旅行で、ラヴェルは作曲家、指揮者、ピアノ独奏者あるいは伴奏者の役割をつとめ、さらに、旅の後半、四月八日にヒューストンで開かれたレクチャーコンサートでは、現代音楽についての講演をおこなった。講演では英訳が読み上げられたのだが、実際にその原稿を書いたのはロラン＝マニュエルだったと思われる。というのは、ニューヨークに到着する直前にラヴェルからロラン＝マニュエルに宛てた手紙で、ニュースを知らせてほしいという要望とならんで、「講演のことを忘れないでください」と書かれているからである。ラヴェルは講演にあたって、ロラン＝マニュエルから送られた原稿に目を通して手を入れたはずだが、そのオリジナルの原稿は残っていない。英訳はのちにライス・インスティテュートから出版された。

実に盛りだくさんな演奏旅行だった。厳しい日程だったが、ラヴェルは列車での長旅のあいだに不眠症が改善され、体調を回復できたので、ニューヨーク市からカリフォルニアへ、そしてカナダからテキサスへ、およそ二十五の都市を訪れた。ラヴェルは、ヨーロッパですでに何度もおこなっていたように、ソナチネもしくは《鏡》からの抜粋を演奏し、また、歌曲の伴奏をした。ボストン、シカゴ、クリーヴランド、ニューヨーク、サンフランシスコなど、アメリカの一流オーケストラの客演指揮者としても舞台に上がった。

一月七日、トーマス・エジソン夫人が主催するおおがかりなレセプションが彼のために開かれ、その翌日のクーセヴィツキー指揮のボストン交響楽団によるラヴェル作品のコンサートには、三五〇〇人もの聴衆が詰めかけた。終演後、聴衆は総立ちでラヴェルに拍手を送った。ラヴェルと同じボックス席にいたアレクサンドル・タンスマンによれば、ラヴェルは目に涙を浮かべ、「こんなことはヨーロッパでは決して起こりません」と言ったという。コンサートホールや劇場、そして、しばしば室内楽コンサートの会場になったホテルの大広間は人で埋め尽くされた。

一月十五日には、最初の室内楽コンサートがニューヨークのガロ劇場で開かれた。プログラムには、ニューヨークの聴衆にすでにおなじみの弦楽四重奏曲とソナチネとならんで、《序奏とアレグロ》とヴァイオリンソナタが含まれていた。ソナタは、ヨーゼフ・シゲティのヴァイオリンとラヴェルのピアノにより演奏された。第一、第二楽章は良かったが、第三楽章をラヴェルはロケットのような速さで弾きはじめてしまった。このとき譜めくりをしたヴァイオリニストのハリー・アダシュキンは、次のように語っている。「私の恐怖が想像できるでしょう……シゲティはまったく非人間的なスピードで曲に飛び込んだのです。終わり近くで、私は恐ろしいキーキー音を聞き、すぐになにかわかりました。彼はヴァイオリンの弓を二本だか三本だかの弦のあいだにひっかけてしまい、それを引き抜こうとしたものの、なかなか思うようにならなかったのです……やっとのことで彼は弦から弓を引き抜き、曲を終わらせました。演奏家の控室に行くと、シゲティが私に言いました。『彼はリハーサルではあんなことをやらなかった！』」。

一方、シゲティ自身は『弦によせて』の中で次のように述べている。「ラヴェルのピアノ演奏はいくぶん無頓着だった。彼の態度は『無関心』だったという方があたっているかもしれない。創造的な芸術家の自信というものが、われわれの仕事に対する彼の態度を決定していた。まるで彼はこう語っているようだった。――われわれがこれを少しじょうずに演奏したからといって、またはあまり洗練されない、華やかでないやり方で演奏したからといって、何だというのだ。作品は最終的なかたちで印刷されてい

1928年、ニューヨークにて、バンド・マスターのポール・ホワイトマンとともに

る。それだけが『本当に』大事なことなのだ……」。

ヴァイオリンソナタは、アメリカの批評家たちのあいだで特に問題視された。ラヴェルは講演でもインタビューでも、アメリカ人たちに、ジャズをまじめにとらえてほしいと訴えたが、批評家たちの反応は、アメリカではジャズは身のほどをわきまえているし、それで結構、というものだった。とはいえ、一月十八日のシカゴの聴衆は、このソナタの演奏のあと、アンコールとして「ブルース」が演奏されると喜んだ。

ラヴェルはアメリカで、エドガー・アラン・ポーの家を訪ね、ナイヤガラの滝を見物し、グランド・キャニオンを観光した。また、バルトークやヴァレーズなどの旧友に再会し、ジョージ・ガーシュウィンやタンスマンと一緒にハーレムでジャズを聴き、ガーシュウィンのミュージカル《ファニー・フェイス》を

1928年３月７日、ニューヨークにて、ラヴェル53歳の誕生日パーティー。左から、指揮者のオスカー・フリート、歌手のエヴァ・ゴーティエ、ラヴェル、作曲家のマノア・レイド＝テデスコ、右端がジョージ・ガーシュウィン

観た。ガーシュウィンに作曲の指導を頼まれたラヴェルは、ナディア・ブーランジェに以下の手紙を送っている（一九二八年三月八日付）。

非常に輝かしく、魅力的で、たぶん深い資質をもつ音楽家がいます。ジョージ・ガーシュウィンです。彼は世界的に成功していますが、それに満足せず、さらなる高みをめざしています。彼はそのための手段が欠けていることを知っています。それらを彼に習得させたら、彼を壊してしまうかもしれません。私は無理ですが、あなたにはこの恐ろしい責任を引き受ける勇気がありますか？　五月の最初に帰国する予定です。そうしたら、この件についてお話ししましょう。

この話がこれ以上進んだ様子はないが、ガーシュウィンは数カ月後、パリを訪れ、《パリのアメリカ人》を作曲することになる。

ラヴェルに話を戻すと、デトロイトではフォードの工場を見学し、進んだ技術の力強さにひかれた。アメリカでは、愛用のカポラルたばこが入手できないのではないかと心配していたが、外交ルートで無事に入手できた。

ニューヨークに戻ったのち、ラヴェルはパリ丸に乗り込み、船は四月二十一日、ル・アーヴルに向けて出航した。この演奏旅行で、ラヴェルは、保証された金額八〇〇〇ドルを上回る、九八六二ドル五十二セントを得て帰国した（現在の日本円にすると約六百万円にあたる）。

《ボレロ》の誕生

一九二八年四月二十七日、ル・アーヴルに到着したラヴェルを弟のエドゥアールや友人たちが出迎えた。「ル・ベルヴェデール」に戻ると、山のような手紙が彼を待ち受けていた。そのなかに、イダ・ルビンシテイン（一八八五〜一九六〇）からの依頼があった。彼女は元バレエ・リュスの一員で、自分が主宰するバレエ団のために、アルベニスのピアノ組曲《イベリア》から六曲を管弦楽編曲してほしいという。オペラ座で一九二八年から二九年のシーズンのはじめに、ブロニスラヴァ・ニジンスカの振付で上演するための作品だった。

六月末か七月はじめのある日、ラヴェルは編曲用のアルベニスの楽譜を抱えて、作曲家ホアキン・ニンの車でサン＝ジャン＝ド＝リュズにある彼の別荘へ向かっていた。ニンは一九〇三年以来ラヴェルの友人で、六月十日に「ル・ベルヴェデール」でおこなわれた集いにも参加していた。サン＝ジャン＝ド＝リュズにはイダ・ルビンシテインも合流して、ラヴェルと新しいバレエの打ち合わせをすることになっていた。南に向かう道すがら、アルカションまで来たとき、ラヴェルはニンから、アルベニスの作品を編曲する権利はスペインの指揮者、エンリケ・フェルナンデス・アルボス（一八六三〜一九三九）にあることを知らされた。アルボスはアルベニスの友人で、ボストン交響楽団の副指揮者をつとめたこともあり、アルベニスと弦楽四重奏でこの作品を演奏したこともあった。さらに、彼はすでにこの作品の管弦楽編曲を終わらせ、バレエ《トリアーナ》という題で、翌春オペラ＝コミック座で上演、ラ・アルヘンティナが踊る予定まで決まっているという。

ラヴェルは驚愕し、絶望し、天を仰ぎ、「アルボスってだれなんだ！」と叫んだ。その後、その情報が正しいことを確認したラヴェルは、すぐにアルベニス夫人に手紙を書いたが、新たに管弦楽編曲する権利は法的に得られなかった。そのことを知ったラヴェルは、サン＝ジャン＝ド＝リュズでの滞在を早々に切り上げて、イダ・ルビンシテインに知らせるために、七月十三日にあわただしくパリに向けて旅立ち、この夏ついに海には戻らなかった。

その後、ラヴェルの意図を知ったアルボスは困惑し、自分の権利を放棄すると申し出たが、ラヴェルはすでに新しい作品に着手していた（注18）。八月十日、「ル・ベルヴェデール」から、ラヴェルはロベール・カサドシュに新しい作品は《ファンダンゴ》という名前だと書き送っている。三日後、デュラン社社長ジャック・デュランはラヴェルに宛てて、アルベニスの作品を「再作曲」するのではなく、新作《ファンダンゴ》を作曲していると聞いてうれしい、と書き送ってきたが、ジャック・デュランは八月二十二日、六十三歳で脳出血により急逝し、ラヴェルはパリ近郊のアヴォンでおこなわれた内輪の葬儀に参列した。

ホアキン・ニンの回想によれば、当時ラヴェルからもらった手紙に、彼がかなり特殊な曲を作曲していて、それは「いわゆる形式も、展開部も、転調ももたない、あるいはほとんどもたないもので、パディーヤのスタイルの主題、リズムとオーケストレーション」と書かれていたという。パディーヤとは、スペインのポピュラー音楽作曲家ホセ・パディーヤ・サンチェス（一八八九〜一九六〇）のことを指し、彼には《バレンシア》などのヒット曲があった。

デュラン社の締め切りは十月十五日、イダ・ルビンシテインのバレエの初日は十一月二十二日と決められており、期日は切迫していたが、ラヴェルは十月十五日に《ボレロ》をなんとか完成させ、翌日、二万フランで曲の権利を売却する契約書をデュラン社と取り交わし、その直後ロンドンへと旅立った。イギリスのオックスフォード大学から授与される名誉博士号の授与式が控えていたのである。

《ボレロ》の初演は、ルビンシテインを主役とする彼女のバレエ団によって、一九二八年十一月二十二日にパリ・オペラ座でおこなわれた。その公演では、ワルテル・ストララムの指揮で、オネゲルによるバッハ作品の編曲と、ミヨーの編曲によるシューベルトとリストの作品が上演され、プログラムの最後が《ボレロ》だった。

ディアギレフは公演を偵察するためにイギリスのマンチェスターからはるばる駆けつけたが、まず、座席の確保に苦労し、さらに、ミシャ・セルト、エティエンヌ・ド・ボーモン伯爵、ポリニャック大公妃、そしてストラヴィンスキーなど、自分の味方だと思っていた人間が顔をそろえていたことに衝撃を受けた。それに対して、ディアギレフはいつものように、辛辣な批評をまきちらすことで復讐した。

ラヴェル自身はスペインにいたため、初演には立ち会えなかった。マドレーヌ・グレイ、ヴァイオリニストのクロード・レヴィと一緒にスペイン演奏旅行に出かけていたのである。彼らは、続けて予定されていたポルトガルの演奏旅行はキャンセルしたものの、十八日間で九つものスペインの都市を回り、グラナダではファリャと旧交を温めた。その後、二十九日に列車でパリに戻ると、その足で、《ボレロ》の三回目でオペラ座では最後となる公演に駆けつけた。

ラヴェル自身は《ボレロ》がオーケストラのレパートリーとして定着するとは期待していなかったが、案に相違して、この作品は爆発的にヒットし、ラヴェルの名前は津々浦々にまで知られるようになった。

ラヴェルは、一九三〇年一月十一日、ラムルー管弦楽団を指揮して、パリのサル・ガヴォーでこの作品の演奏会形式によるヨーロッパおよびフランスにおける初演をおこなった。それ以来、ラヴェルはこの曲を演奏するためにひんぱんに指揮台に立ったが、彼の指揮はつねに厳格で、中庸のテンポを守ったものだった。

ところが、一九三〇年五月四日、アルトゥーロ・トスカニーニがニューヨーク・フィルハーモニー管弦楽団を率いてパリ・オペラ座で公演をおこなったさい、彼の指揮する《ボレロ》を聴いたラヴェルはひどく憤慨した。トスカニーニのテンポが速すぎ、しかもそのテンポをだんだん速めていったからである。ラヴェルの叱責に対して、トスカニーニは「あなたは自分の音楽がわかっていない。こう演奏するしかないんです！」と言い返した。この「事件」については、その場に居合わせたアレクサンドル・タンスマンやアルトゥール・ルービンスタインをはじめ、さまざまな人々が語っているが、このコンサートの後、ベルタ・ツッカーカンドルが「ル・ベルヴェデール」でラヴェルから聞いた話は興味深い。ラヴェルは、トスカニーニのように速く演奏すると、ボレロが陽気で民衆的になってしまうと実演してみせ、「創作者と演奏者の闘争はもっとも深刻な問題のひとつです。ぼくはこれに関して妥協しませんよ、相手がトスカニーニであろうと」と述べたという（注19）。

実は、《ボレロ》の演奏会形式による世界初演は、フランスではなくアメリカで、一九二九年十一月十四日、アルトゥーロ・トスカニーニ指揮のニューヨーク・フィルハーモニー管弦楽団の演奏によりおこなわれていた。トスカニーニが抜け駆けして、一年間の演奏の権利をもっていたイダ・ルビンシテインからアメリカ初演の許可を得てしまったのである。ラヴェルは、アメリカ初演をクーセヴィツキーに任せるつもりだったので、このことでトスカニーニに良い感情をもっていなかったことは確かである。とはいえ、その後、ラヴェルはトスカニーニに手紙を送り、関係修復をはかった（九月九日付）。

「自伝的素描」

これまで何回も登場したラヴェルの「自伝的素描」は一九二八年、エオリアン社のディレクター、アンリ・デュボワからの依頼で書かれたものである。デュボワはこれを、ピアノロールのパッケージ（ラヴェル自身が選んだピアノ曲、つまり、《ハバネラ》、《水の戯れ》、《悲しき鳥》、《夜のガスパール》、《高貴で優雅なワルツ》から第七曲）に入れることを考えていた。しかし、ラヴェル自身は原稿を書くのも、自分について語るのも大嫌いだったため、ロラン＝マニュエルがラヴェルにインタビューして、それを書き起こすことになった。彼は、一九二八年十月十日、「ル・ベルヴェデール」でラヴェルにインタビューし、それを原稿にまとめてエオリアン社に渡したが、何らかの事情で印刷されなかったため、ラヴェルが亡くなった翌年、「自伝的素描」として発表した。その後、ロラン＝マニュエルは一九五六年になって、「自伝的素描」のまとめとして準備された「音楽についてのいくつかの考察」を出版した。こちらはロラン＝マニュエルがラヴェルの言葉のなかから拾ってかたちにしたもので、タイプ原稿をラヴェルに見せた後、エオリアン社に渡したものである。

オックスフォード大学名誉博士号授与

《ボレロ》の完成直後、ラヴェルはロンドンのエオリアン・ホールで開かれた自作の室内楽作品のコンサートに出演した。そのコンサートでは、ラヴェルは五曲の歌曲を伴奏し、《序奏とアレグロ》を指揮したが、ピアノ三重奏曲とヴァイオリンソナタと《マダガスカル先住民の歌》のピアノパートは、賢明にもゴードン・ブライアンに任せた。ブライアンがのちにラヴェルのオックスフォード訪問とセレモニーについて語ったところによれば、オックスフォードでは「時間どおりに動く」という観念がないラヴェルの世話がたいへんで、フランス語が堪能なオックスフォード出身の作曲家レノックス・バークリーとその従弟がずっとつき添い、ラヴェルがほぼ時間どおりにリハーサルやランチやさまざまなことがこなせるようにとりはからった。セレモニーでは大学代表弁士がラテン語によるスピーチでラヴェルの功績を讃えた。大学の式服に身を包んだ小柄なラヴェルは、非常に大柄なボディーガード二人にエスコートされて現れ、檀上に進むと「一部ラテン語、一部はブロークンイングリッシュ」であいさつした。セレモニーの後は、市庁舎に移動し、そこでロンドンのエオリアン・ホールと同じプログラムのコンサートが開かれた。十月二十四日付のロンドンの『タイムズ』紙によれば、そのコンサートは「概して保守的でドイツ好みのオックスフォードの音楽界に多大な興味を引き起こした」という。

二つのピアノ協奏曲に着手する

ラヴェルは、アメリカ旅行から戻ってから不眠症にふたたび悩まされ、しだいに日常生活にも支障をきたすようになっていった。ラヴェルは突発的な睡魔におそわれることもあり、友人たちはときおりラヴェルがうわの空になることに気づいた。そのような状態でも、おそらく、それを改善したいと思ってか、ラヴェルは各地を訪れる旅行を続けた。

一九二九年二月と三月にはウィーンに出かけた。最初の旅は、イダ・ルビンシテインとその一座のために、《ボレロ》と《ラ・ヴァルス》を指揮する演奏旅行だった。二度目は、三月十四日の《子供と魔法》のウィーン初演のためだった。プログラムは《子供と魔法》と、コルンゴルトの《ポリュクラートの指輪》、そして、エンディングが《マ・メール・ロワ》だった。この滞在中に、ラヴェルはオーストリアのピアニスト、パウル・ヴィトゲンシュタイン（一八八七〜一九六一）が、リヒャルト・シュトラウスが彼のために作曲した左手のための作品を演奏するのを聴いた。ヴィトゲンシュタインは、著名な哲学者ルートヴィヒ・ヴィトゲンシュタインの兄で、第一次世界大戦で右腕を失っていた。ラヴェルは、ピアニストとしてのヴィトゲンシュタインの資質をよく知らないまま、ピアノ協奏曲の委嘱を受けた。左手だけという制約のなかでリヒャルト・シュトラウスと競うことに、意欲をかきたてられたのだろう。

三月七日、ラヴェルはパリ音楽院の教育高等評議会の委員（音楽教育部門）に任命されている。二月二十四日に亡くなったメサジェの後任だった。教育高等評議会はパリ音楽院を統括する重要な委員会で、遅ればせながら、ラヴェルは母校に認められたのである。ラヴェルはパリ音楽院の教育高等評議会の委員は引き受けたが、同じくメサジェがつとめていた学士院芸術アカデミーの席を受け継ぐことは拒絶した。

また、一九二九年十一月、ラヴェルはガブリエル・ピエルネとレナルド・アーンとともに、新設されるグランプリ・ド・ディスク（レコード大賞）の審査委員会のメンバーになることを承諾した。ラヴェルは一九三一年から三五年まで、一九三四年を除いて、毎年審査員をつとめた。

一方、一九二九年にはすでにピアノ協奏曲ト長調の作曲も始まっていた。一九二九年十二月二十日付のクーセヴィツキーに宛てた手紙で、その前に提示された条件に対して、それは無理だと返信しているのだが、その条件とは、ボストン交響楽団に手書きのピアノ協奏曲の楽譜を一九三〇年九月二十日までに送ること。手書き譜はボストン交響楽団の所有になる。ボストン交響楽団が初演し、追加の料金なしに、一九三〇年〜一九三一年の記念シーズンにアメリカで独占的に演奏できること。謝礼は三〇〇〇ドル。一五〇〇ドルは前払い、一五〇〇ドルは完成したときに払われる、というものだった。

これに対して、ラヴェルは「この協奏曲ができあがったら、すでにお話ししたように、私は五大陸にもっていかなければなりません。あなたにお約束できるのは「世界」初演をリザーブすることだけです」と書いている。また、「この協奏曲は完成にはほど遠い状態です。いつものように、いくつも並行して仕事をしています。ほかの協奏曲、つまり左手のためのもの、もありますし、数日前からは交響詩にもとりかかっています」、と述べている。ちなみに、交響詩とは未完に終わった《デダル39》のことである。

この手紙から、一八八一年に創立されたボストン交響楽団が五十周年のシーズンに、ラヴェルにピアノ協奏曲を委嘱する計画があったことがわかる。また、ラヴェルがこの協奏曲をひっさげて、「五大陸」を回るつもりだったこともうかがえる。アジアももちろん予定に含まれていただろう。しかし、一九二九年十月、アメリカの大恐慌が始まり、全世界にその余波は及んだ。結局、曲の完成後、一九三二年にラヴェルが曲を携えて演奏旅行するのはヨーロッパ内に限られることになった。

一九三〇年一月十三日、ピエロ・コッポラはサル・プレイエルでラヴェルの立ち合いのもと、「グラモフォン大交響楽団」を指揮して《ボレロ》を録音した。ピエロ・コッポラ（一八八八〜一九七一）はイタリア出身の指揮者で、一九二三年から三四年までグラモフォンのフランス支社、ラ・ヴォワ・ド・ソン・メートルの芸術監督をつとめ、ドビュッシーやラヴェルのすぐれた録音を残した。ラヴェルとコッポラは友人だったが、コッポラによれば、《ボレロ》に関して、ラヴェルはコッポラを信用していなかった。「やけどしたネコは水も怖がる（あつものにこりてなますを吹く）」からだ。つまり、コッポラはトスカニーニと同じイタリア人ということで警戒されたのである。コッポラは次のように書いている（注20）。

最後の部分まではうまくいった。そこで、自分の意志に反して、ほんの少しテンポを上げてしまった。ラヴェルは飛び上がって、私の上着を強くひっぱり、「そんなに早くするんじゃない」と叫んだ。私たちは最初からやり直さなければならなかった。

翌日、ラヴェルは自身でラムルー管弦楽団を指揮して《ボレロ》を録音した。録音にあたっては、ラヴェルの立ち合いのもとで、アルフレッド・ヴォルフがリハーサルしたうえで、ラヴェルが指揮した。最初のテイクはうまくいったが、ラヴェルが最後の和音のあと、指揮棒をスコアに落とすのが早すぎたため、やり直しとなった。こうして、録音された《ボレロ》の演奏時間は、コッポラが十五分四十八秒、ラヴェルが十六分〇七秒。それに対して、トスカニーニの一九三九年録音は十三分五十六秒である。ラヴェルが憤慨したのも無理はなかった。

生地で開かれた「ラヴェル祭」

一九三〇年八月二十四日、シブールとビアリッツで第二回モーリス・ラヴェル大フェスティヴァルが開かれ、ラヴェルも出席した。実は、前年にもビアリッツやサン＝ジャン＝ド＝リュズでラヴェル・フェスティヴァルが開かれたのだが、三回目のコンサートの後、オーガナイザーは姿をくらましてしまい、カサドシュとマルセル・ジェラールのギャラは、ラヴェルがポケットマネーで支払ったという出来事があった。

二回目の今回はきちんと組織され、音楽家たちは無償で演奏し、純益は地域の恵まれない人々や戦争記念碑のために使われた。シブール岸はモーリス・ラヴェル岸と名前を変え、ラヴェルの生家には記念プレートがとりつけられた。昼間は広場でペロータ〔球技〕の試合が、夜にはビアリッツのオテル・デュ・パレでコンサートが開かれた。

ラヴェルは、ロベール・カサドシュとともに《マ・メール・ロワ》を連弾し、《マダガスカル先住民の歌》では、マドレーヌ・グレイ、フィリップ・ゴーベール、M・バルークをピアノで伴奏し、グレイが歌う歌曲を伴奏し、ジャック・ティボーとヴァイオリンとピアノのためのソナタを演奏した。

プログラムには、《クープランの墓》から〈フォルラーヌ〉と〈リゴードン〉が含まれていた。それぞれの曲は、バスク地方出身で、大戦で命を落としたガブリエル・ドリュックとゴダン兄弟に捧げられたものだった。


その後、ラヴェルは左手のための協奏曲の作曲にかかりきりになり、それが終わると、ト長調の協奏曲を仕上げなければならなかった。この時期の手紙からは、彼が身を削るようにして作曲に取り組む様子がにじみ出ている。たとえば、歌手のルイーズ・マルタに宛てた十一月十二日の手紙には「遅くなってすみません。私は睡眠時間を半分に削っています。私の「協奏曲」を二カ月で終わらせなければなりません！」と書かれている。

左手のための協奏曲の完成直後、おそらく十月中に、ラヴェルは「ル・ベルヴェデール」にヴィトゲンシュタインを招き、試演をおこなった。ラヴェルはオーケストラの役割をざっと示したのち、両手でピアノのパートを弾いてみせた。ヴィトゲンシュタインは、次のように回想している。「ラヴェルは傑出したピアニストではなかった。それに私はこの作品に圧倒されなかった。私の場合、難しい作品に慣れるのに、いつでも少々時間がかかるのだ。ラヴェルはがっかりしたと思うし、残念に思うが、私は自分の気持ちを偽ることができたためしがなかった。ずっと後になって、この協奏曲を何カ月もかけて勉強したあとではじめて、私はこの作品に魅せられ、その偉大さを認識した」（注21）。

ピアノ協奏曲ト長調の初演

一九三一年六月二十三日、イダ・ルビンシテインはオペラ座で新しいシーズンをはじめた。プログラムには、オネゲルの《アンフィオン》の初演とリムスキー＝コルサコフの音楽を使った《ラ・プランセス・シーニュ》、そして《ボレロ》が入っていた。二日後、フォーキンの新しい振付による《ラ・ヴァルス》が加わった。今回は衣装も異なり、アレクサンドル・ブノワの舞台装置も改良されていた。イダ・ルビンシテインはパリのあと、ロンドンでも同じ演目で公演した。ラヴェルもロンドンに同行し、自作を指揮した。ロンドンでラヴェルはカルヴォコレッシのインタビューを受けた。カルヴォコレッシはいまやロンドンに居を構えて活躍していた。

カルヴォコレッシは、七月十一日の『デイリー・テレグラフ』紙にラヴェルとのインタビューを含めた記事を書いた。それによれば、ラヴェルは、ピアノ協奏曲は十一月までに完成させなければと述べている。「まず、自分が独奏パートを弾いてパリで初演した後、私はドイツ、ベルギー、オランダ、北米と南米、日本、そしておそらくジャワをめぐる演奏旅行に出発するでしょう。ジャワは指揮者のディルク・フォックによれば、それを演奏するためのオーケストラを編成することができるということです」とラヴェルは述べている。しかし、演奏旅行の予定先にロシアは含まれていなかった。ロシアでは演奏で得た謝金は、法律でその国で使わなければならず、自分にとっては役に立たない毛皮やイコンなどを買わされるからという理由だった。

ラヴェルがクーセヴィツキー宛ての手紙に、新作の協奏曲をもって五大陸巡業に行く構想を書いていたことについては先述したとおりだが、今回は演奏旅行先がさらに具体化して、しかも「南アジア」ではなく、「日本」が独立して入っていることが注目される。親しい友人であるピアニストのジル゠マルシェックスが、たびたび日本を訪れていたことも影響していただろう。ジル゠マルシェックスの一九二五年の初来日は薩摩治郎八の尽力により実現したものだったが、一九三一年にはフランス外務省の派遣により、三月と十月の二回、日本を訪れ、演奏やレクチャーコンサートを各地で開いた。

さらに注目されることは、この時点で、ラヴェルはみずからピアノ協奏曲のソリストをつとめるつもりだったということである。

二つの協奏曲について、同じインタビューでラヴェルは以下のように述べている。

二つの協奏曲を同時に手がけることは興味深い経験でした。私自身が演奏家として初演するはずの曲は言葉のもっとも厳密な意味での協奏曲です。私が言いたいのは、それはモーツァルトやサン゠サーンスの協奏曲と同じ精神で書かれているということです。私見では、協奏曲の音楽というものは陽気で華麗なもので、奥深さを求めたり、劇的な効果をねらう必要はないのです。一部の古典派の偉大な音楽家は、その協奏曲がピアノの「ために」ではなくピアノに「反して」着想されたといわれています。私としては、この判断は完全に理由があると思います。私は当初、この協奏曲を「ディヴェルティスマン」と名づけようと思いましたが、その必要はないと考え直しました。協奏曲という題名だけでじゅうぶん明確に述べられていると思ったからです。ある意味では、この協奏曲は私のヴァイオリンソナタと関係がなくもありません。ジャズのタッチがいくらか入っていますが、少しです。

左手だけのための協奏曲はまったく違います。それは多くのジャズの効果を含んでいますし、書法はそれほど軽くはありません。この種の作品では、両手のために書かれたパートよりもテクスチュアが薄くないという印象を与えることが大事です。私は同じ理由で、より重々しい種類の伝統的な協奏曲にずっと近い様式を用いました。この作品の特徴のひとつは、伝統的な様式で書かれた最初の部分の後、とつぜん変化が起こり、ジャズの音楽が始まることです。のちにようやく、ジャズの音楽は実際には最初の部分と同じ主題にもとづいて作られていることがわかるのです。

ト長調のピアノ協奏曲については、マルグリット・ロンは、ラヴェルが以前「ピアニッシモのトリルで終わる」協奏曲を書いてあげると彼女に約束したと述べている（注22）。しかし、いつの段階かわからないが、ラヴェルは自分がソリストをつとめられるような作品を書こうと思いはじめていた。彼はショパンやリストの作品を練習して疲れ切り、友人たちから五十代なかばという年齢は名演奏家としてのキャリアを始めるのには理想的ではないと諭《さと》されたため、マルグリット・ロンをソリストに据え、自分は指揮に回ることを納得した。とはいえ、ヨーロッパツアーが企画された時点では、まだ、ラヴェル自身がソリストをつとめる計画で、そのツァーにはＡＦＥＡが三万五〇〇〇フランもの助成をすることになっていた。つまり、ラヴェルの演奏旅行はフランスの文化使節という扱いだったのである。

ラヴェルは、ロンと一九三二年一月十四日にパリでピアノ協奏曲ト長調の初演をおこなったのち、五月にかけて、アントワープ、リエージュ、ブリュッセル、ウィーン、ブカレスト、プラハ、ロンドン、ワルシャワ、リヴィウ、ベルリン、ハールレム、ロッテルダム、アムステルダム、ハーグ、アーネム、そして、ブダペストを回るヨーロッパ演奏旅行を開始した。

ラヴェルが健康上の理由でピアノソロを演奏しないという話は、前年十一月末に公式に発表された。ロンによれば、モンフォール＝ラモリのラヴェルから彼女に電話があり、「手書きの楽譜をもってすぐにそちらに向かう」と彼が言ったのは十一月十一日のことだったという。いざ、このニュースが知らされると、演奏旅行先のうち、ウィーンとベルリンが異議をとなえた。その後、ラヴェルとすでに密接な関係ができていたウィーンのほうはこの件を了承したが、ベルリンのほうは話がこじれてしまった。ベルリン・フィルハーモニーの指揮者ヴィルヘルム・フルトヴェングラーは、「ラヴェル自身が健康状態の理由で演奏しないのならば、ベルリンの演奏会は一年延期すればよい。自分は二度もラヴェルの希望にしたがって日程を変更した。［予定されている］三月二十日はすでにヒンデミットに割り当てられていて変えられない」と主張したのである。これは、ベルリン駐在のフランス大使フランソワ＝ポンシェから外務大臣アリスティド・ブリアンに宛てた一九三一年十二月二十一日付の手紙に書かれている。

これに対して、今度はフランス側が憤慨した。デュラン社のマネージングディレクターで音楽出版協会会長だったルネ・ドマンジュは、十二月三十日にAFEEAのロベール・ブリュッセルに手紙を送り、フルトヴェングラーに対して、フランスの偉大な作曲家をそのようなやり方で扱うのならば、今後、彼がパリに来て成功をおさめたいと思っても、フランスの広報関係の協力はあてにできないと告げてほしい、と書いた。それが奏功したのか、結局、ベルリンでの演奏会は当初の予定から一日遅れただけで三月二十一日に無事に開催された。

ピアノ協奏曲ト長調の初演に話を戻そう。初演は一九三二年一月十四日、パリのサル・プレイエルで開催されたラヴェル・フェスティヴァルの一部として、超満員の聴衆の前に、コンセール・ラムルーの演奏とラヴェルの指揮、ロンの独奏によっておこなわれ、大成功をおさめた。批評家たちの評判も良かった。ヴュイエルモーズは「新作の協奏曲はラヴェルのほかの傑作に値《あたい》する……この曲はわかりやすく、非常に若々しい印象を与える」と書き、このコンサートを「今シーズンのもっともすばらしい芸術的催し」だと結論づけた。また、フロラン・シュミットは「楽しく魅力的な作品だ」と述べ、ラヴェルが一九二〇年代のスタイルから音楽にあふれるスタイルに戻ってきたと喜んだ。

その後の演奏旅行では、多くの都市で、熱狂的な拍手が鳴りやまなかったために、フィナーレ楽章が再度演奏された。ベルリンのコンサートはどうなっただろうか。ロンによれば、フルトヴェングラーは、作曲者の意志に反したことをするといけないからと、事前の練習をいっさいしていなかったため、リハーサルは惨憺《さんたん》たるものだったという。しかし、さすがはベルリンフィルで、翌日の本番はすばらしい出来だった。ブカレストでは、ラヴェルは王に拝謁《はいえつ》を許され、勲章を授与されたが、それはめったにないことだった。アムステルダムではユリアナ王女と夫君がコンサートに臨席した。

左手のための協奏曲の初演

一九三二年一月五日、ウィーンではヴィトゲンシュタインの独奏、ローベルト・ヘーガー指揮、ウィーン交響楽団の演奏で、左手のための協奏曲の初演がおこなわれた。パリでピアノ協奏曲ト長調の初演がおこなわれるわずか九日前のことだった。

しかし、ヴィトゲンシュタインの演奏は、ラヴェルの意図とはかけ離れたものだった。ヴィトゲンシュタインはピアノパートを変え、さらにオーケストレーションにも勝手に変更を加えていた。三月七日、五十七回目の誕生日に、ラヴェルはヴィトゲンシュタインに手紙を送り、「書かれているとおりに演奏するように」と要求した。それに対し、ヴィトゲンシュタインはラヴェルの要求を拒み、四月に予定されていたパリ初演をキャンセルした。マルグリット・ロンによれば、当初ラヴェルはヴィトゲンシュタインがパリでこの作品を演奏することに反対していたが、結局譲歩して、一九三三年一月十七日に両者が参加したパリ初演がおこなわれた。ラヴェルはヴィトゲンシュタインから六〇〇〇ドルで作曲を引き受け、ヴィトゲンシュタインは独占上演権を契約日から五年間持っていた。そのため、ラヴェルはその独占上演権が切れる一九三七年まで、自分の意図に沿った演奏を聴くことができなかった。ようやくその願いがかなったのは一九三七年三月十九日、ジャック・フェブリエのピアノ独奏、シャルル・ミュンシュ指揮のオルケストル・サンフォニック・ド・パリによってだった。しかし、このころすでに、ラヴェルは指揮台に立てる状態ではなかった。アルフレッド・コルトーはこの作品を両手用に編曲したいと許可を求めていたが、ラヴェルはルネ・ドマンジュを通じてそれを拒否した。

最後の仕事

一九三二年四月、ヨーロッパの演奏旅行から戻ると、ラヴェルはサン＝ジャン＝ド＝リュズに滞在し、九月なかばまでパリに戻らなかった。その間、彼はロンドンの映画会社ネルソン＝フィルムからの依頼で、映画『ドン・キホーテ』のための歌曲の作曲を進めていた。監督はオーストリア出身のゲオルク・パープストで、バス歌手シャリアピンがタイトルロールをつとめ、イギリスのミュージックホールのスター、ジョージ・ロビーがサンチョ・パンザの役で、オート・プロヴァンスで撮影されることになっていた。ラヴェルはシャリアピンのために三曲書くことになり、曲の性格やシャリアピンの声域などが伝えられた。歌詞はポール・モランによるものだった。作曲期間はおよそ二カ月で、五〇〇〇フランの前渡し金が支払われた。ところが、ラヴェルは八月十五日の締め切りに間に合わせることができず、五〇〇〇フランを返却し、期限の延長を求めたが、九月二日、映画会社は契約破棄を通告し、仕事はジャック・イベールに回した。イベールは大急ぎで、五つの歌と付随音楽を作曲した。こののち、ラヴェルは映画会社に契約破棄をめぐる訴訟を起こし、七万五〇〇〇フランの慰謝料を受け取った。

一九三二年秋、ラヴェルは、イダ・ルビンシテインから依頼されたバレエ《モルジアーヌ》の作曲にとりかかった。これは『アラビアンナイト』の「アリババと四十人の盗賊の物語」にもとづくものだったが、結局スケッチの断片が書き留められただけで終わった。

十月八日、ラヴェルはパリでタクシーに乗車中、衝突事故にあい、顔に数カ所傷を負い、胸部を打撲し、近くの医院に運ばれた。重傷ではなかったが、回復するまでには時間がかかった。

このころ、ヨーロッパではユダヤ人排斥の動きが活発になってきた。イタリアのフィレンツェ音楽祭では、ファシストの反ユダヤ主義の影響で、ラヴェルの《マダガスカル先住民の歌》を歌うことになっていたマドレーヌ・グレイがユダヤ人であるという理由で降ろされ、ほかの歌手に差し替えられた。これについて、ラヴェルは一九三三年一月五日付で、音楽学者のグイド・ガッティに抗議と再考を促す手紙を送っている。

ラヴェル自身、ジャーナリストたちから、しばしばユダヤ人でないのかと問われていた。《ヘブライの歌》の編曲をしたり、また、「モーリス」という名前がユダヤ人に多いという理由だった。一九二八年六月、アメリカ人興行師バーナード・ラバージへの返信で、ラヴェルは両親はカトリック教徒で、自分はユダヤ人ではない、と答え、「もしそうであったら、そのことを隠しません」とつけ加えている。

一九三三年一月十七日、左手のための協奏曲のフランスでの初演が、パリのサル・プレイエルで、ソリストにヴィトゲンシュタインを迎え、ラヴェル指揮のオルケストル・サンフォニック・ド・パリの演奏によって、ようやくおこなわれ、ただちに成功をおさめた（パテ＝ゴーモンが撮影した部分的な映像が残っている）。この作品について、ある批評家は「壮麗な豊かさ」や「驚くほどの多様性」があると称賛し、別の批評家はヴィトゲンシュタインの左手が奇跡のように二つに形を変え、ひとつは歌い、ひとつは伴奏する、と述べた。この日はオール・ラヴェル・プログラムで、これ以外の作品はロジェ・デゾルミエールが指揮した。この後、モンテカルロからこの協奏曲の演奏依頼が来たが、ラヴェルは健康状態が悪化したため、ポール・パレーに指揮を任せた。しかし、演奏会場には足を運んだ。

その後、ラヴェルは《ドゥルシネア姫に思いを寄せるドン・キホーテ》の三曲を完成させ、初演の歌手にバスク出身の若いバリトン歌手、マルシャル・サンゲを選んだ。サンゲはビアリッツ生まれで一九三〇年にマスネのオペラでオペラ座にデビューしていた。初演に先立って、一九三四年十一月二十日にレコーディングが行われ、ラヴェルも立ち会った。サンゲによれば、その際、ラヴェルは歌のパートにも楽器のパートにもあった、音符やテンポ、ニュアンスの誤りをいくつか指摘したという。十二月一日、ポール・パレー指揮のコロンヌ管弦楽団の演奏で、この歌曲集の初演がおこなわれた。この歌曲集は喝采で迎えられ、ラヴェルは長く続く拍手にこたえてステージに上がった。しかし、一九三三年の夏以降、ラヴェルの健康状態は目に見えて悪化していた。この歌曲集以後、いろいろな企画は浮かんだが、ほかの作品を完成させることはついにできなかった。

一九三三年十一月、ラヴェルはパドルー管弦楽団を指揮して、《ボレロ》とマルグリット・ロンの独奏によるピアノ協奏曲ト長調を演奏したが、これが、ラヴェルの最後の公開演奏となった。同じ十一月にラヴェルの最後の論考「二十五歳未満の願望、ジュネス・ミュジカル」が『エクセルシオール』誌に発表された。

一九三四年のはじめ、ラヴェルはスイスのヴヴェイ近くの療養所で過ごしたが、その当時には、すでに文字を書くのが不自由になり、辞書を頼りに、何日もかけて手紙を書いていた。その後は、タイプで打ちだした手紙に署名だけをするようになった。

ラヴェルは四月終わりにスイスの療養所からルイユ・マルメゾンのクリニックを経て、モンフォール＝ラモリに戻ったが、病状は改善しなかった。そのような状態で六月、ラヴェルがフォンテーヌブローのアメリカン・コンセルヴァトワールの院長を引き受けたことには驚かされるが、結局、勤務はできなかった。おそらく、この学院を創立したカサドシュ一家がラヴェルを元気づけようとして依頼したのかもしれない。

一九三五年二月十七日、歌曲《ロンサールここに眠る》の管弦楽伴奏版の初演がパリのオペラ＝コミック座でマルシャル・サンゲとピエロ・コッポラ指揮のパドルー管弦楽団の演奏によりおこなわれた。管弦楽への編曲は、ラヴェルがマニュエル・ロザンタールとリュシアン・ガルバンに口述して、楽譜を書きとらせたものだった。これがラヴェルの最後の新作初演となった。

ラヴェルをたくさんの人が支えた。弟のエドゥアールはもちろんのこと、古くからの友人のドラージュ、ロラン＝マニュエル、マルグリット・ロン、彼の弟子のロザンタール、新しく知り合ったジャック・メイエール、モンフォール＝ラモリの隣人で劇作家のジャック・ド・ゾゲブの一家、みんなが協力して、彼を世話し、コンサートに連れていき、彼の気をまぎらわすのに最善を尽くした。ラヴェルはいまや、身近な人の顔しか認識できなくなっていた。コンサートに行けば、サインを求められたが、彼はサインができなくなっていた。

《ロンサールここに眠る》の初演の直後、ラヴェルは若い彫刻家のレオン・レリッツにつき添われて、スペインと北アフリカをめぐる旅に出かけた。これはラヴェルの六十歳の誕生日のプレゼントとして、イダ・ルビンシテインが費用を負担した旅だった。二人は、マドリード、アルヘシラス、タンジール、マラケシュなどをめぐり、セビリヤとコルドバを経て帰途についた。

病気による衰弱は進む一方だったが、一九三七年、ヴィトゲンシュタインがもっていた、左手のための協奏曲の独占演奏権が切れ、ようやくラヴェルの意図に沿ったジャック・フェブリエによる演奏を聴くことができた。ラヴェルはフェブリエを指導し、三月十九日に行われたコンサートにも足を運んだ。六月にはサル・ガヴォーのリサイタルで《ドゥルシネア姫に思いを寄せるドン・キホーテ》を演奏する予定だったマドレーヌ・グレイとプーランクに助言を与えている。

ラヴェルの症状に対する治療について、専門家の意見は分かれていた。高名な神経科医ティエリー・ド・マーテルは何もできないし、するべきではないという意見だったが、外科医のクローヴィス・ヴァンサン教授は手術すれば腫瘍が見つかるであろうし、それは取り除くことができるという意見だった。十二月十七日、ラヴェルはパリのボワロー通りのヴァンサン教授のクリニックに入院した。二日後、高度な技術を要する脳の手術が教授の執刀で行われた。術後いったんラヴェルは意識を回復したが、まもなく半昏睡状態に陥り、十二月二十八日午前三時三十分、息を引き取った。ドラージュだけが枕もとにつき添っていた。

十二月三十日、ルヴァロワ＝ペレにある墓地の第十六区画で、宗教的儀式によらない簡素な葬儀が執りおこなわれた。ラヴェルは、両親のかたわらに葬られた。葬儀には、喪主のエドゥアールのほかに、友人や音楽家たちが数多く出席した。作曲家では、アーン、レノックス・バークリー、オネゲル、ケックラン、ミヨー、プーランク、フロラン・シュミット夫妻、ストラヴィンスキー夫妻、演奏家ではロベール・カサドシュ、ピエロ・コッポラ、ジャン・ドワイヤン、ジャック・フェブリエ、マリア・フロイント、フィリップ・ゴーベール夫妻、マルセル・ジェラール、マドレーヌ・グレイ、エレーヌ・ジュルダン＝モランジュ、ポール・パレー、マニュエル・ロザンタール、ジャック・ルーシェ、イダ・ルビンシテイン、評論家では、ジョルジュ・ジャン＝オーブリー、ポール・ランドルミ、アンリ・マレルブ、アンリ・プリュニエールなど（注23）。

フランス政府を代表して教育大臣ジャン・ゼーが短い頌徳《しょうとく》文を朗読し、故人を讃えた。彼は、次のように述べた。

もし、私がラヴェルの残した教訓について考えるとすれば、そして、わが国の道徳的芸術的伝統のもっとも偉大な人物たちを想起するならば……それらの天才たちに共通する特徴は何であるか、ラヴェルの天分の本質が何であるかを自問するとすれば、次のことがわかったように思います。それは、情熱的なものごとであれ、感動的なものごとであれ、ものごとをとらえ、様式の規則に従わせる、非常に知性的なやり方なのです。

一九六〇年四月五日、弟エドゥアールが没し、ルヴァロワ＝ペレの墓地の両親と兄のかたわらに葬られた。エドゥアールは晩婚で、子供がいなかった。ラヴェル家の血筋はエドゥアールで絶えたのである。

注18 《ボレロ》の主題については、友人のギュスターヴ・サマズイユが、ラヴェルがサン＝ジャン＝ド＝リュズで朝の水泳に出かける前に、ピアノに向かい、一本指でメロディーを弾いてみせ、「この主題にはなにかしら執拗なものがあると思わないかい。ぼくは何回もこれを繰り返すつもりだ。何も展開させず、オーケストラを徐々に膨らませながら」と語ったと書いていることが広く伝えられてきた。ありえない話ではないものの、ほかに証言がなく、ホアキン・ニンの記述ともぴったりと合わない。

注19 Maurice Ravel, 前掲（一一六頁。注11）書、p.1253, n.2.

注20 Piero Coppola, *Dix-sept ans de musique à Paris*, Lausanne: F. Rouge, 1944; repr. Genève: Slatkine, 1982, p.107.

注21 オレンシュタイン、前掲（四四頁。注8）書、一四〇頁、注11。

注22 マルグリット・ロン著、北原道彦・藤村久美子訳『ラヴェル――回想のピアノ』音楽之友社、一九八五年、第五章。

注23 これまで資料によって相違があったが、Maurice Ravel 前掲（一一六頁。注11）書の主な出席者の一覧によれば、ストラヴィンスキーは葬儀に出席していた。

作品篇

1　オペラとバレエ

ラヴェルは《スペインの時》と《子供と魔法》の二作のオペラを残した。もっとも、ラヴェル自身は「オペラ」ではなく、それぞれ「コメディ・ミュジカル」、「ファンテジー・リリック」と名付けている。どちらも四十五分ほどの短い作品だが、オペラ史のなかで重要な位置を占めている。一方、バレエは一九〇九年から一九二八年までに、かなりの数の作品が生まれた。それらは、《ダフニスとクロエ》のように最初からバレエ曲として構想されたものもあれば、既存の曲をバレエに使ったものもある。これらはディアギレフ率いるバレエ・リュスから始まった新しいバレエの動きと密接にかかわっていた。

オペラ《スペインの時》一幕のコメディ・ミュジカル　一九〇七〜一九〇九作曲／一九一一初演／一九一一出版

フラン＝ノアンの一幕もののファルス（笑劇）が原作で、ラヴェルは戯曲を、ほぼそのまま台本に使った。イタリアのコンメディア・デッラルテなどの伝統にのっとったしゃれた喜劇である。初演は一九一一年五月十九日にパリのオペラ＝コミック座で、フランソワ・リュールマンの指揮でおこなわれた（生涯篇七六〜七七頁参照）。

舞台は十八世紀スペインのトレドの時計屋。登場人物は、コンセプシオン（トルケマダの妻、ソプラノ）、トルケマダ（時計屋、テノール）、ラミーロ（ラバひき、バリトン）、ドン・イニーゴ・ゴメス（銀行家、バス）、ゴンサルベ（学生、テノール）の五人。ラヴェルはゴンサルベ以外の役に関して、おおむね、歌うよりも劇的に語るように作曲している。曲は序奏と二十一の短い場、そして最後の五重唱から構成されている。冒頭部は時計がカチカチ動く音や、踊るオルゴール人形を表現するために、三台の違った速さで動く振り子（メトロノーム）、鐘、弱音器を付けた弦楽器、チェレスタ、ピッコロが使われ、サリュソフォーン（金属製のダブル・リード楽器）のマウスピースまで使用されている。

幕が上がると、時計屋のトルケマダのところに、ラバひきのラミーロが時計の修理にやってくる。ラミーロは、この時計は闘牛士だった伯父の命を死の角から守ったのだと自慢するが、その部分でスペイン風の色彩がパッと広がる。この作品では、このように随所でオーケストラが歌詞にユーモラスな注釈を加えていく。時計屋の妻コンセプシオンが現れ、夫に、今日は市中の時計を調整しに行く日だとせかす。トルケマダはラミーロに待つように言って出かけるが、愛人のゴンサルベを待っているコンセプシオンは困り、ラミーロをその場から追い払うために、二つある大時計のひとつを二階の寝室に運ぶように頼む。ゴンサルベが現れるが、彼女の気も知らず、熱烈な詩ばかり披露する。そこへラミーロが戻ってくるので、コンセプシオンはいま上に運んだ時計を降ろして、かわりに別の大時計を運ぶように頼む。ラミーロが二階に上がっている間に、コンセプシオンはゴンサルベを大時計の中に隠す。

そこへ、日ごろ熱心にコンセプシオンを口説いている銀行家、ドン・イニーゴ・ゴメスが登場する。ラミーロが、ゴンサルベの入っている時計を寝室に運ぶと、コンセプシオンは後からついていき、ゴメスには店番をするように頼む。

ひとりになったゴメスは、いたずら心からいまおろしたばかりの大時計に隠れる。そこに寝室からコンセプシオンが出てきて、ラミーロに「部屋にあわないから」と言って、もう一度大時計を取り替えるように頼む。ラミーロが二階からゴンサルベの隠れた時計を降ろしてくると、コンセプシオンは目の前のゴメスが隠れた時計を二階に運ぶように頼む。ラミーロが大時計を運んでいくと、コンセプシオンはゴンサルベに早く帰るように言うが、ゴンサルベは愛の歌を歌っていて、帰ろうとしない。コンセプシオンは寝室に入ってしまう。

そこにラミーロが戻ってくるので、ゴンサルベはあわてて時計のなかに隠れる。コンセプシオンがとつぜん現れ、また、ラミーロは寝室にゴメスの入った時計を取りに行く。コンセプシオンはラミーロに魅力を感じ、大時計なしで、ラミーロを寝室に誘う。ようやく大時計から出てきたゴンサルベと、太っているために自力で大時計から出られないゴメスの前に、帰ってきたトルケマダが現れる。二人は客だといわざるを得なくなり、それぞれ、時計を売りつけられる。ゴメスをトルケマダとゴンサルベがひっぱりだそうとするが、できない。そこに、コンセプシオンとラミーロが二階から降りてきて、ラミーロはいとも簡単にゴメスをひっぱり出す。トルケマダが妻に、時計が売れてしまったので、時計はまだやれないと言うと、妻は、これからはラミーロが毎日決まった時間に私の部屋の下を通ると言う。五人は「役に立つ恋人を一人だけ選べ」というボッカチオの教訓を歌って幕となる。

バレエ《マ・メール・ロワ》　一九一一作曲／一九一二初演／一九一二出版　＊同名の管弦楽曲二一〇頁およびピアノ曲二二七〜二二八頁参照

バレエ化の依頼は一九一一年末に当時テアトル・デ・ザールの支配人だったジャック・ルーシェから出された。バレエの初日が一九一二年一月二十八日と決まっていたため、ラヴェルは急いで仕事にかかり、バレエの台本もラヴェル自身が書き、それにあわせて新しい曲を付けたし、曲の順番も変更した。〈前奏曲〉と〈紡ぎ車の踊り〉が付け加えられ、さらに、舞台転換のための間奏も追加された。初演は一九一二年一月二十八日、パリのテアトル・デ・ザールで、ガブリエル・グロヴレーズの指揮によりおこなわれた。衣装と舞台装置はジャック・ドレザ、振付はジャンヌ・ユガールだった（生涯篇九〇〜九一頁参照）。

ラヴェルは、ピアノ原曲版で取り上げた五つの物語をはめこんで、以下のバレエのストーリーを作った。

〈前奏曲〉フルートとファゴットの平行和音によるモティーフから神秘的に始まる。弱音器を付けたホルンのファンファーレが入り、さらに、木管楽器が鳥のさえずりを始める。その後、このあとで登場する各曲の主題が提示され、音楽はしだいに高まっていき、幕が上がる。

第一場〈紡ぎ車の踊りと情景〉妖精の園が舞台。老婆が紡ぎ車の前に座っている。王女フロリーヌがやってきて紡錘《ぼうすい》で手を突き、気を失う。みなが集まるが、だれも王女の目を覚ますことができない。二人の侍女が王女を寝かせる。曲は、紡ぎ車を描写する十六分音符の細かいクロマティックなモティーフから始まり、紡ぎ車のモティーフと弦楽器のピツィカートを伴奏にして、飛び跳ねるような旋律が木管に現れる。

第二場〈眠りの森の美女のパヴァーヌ〉王女フロリーヌは眠る。主部の旋律はフルートで演奏され、中間部で旋律はクラリネットに移る。曲の最後の部分で老女が立ち上がってケープをぬぐと、豪華な衣装を身にまとった仙女ベニーニュが現れる。

第三場〈美女と野獣の対話〉野獣は美女に求婚するが、美女はためらう。しかし、生命をかけた野獣の愛に気づいた美女は結婚を誓う。すると、愛の力で魔法が解け、野獣は王子の姿に変わる。曲はサティの《ジムノペディ》へのオマージュといわれる。ハープとフルートと弱音器を付けた弦楽器のひそやかな伴奏にのって、クラリネットのソロが優雅な美女の主題を奏する。その後、低音部にコントラファゴットで野獣の主題が出る。

〈間奏〉二人の黒人の子供が王女におじぎする。次の題名が書かれたのぼりが掲げられる。

第四場〈おやゆび小僧〉森のなか、日暮れ。おやゆび小僧はきこりの夫婦に森に捨てられた七人兄弟の末子。知恵を働かせて迷子にならないように、道々パンくずをまいてくるが、小鳥に食べられてしまい、途方にくれるところまでが描かれている。管弦楽編曲では、ピアノ原曲と比べて鳥の鳴き声が増やされている。弱音器を付けたヴァイオリンによるハ短調の三度の平行音階の上に、オーボエの独奏が旋律を歌いはじめる。中間部では、ヴァイオリンのグリッサンドとトリルによる鳥のさえずりと、フルートによるカッコウの鳴き声が響く。

〈間奏〉ふたりの黒人の子供がおじぎをする。次の題名が書かれたのぼりを月が照らし、中国風の天幕が張られる。

第五場〈パゴダの女王レドロネット〉中国風の首振り人形たちが登場して踊る場面。東洋風の五音音階が使われている。ピアノ原曲では黒鍵を巧みに使用していたが、管弦楽編曲もみごとである。オーケストラの豊かな音色を十分に生かし、途中で自動楽器のような動きがいっそう強まる。中間部はのびやかな旋律が歌われるが、合いの手のゴング（タムタム）が入って、異国情緒をさらに高めているのも、管弦楽版ならではのもの。また、最後のクレッシェンドもピアノ版よりも引き延ばされている。やがて女王レドロネットが登場。緑の蛇も登場。パ・ド・ドゥー。そして、全体の踊りになる。

〈間奏〉遠くで狩りのラッパの音。全員ただちに退場。二人の黒人の子供も走る。第一場の舞台装置となり、夜明け、鳥の声。

〈終曲　妖精の園〉愛の神に連れられて王子が登場し、眠っている王女を発見する。ゆるやかな三拍子の美しい旋律は弦楽器によって奏される。やがて、チェレスタとヴァイオリンによって、アルカイックな旋律が表情豊かに奏されるが、ここが夜明けとともに、王女が目ざめる部分である。二人のまわりに人々が集まるのにあわせて音楽が高まり、仙女ベニーニュが祝福し、華麗なフィナーレへとつながる。

バレエ《アデライード、または花言葉》　一九一二管弦楽編曲／一九一二初演／一九一二出版　＊《高雅で感傷的なワルツ》管弦楽曲二一〇頁およびピアノ曲二二九〜二三〇頁参照

ナターシャ・トゥルハノヴァからの委嘱で、オーケストラ用に編曲された。台本はラヴェル自身による。初演は一九一二年四月二十日、シャトレ劇場で、ジャック・ルーシェが企画したコンセール・ナターシャ・トゥルハ

ノヴァにて（生涯篇九三頁参照）。

舞台は一八二〇年ごろのパリ、高級娼婦アデライードの家。話の中心は移り気なアデライードと彼女をめぐって争う二人の求婚者、ロレダンと男爵である。愛や希望、拒絶などのさまざまな感情が、踊り手たちの交換する花によって象徴される。最後に、アデライードはロレダンに赤いバラを渡し、その腕に飛びこむ。

バレエ《ダフニスとクロエ》　一九〇九〜一二作曲／一九一二初演／一九一三出版

バレエ・リュスを率いるセルゲイ・ディアギレフの依頼をうけて作曲したバレエ音楽。原題はサンフォニー・コレオグラフィック。一幕三部からなる。初演は一九一二年六月八日、シャトレ劇場にて。ピエール・モントゥー指揮、美術と衣装はレオン・バクスト、振付はミハイル・フォーキンによる（生涯篇九三〜九八頁参照）。

第一部　パンの神とニンフの祭壇の前。若い男女が祭壇に供え物をして礼拝していると、ダフニスとクロエが登場する。牛飼いのドルコンがクロエに言い寄り、ダフニスは嫉妬する。ダフニスとドルコンは踊りで勝負し、勝った方がクロエの接吻をうけることにする。ドルコンのぎこちない踊りに対し、優しく軽やかに踊るダフニス。彼はクロエから約束の熱い接吻をうけて恍惚《こうこつ》となる。しかし、その後、海賊が来襲し、クロエはさらわれてしまう。それを知って絶望するダフニス。そこに三人のニンフが現れて倒れているダフニスに気づき、彼を蘇生させ、パンの神に祈らせる。するとパンの神が姿を現わす。〈夜想曲〉に続いて、ア・カペラの合唱による〈間奏曲〉が始まる。

第二部　海賊ブリュアクシスの陣営。ダイナミックな〈戦いの踊り〉が始まる。海賊の首領の前に連れてこられたクロエは、踊りを踊りながら、脱出の機会をうかがうが失敗し、あわやというところで、突然パンの神の巨大な幻影が現れ、海賊たちは逃げ去ってしまう。

第三部　第一部と同じ祭壇の前。〈夜明け〉の音楽の後、ダフニスとクロエの感動的な再会となる。老羊飼いが、パンの神はかつて愛したシリンクスの思い出ゆえに、クロエを助けたのだと説明する。そこで、ダフニスとクロエはパンの神とシリンクスの恋をまねた〈無言劇〉を演じる。祭壇の前で、ふたりは愛を誓い、パンの神とニンフを讃えて〈全員の踊り〉が熱狂的に踊られる。

ラヴェルはこのバレエにもとづいて、組曲を二つ編んだ。第一組曲は全曲の完成に先だって一九一一年に完成し、同年四月二日、シャトレ劇場において、ガブリエル・ピエルネ指揮のコンセール・コロンヌで初演された。第二組曲の初演は不明。最後の部分に関しては、一九一三年六月二十二日、シャトレ劇場でオスカー・フリートの指揮で初演されている。第一組曲は〈夜想曲〉〈間奏曲〉〈戦いの踊り〉からなり、バレエ第一部の終曲から第二部の前半を使っている。第二組曲はバレエの第三部のほぼ全体（冒頭のみ除く）を使用し、〈夜明け〉〈無言劇〉〈全員の踊り〉の三部分からなる。

バレエ《クープランの墓》　一九一九管弦楽編曲／一九二〇初演／一九一九出版　＊同名の管弦楽曲二一一頁およびピアノ曲二三一～二三二頁参照

バレエとしては、〈フォルラーヌ〉〈メヌエット〉〈リゴードン〉の三曲がバレエ・スエドワによって踊られた。初演は一九二〇年十一月八日、シャンゼリゼ劇場でおこなわれた（生涯篇一三二頁参照）。

バレエ《ラ・ヴァルス》 一九一九～一九二〇作曲／一九二六初演／一九二一出版 ＊同名の管弦楽曲二一二～二一三頁参照

もともとディアギレフの依頼でバレエ・リュスのために書かれた作品であるが、バレエとしては一九二六年十月二日、アントワープのフラマン王立歌劇場で初演された（生涯篇一二五頁参照）。

オペラ《子供と魔法》二部からなるファンテジー・リリック 一九二〇～一九二五作曲／一九二五初演／一九二五出版

コレットの台本にもとづく。一九二五年三月二十一日、モナコのモンテカルロ歌劇場にて初演された（生涯篇一二五～一二八、一五五～一五七頁）。

幻想的な作品で、登場するのは子供と母親以外は動物、植物、家具などで、おしゃべりする肘掛け椅子や、炉の火、歌を歌うネコ、踊るティーカップなど、コレットの幻想的な世界にラヴェルが絶妙な音楽を付けている。そこにはジャズ、ミュージックホール、昔の音楽などのパスティーシュが含まれているが、二部に分かれているが、続けて演奏される。

舞台はフランス、ノルマンディー地方の田舎の一室とその庭。部屋には大きな安楽椅子、大型の振子時計、牧歌的な絵柄の壁紙。ペットのリスが入った籠が吊り下げられている。暖炉には火が燃え、やかんの湯がたぎっている。

六、七歳の男の子が宿題をしているが、いっこうに身が入らない。そこにママが入ってきてお小言をいう。腹を立てた子供は、部屋にあるものに当たり散らす。暴れてぐったりした子供がソファーに座ろうとすると、突然ソファーが動きだす。安楽椅子も踊りだし、大時計も動きだし、英語でしゃべるティーポットやティーカップもラグタイム風の二重唱を歌いながら子供を脅す。

太陽が沈み、子供が暖炉に近づくと、コロラトゥーラの火が子供を追いかけまわす。壁紙に描かれた登場人物たちがおしゃべりを始める。子供が破ったおとぎ話の本からお姫様が現れるが、ページが破られたことを嘆き、消え去る。ページのあいだから老人のかたちをした算数が現れ、難題を出して子供をダンスに引きずりこむ。外では、黒猫と白猫が愛の二重唱を歌う。

場面が変わって、第二部は月光に照らされた庭。それまで子供にいじめられていた樹木やリスなどの動物たちが、子供を取り囲み、脅迫する。そのなかで、リスが足にけがをする。子供は自分のリボンでリスの傷口を縛ってやり、自分もその場に倒れてしまう。動物たちは子供のやさしさにふれ、みなで子供を家に連れていき、「ママ」と叫ぶ。家の中が明るくなる。動物たちは「あの子はいい子だ」と歌いながら去っていく。子供は手を前に伸ばしながら、「ママ！」と呼んで、幕が閉じる。

〈ファンファーレ〉～一幕のバレエ《ジャンヌの扇》のための　一九二七作曲／一九二九初演／一九二九出版

二九小節の短いファンファーレ。ジャンヌ・デュボストは、有名なサロンを開いていた芸術愛好家で、彼女が運営するオペラ座のバレエ教室の生徒のために、ラヴェル、イベール、オーリック、ミヨー、プーランクなど全部で十人の作曲家が協力した。冒頭に置かれたのがこの〈ファンファーレ〉である。バレエはデュボストに献呈された。初演は一九二九年三月四日、パリ・オペラ座にて。

バレエ《ボレロ》　一九二八作曲／一九二八初演／一九二九出版　＊同名の管弦楽曲二一四～二一五頁参照

イダ・ルビンシテインに献呈されている。初演は彼女の一座によって、一九二八年十一月二十二日、パリ・オペラ座でおこなわれた。指揮、ワルテル・ストララム、美術と衣装、アレクサンドル・ブノワ、振付、ブロニスラヴァ・ニジンスカ。初演のプログラムに掲載されたバレエの梗概は以下のとおり。「スペインの居酒屋で、天井から下がる銅のランプの下でみなが踊っている。観客の歓呼の声にこたえて、踊り子が長いテーブルに飛び乗り、彼女のステップはしだいに活気を帯びていく」（生涯篇一七三頁参照）。

2　管弦楽曲と協奏曲

ラヴェルは「オーケストラの魔術師」として知られるが、もともと管弦楽曲として彼が書いた作品は数少なく、むしろ、最初ピアノ曲として書いたものを、のちに管弦楽編曲したものが多かった。ラヴェルは編曲に際して、原曲のエッセンスを引き出し、そこに秘められていた色彩を明らかにする。彼自身はオーケストレーションに関して、リムスキー＝コルサコフとリヒャルト・シュトラウスの譜面を読んでおおいに悟ったと述べている。楽器間のバランスや音色の微妙な組み合わせ方において、ラヴェルのテクニックは卓越している。

序曲《シェエラザード》　一八九八作曲／一八九九初演／一九七五出版

ラヴェルの最初の管弦楽曲で、千一夜物語に着想を得て一八九五年ごろに着手されたオペラ《シェエラザード》の序曲として構想された。「かなり強くロシア音楽の影響をうけた」とラヴェルが認めているこのオペラは、途中で中断されたが、一八九八年序曲が完成した。一八九九年五月二十七日、パリのヌヴォー＝テアトルでおこなわれた国民音楽協会第二七八回のオーケストラのコンサートで初演された。指揮はラヴェル自身で、彼にとっては初の指揮体験だった。初演は賛否相半ばした（生涯編三八～三九頁参照）。

曲は古典的なソナタ形式で書かれている。序奏部でオーボエが「シェエラザードの主題」を提示し、ホルンとトランペットがうけ継ぐ。主部では三つの主題（ロ短調の第一主題、エピソード主題、嬰ヘ長調のペルシャ風の第二主題）が提示され、展開部を経て、再現部では第一、第二主題の再現が同時に聴かれ、最後は序奏の回帰によってしめくくられる。ラヴェルはこの作品ですでに、冒頭のオーボエ独奏をはじめ、金管楽器や木管楽器の洗練された使い方を見せている。

〈洋上の小舟〉　一九〇六管弦楽編曲／一九〇七初演／一九五〇出版　＊同名のピアノ曲二二五頁参照

原曲はラヴェルが一九〇四年から翌年にかけて作曲したピアノのための組曲《鏡》の第三曲にあたる。ラヴェルは多数の自作ピアノ作品を管弦楽用に編曲したが、これが最初の作品である。

管弦楽版への編曲は一九〇六年秋におこなわれ、一九〇七年二月三日、パリのシャトレ劇場で、ガブリエル・ピエルネ指揮、コロンヌ管弦楽団によって初演された。批評はかんばしいものではなく、ラヴェル自身も不満を感じたためスコアをとり下げてしまったが、ラヴェルの没後、一九五〇年に出版された。現在ではオーケストラのレパートリーに入っている（生涯篇七二～七三頁参照）。

《スペイン狂詩曲》　一九〇七〜八作曲／一九〇八初演／一九〇八出版

《スペイン狂詩曲》は、存命中に出版されなかった序曲《シェエラザード》を除けば、ラヴェル初の大規模な管弦楽作品である。一九〇七年夏から十月にかけて二台ピアノ版の作曲がおこなわれ、一九〇八年二月、オーケストレーションされた。初演は一九〇八年三月十五日、パリのシャトレ劇場でエドゥアール・コロンヌ指揮、コロンヌ管弦楽団によっておこなわれた。ラヴェルのパリ音楽院在籍中のピアノの師、シャルル・ド・ベリオに献呈されている。この作品には、ラヴェル好みの「スペイン」と「踊り」という二大要素が組み込まれ、華やかな色彩を放っている。

第一曲〈夜への前奏曲〉（きわめて中庸を得た速さで）内省的な雰囲気に包まれた曲で、徹底して弱音の効果を追求している。もっとも音の大きな箇所でもメゾ・フォルテを越えない。冒頭の「ファ、ミ、レ、ド♯」と下降するモティーフが持続的になり響き、中心的な役割を果たしている。この音型は第二、第四曲にも姿を見せ、全曲の統一感を高めている。やがて、クラリネットが奏しだす楽想は、第四曲でヴァイオリンによって回想される。弦楽器は全体を通じて弱音器が付けられ、しばしば分割され、透明で、ヴェールのかかったような繊細な色彩を生みだしている。また、弦楽器に指板の上で奏するようにという指示により、非常に柔らかい浮いたような音質が得られている。

第二曲〈マラゲーニャ〉（十分活発に）第一曲から切れ目なしにつづく。スペインの舞曲の一種「マラゲーニャ」が途切れたところで、イングリッシュ・ホルンの独奏が歌い、さらに四度の順次下降モティーフが聞こえる。

第三曲〈ハバネラ〉（十分に遅く、物憂げなリズムで）「ハバネラ」はキューバからスペインに渡り流行した二拍子の舞曲。原曲は一八九五年に作曲された二台ピアノのための《耳で聞く風景》の第一曲。つまり、《スペイン狂詩曲》全体は〈ハバネラ〉にほかの三曲を追加したとも言える。この曲をなぜ《スペイン狂詩曲》に入れたかについては、生涯篇七七～七八頁を参照されたい。

第四曲〈祭り〉（十分に生き生きと）オーケストラの多彩な音色を生かした生命力あふれるフィナーレ。四曲のなかでもっとも規模が大きく狂詩曲全体を華やかにしめくくる。三部形式。主部には五つの主要モティーフがある。クライマックスに達したあと、テンポが急に落ち、中間部に入る。ここでは第二曲と同様に、物憂げなレチタティーヴォがイングリッシュ・ホルンによって奏される。中間部の後半では第一曲で現れた音型が再現され、さらに四度順次下降のモティーフも現れる。その後、主部の祭りの喧騒の部分が戻り、主要モティーフが順番を変えて登場し、さらには四度下降のモティーフも自由に組み合わされ、爆発的なフィナーレへと突き進む。

《亡き王女のためのパヴァーヌ》　一九一〇管弦楽編曲／一九一一初演／一九一〇出版　＊同名のピアノ曲二二〇～二二一頁参照

原曲は一八九九年パリ音楽院在学中に作曲されたピアノ曲。

一九一〇年ラヴェル自身の手によって管弦楽編曲された。管弦楽版の初演は一九一一年二月二十七日、イギリスのマンチェスターで、ヘンリー・ウッド指揮、ジェントルメンズ・コンサートにて。パリでは同年六月九日、ポリニャック大公妃のサロンで開かれたコンサートで、デジレ＝エミール・アンゲルブレシュト指揮により、私的な初演がおこなわれた。演奏会場でのパリ初演は、同年十二月十一日、サル・ガヴォーで開かれたルネ＝バトン指揮、女性教師作曲家組合（ＵＦＰＣ）のコンサートにて。同じ年に、ロンドンや屋外でのコンサートでも演奏されており、初演後すぐに好評を得たことがわかる。また、イギリスのマンチェスターで初演がおこなわれていることも興味深い。

ラヴェルは一九一二年、『ルヴュー・ミュジカルＳＩＭ』誌に三回にわたってコンセール・ラムルーの演奏会批評を寄せた。その初回、二月十五日号に掲載された、一九一二年一月十四日、パリのサル・ガヴォーで開かれたカミーユ・シュヴィヤール指揮、コンセール・ラムルーのコンサートについての批評で、ラヴェルは《亡き王女のためのパヴァーヌ》について次のようにコメントしている。

偶然の皮肉で、私が批評しなければならない最初の曲は自作の《亡き王女のためのパヴァーヌ》だ。だが、この曲について語ることにまったく気づまりは感じない。というのも、ずっと以前の曲なので、作曲家から批評家へそれをゆだねるだけの距離があるからだ。これほど離れると、いまさら良いところがわからない。それどころか、残念なことに、あらがめだつばかりだ。シャブリエの影響がはっきりしすぎているし、形式もかなり貧弱だ。思うに、この不完全で、大胆なところがない作品が成功したのは、すぐれた演奏のおかげなのだ。

ラヴェル自身の辛口の批評にもかかわらず、この作品は、管弦楽編曲版も原曲のピアノ版も彼の代表作のひとつとして、広く愛されている。管弦楽編曲版は小規模なオーケストラのために書かれ、さらに、ラヴェルは響きの柔らかいG管のナチュラル・ホルンを指定していた。全体に薄く透けるようなオーケストレーションがなされ、哀愁を帯びた典雅な雰囲気が、ピアノ版にも増して強められている。冒頭、ホルン独奏によって、パヴァーヌ主題が印象的に提示される。弦楽器は最初から最後まで弱音器が付けられ、ヴェールのかかったような音色を奏で、ピツィカートが、ギターの爪弾きのような効果を出している。ピアノ版との相違で注目すべき箇所は、管弦楽版が、最後の部分でいったんクレッシェンドされた後に、消え入るように終わるのに対して、原曲のピアノ版では、フォルティシモで曲を閉じることである。曲はロンド風の形式をとっている。基本主題のあいだに、二つのエピソード主題がはさまれ、エピソード主題はそれぞれ変化を加えられながら繰り返される。

《マ・メール・ロワ》組曲　一九一一管弦楽編曲／一九一二初演／一九一二出版　＊同名のバレエ曲一九八～二〇〇頁およびピアノ曲二二七～二二八頁参照

原曲は一九〇八～一〇年にかけて作曲された五つの小品からなる同名のピアノ連弾組曲。ラヴェルはこの作品を一九一一年末に管弦楽編曲し、さらに、それをバレエ用に増補・改訂した（バレエ版は一九一二年一月二十八日初演）。初演はイギリス、ロンドンのプロムス音楽祭で一九一二年八月二十七日、ヘンリー・ウッド指揮のオーケストラによる。パリ初演は、第一次世界大戦終戦直前、一九一八年十一月三日、サル・ガヴォーにて、ガブリエル・ピエルネ指揮のコンセール・コロンヌ＝ラムルーにおいて。管弦楽編曲するにあたって、ラヴェルはピアノ版にほぼ忠実に従っている。曲の並び順もピアノ版と同じである。曲の詳細に関しては、バレエ版を参照されたい。

《高雅で感傷的なワルツ》　一九一二管弦楽編曲／一九一三初演？／一九一二出版　＊同名のピアノ曲二二九～二三〇頁参照

原曲は一九一一年に作曲された同名のピアノ曲。一九一二年に管弦楽編曲され、さらにその編曲版にもとづいてバレエ《アデライード、または花言葉》（一九一二）が作られ、初演された。管弦楽版の初演はこれまで、一九一四年二月十五日、サル・デュ・カジノ・ド・パリにて、ピエール・モントゥー指揮パリ管弦楽団によるとされてきたが、一九一三年九月二十五日、ヘンリー・ウッドがロンドンのプロムス音楽祭ですでに演奏している。ただし、これが初演かどうかは不明である。

管弦楽編曲に際して、ラヴェルは多数の木管楽器のための独奏を入れ、さらに、弦楽器のトレモロやハーモニクスの三連符など、特徴的な楽器の用い方をしている。その結果、《高雅で感傷的なワルツ》はピアノ版、オーケストラ版ともそれぞれ効果的な作品となっている。

〈道化師の朝の歌〉　一九一八管弦楽編曲／一九一九初演／一九二三出版　＊同名のピアノ曲二二五頁参照

原曲は、ラヴェルが一九〇四年から翌年にかけて作曲したピアノのための組曲《鏡》の第四曲にあたる。この管弦楽編曲は、ラヴェルがおこなったピアノ曲の管弦楽編曲のなかでも特に成功している作品で、ピアノ曲の段階で、オーケストラの音色を思い浮かべていたのではないかとさえ思われる。

管弦楽編曲は一九一八年におこなわれ、一九一九年五月十七日、パリのシルク・ディヴェールでルネ＝バトン指揮コンセール・パドルーの演奏会で初演された（生涯篇一一九～一二〇頁参照）。

管弦楽編曲は、おおむねピアノの原曲に忠実になされている。主な相違は、原曲では二小節間のグリッサンドが六小節に増え、木管楽器（ピッコロ、フルート、オーボエ、クラリネット）の「トレモロ・ダンタル」（舌で「r」の音を転がすように奏する）とアルペジオが使われていることである。また、打楽器の活発な使用や、弦楽器の精妙な分割、さらに、最後の部分ではトロンボーンのグリッサンドが効果を上げている。

管弦楽組曲《クープランの墓》　一九一九管弦楽編曲／一九二〇初演／一九一九出版　＊同名のバレエ曲二〇二頁およびピアノ曲二三一～二三二頁参照

原曲は、ラヴェルが一九一四年から一七年にかけて作曲したピアノ独奏曲。ラヴェルはそこから四曲を選び、曲順を入れ替えて管弦楽用に編曲した。管弦楽版の初演は、一九二〇年二月二十八日、ルネ＝バトン指揮のコンセール・パドルーの演奏会でおこなわれた。

管弦楽組曲は、〈前奏曲〉〈フォルラーヌ〉〈メヌエット〉〈リゴードン〉の四曲からなる。原曲と異なり、〈メヌエット〉と〈リゴードン〉の順番が入れ替わり、活気のあるハ長調の〈リゴードン〉で曲は華やかにしめくくられる。原曲の、ホ短調の前奏曲から始まり、ホ短調（最後はホ長調）の〈トッカータ〉で終わるという調的な一貫性は失われたものの、管弦楽化によってヴィヴィッドな色彩がほどこされ、新しい魅力が生まれている。

《ラ・ヴァルス》　一九一九～一九二〇作曲／一九二〇初演／一九二一出版　＊同名のバレエ曲二〇三頁参照

バレエ・リュスの主宰者ディアギレフの依頼によって作曲されたもので、「管弦楽のための舞踏詩」という副題をもつ。ラヴェルは、一九〇六年の段階で「大ワルツ」を書こうと計画したことがあり、その後、「ウィーン」と題する交響詩にもとりかかったものの、第一次世界大戦のために中断していた。ディアギレフから話があったのは、ラヴェルが戦争と母との死別によって心身ともに消耗していた時期だったが、ラヴェルはこの依頼に創作意欲をかきたてられ、セヴェンヌ地方に隠遁して作曲に没頭した。

ところが、完成した作品はディアギレフの気に入るものではなく、彼はこの音楽に舞台の上の筋や動きを付けることは不可能だとして拒否したので、この作品は管弦楽曲として初演されることになった。作品は、親しかったミシャ・セルト（旧姓ゴデブスカ）に献呈されている。管弦楽版の初演は一九二〇年十二月十二日、パリのサル・ガヴォーで、カミーユ・シュヴィヤール指揮のラムルー管弦楽団によっておこなわれた（生涯篇一一二、一一四～一一五頁参照）。

この曲のスコアには、次のような説明が付けられている。「うずまく雲の切れ間から、ワルツを踊るカップルの姿がときおりかいまみえる。雲は少しずつ晴れてくる。スコア番号Aのところで、輪を描きながら踊る人々であふれかえる広間が見える。光景はますます明るくなってくる。シャンデリアの光はスコア番号Bのフォルティシモのところで燦然《さんぜん》と輝く。一八五五年ごろの皇帝の宮廷」。

ラヴェルは、この作品を「幻想的で破滅的な回転の印象」と交じりあった「ウィンナ・ワルツへの一種の賛歌」であると説明している。作品は、序奏につづいて七つのワルツが奏され、八つめのワルツでそれらが再現し、展開されて終わる。曲は全体的にみると、大きなクレッシェンドのなかに組み込まれている。このクレッシェンドは頂点の前でいったん中断されるが、もう一度精力的に登りつめた後、突然断ち切られる。

《ツィガーヌ》　一九二四管弦楽伴奏版編曲／一九二四初演／一九二四出版　＊同名の室内楽曲二三九〜二四〇頁参照

この作品は、ヴァイオリンとピアノあるいはリュテアル（民族楽器ツィンバロンに似た音色を出すことができるアタッチメントを付けたピアノ）という編成で一九二四年四月に完成され、同年四月二十六日にロンドンのエオリアン・ホールで、ジェリー・ダラニーのヴァイオリンとアンリ・ジル＝マルシェックスのピアノで初演された。その後、同年十月十五日、パリのサル・ガヴォーでおこなわれた独立音楽協会のコンサートで、サミュエル・ドゥシュキンのヴァイオリンとビヴァリッジ・ウェブスターのリュテアルによるパリ初演がおこなわれた。その間、一九二四年七月に管弦楽伴奏版が作られ、初演はアムステルダムで、同年十月十九日、サミュエル・ドゥシュキンの独奏、ピエール・モントゥー指揮コンセルトヘボウ管弦楽団の演奏でおこなわれた。その後、パリ初演は同年十一月三十日、シャトレ劇場で、ジェリー・ダラニー独奏、ガブリエル・ピエルネ指揮のコロンヌ管弦楽団によっておこなわれた（生涯篇一五三〜一五五頁参照）。

管弦楽伴奏は、薄く透けるようなオーケストレーションがなされ、室内楽的なスタイルで書かれ、独奏者を引き立てる。ゆっくりした前半部分の最後で、ハープに先導されてオーケストラが登場し、より速いアレグロの部分へと移る。そこでは五度をベースにした民俗的で踊りのような主題が奏でられ、それに、さらに雄大な主題が続く。

《ボレロ》　一九二八作曲／一九二九初演／一九二九出版　＊同名のバレエ曲二〇五頁参照

管弦楽曲としての《ボレロ》の初演はこれまで、一九三〇年一月十一日、パリのサル・ガヴォーで、ラヴェル指揮のラムルー管弦楽団によっておこなわれたとされてきたが、これはフランスおよびヨーロッパでの初演である。世界初演はそれに先立ち、一九二九年十一月十四日、アルトゥーロ・トスカニーニ指揮、ニューヨーク・フィルハーモニー管弦楽団によっておこなわれた（生涯篇一七四頁参照）。

この作品は、スペイン舞曲の一種であるボレロのリズムに乗って、スペイン＝アラブ風の主題が徹頭徹尾繰返されるという単純かつ大胆な形式によって書かれている。主題はフルートのソロに始まり、楽器の組み合わせをさまざまに変えながら、しだいに厚みを増していく。

冒頭の四小節において、特徴あるリズム主題が小太鼓によってピアニシモで奏でられ、ヴィオラとチェロのピツィカートが拍子の重点を補強する。このリズム主題は三四〇小節からなる全曲のなかで、一六九回打ち鳴らされつづけ、他の楽器が随時そのリズムに加わる。このリズムから解放されるのは最後の二小節だけである。そして、和声的な土台となる「ハ音―ト音」が三二六小節にわたって聞かれる。第五小節から始まる主題はハ長調で、全音音階的な部分と、より半音階的な部分に分かれる。このＡＢは、それぞれ、リズム主題を前奏（または間奏）としてもち、音色を変えながら合計九回現れる。うち四回はＡＡＢＢの形式、最後はＡＢに縮められたかたちで提示される。この最後のＢの部分で意外にもホ長調へ転調するが、すぐにハ長調に戻り主和音で終わる。つまり、《ボレロ》は一般的な意味での主題の変奏や展開などはいっさいおこなわれず、もっぱら音色の変化と音量の増大に焦点が当てられており、「音色のパッサカリア」と評されるほど楽器法上の変化に富む作品になっている。

なお、二〇一八年に刊行された校訂版（『ラヴェル・エディション第一巻』）では、一九二九年の演奏会版とともに、一九二八年のバレエ版で使われた楽譜も掲載されている。バレエ版には、テンポを示すメトロノーム記号がなく、冒頭のリズム主題のリズムも少し異なっている。また、バレエ版も演奏会版も、小太鼓奏者は第一奏者だけが独奏を担当するのではなく、第二奏者と交互に演奏するようになっている。演奏会版のメトロノーム記号は、現行のデュラン社の四分音符＝七二ではなく、六六を採用している。演奏会版の使用楽器としては、打楽器にトライアングルとカスタネットがオプションで入っているほか、サクソフォンからはソプラニーノ・サクソフォンが抜かれ、ソプラノとテノールだけになっている。

《古風なメヌエット》　一九二九管弦楽編曲／一九三〇初演／一九三〇出版　＊同名のピアノ曲二一九頁参照

原曲のピアノ曲は一八九五年の作だが、管弦楽編曲されたのは一九二九年になってからで、管弦楽版の初演は一九三〇年一月十一日、パリのサル・ガヴォーで、ラヴェルの指揮、ラムルー管弦楽団の演奏によっておこなわれた。同じコンサートで、《ボレロ》の演奏会版のフランスとヨーロッパにおける初演がおこなわれた。

ラヴェルは自作のピアノ曲の管弦楽編曲を数多くおこなったが、これが最後の編曲となった。楽器は、ハープ、イングリッシュ・ホルン、バス・クラリネット、コントラファゴットが含まれ、かなり大きな編成である。

左手のための協奏曲　一九二九〜三〇作曲／一九三二初演／一九三二出版

左手のための協奏曲は、ピアノ協奏曲ト長調と並行して一九二九年から三〇年にかけて作曲され、先に完成した。第一次世界大戦で右腕を失ったオーストリアのピアニスト、パウル・ヴィトゲンシュタインの委嘱による。作品はヴィトゲンシュタインに献呈され、一九三二年一月五日、ウィーンのムジークフェラインン大ホールで、彼のピアノ独奏とローベルト・ヘーガー指揮のウィーン交響楽団によって初演された。パリ初演は一年後、一九三三年一月十七日、サル・プレイエルで、ヴィトゲンシュタインのピアノとラヴェル指揮のオルケストル・サンフォニック・ド・パリによっておこなわれた（生涯篇一八六頁参照）。

左手のための協奏曲は一楽章形式で書かれ、ジャズの語法を含んでいる。左手だけで演奏されるにもかかわらず、両手のための作品よりもテクスチュアが厚いのが特徴で、ラヴェルが片手だけという制約にチャレンジ精神をかきたてられたことがわかる。その分、テクニック的には非常に難しい。全体は中央に行進曲風のアレグロの部分をはさみ、両端がレントという三部分からできている。序奏後にピアノが登場する場面と終曲近くに、堂々としたカデンツァが置かれている。

ピアノ協奏曲ト長調　一九二九～三一作曲／一九三二初演／一九三二出版

ピアノ協奏曲ト長調は一九二九年から一九三一年にかけて作曲され、左手のための協奏曲の後に完成された。この二曲はまったく異なる様式で書かれているが、ラヴェルにとって、同時に二つの協奏曲を作曲することは興味深い経験であった（生涯篇一八一～一八五頁参照）。

ピアノ協奏曲ト長調は名ピアニスト、マルグリット・ロンに献呈され、一九三二年一月十四日、サル・プレイエルで、ロンのピアノと作曲者自身の指揮するラムルー管弦楽団によって初演された。

この作品についてラヴェルは、カルヴォコレッシとのインタビューの中で、「モーツァルトとサン＝サーンスの精神に則って作曲した」と述べており、その言葉からもうかがえるように、古典協奏曲風の三楽章形式を採用し、名人芸的な傾向をもっている。それとともにバスクやスペインの音楽の要素も見られ、ストラヴィンスキーやガーシュウィンの作品を思い起こさせる部分もある。

第一楽章　アレグラメンテ、ト長調、二分の二拍子、ソナタ形式。曲はムチの一打で始まり、ただちに軽快でリズミックな第一主題が奏しだされる。やがて速度を落として旋律的な第二主題が登場するが、これにはスペイン的な要素も含まれている。第二楽章　アダージョ・アッサイ、ホ長調、四分の三拍子、三部形式。独奏ピアノの右手は旋律をたゆたうように歌い、左手は八分の六拍子のリズムパターンを刻みつづける。主部の間に、揺れ動く調性をもつ中間部がはさまれている。第三楽章　プレスト、ト長調、四分の二拍子、自由なロンド形式。いきいきとした動的なフィナーレ。平行和音による主要主題を軸に、ピアノが華やかな技巧を繰り広げる。

3　ピアノ曲（特に記載のない場合は独奏曲）

ラヴェルにとって、もっとも親しみのある楽器はピアノで、彼はピアノを使って作曲していた。イギリスの作曲家、ヴォーン・ウィリアムズがラヴェルに短期間、管弦楽法を師事したとき、小さなホテルにいるのでピアノがないと告げると、ラヴェルはとても驚き「ピアノがなくては、新しい和声を創造することはできないよ」と言ったという（生涯篇八五頁参照）。実際、出版された初のピアノ曲、《古風なメヌエット》（一八九五）にはすでに独自の作風が刻印されており、それ以降、ラヴェルの筆からピアノ曲の傑作が次々と生まれた。しかし、《クープランの墓》を最後に、生涯の後半二十年間、ラヴェルはピアノ独奏曲を書かなかった。彼は残された創作のエネルギーを、より大規模な編成の管弦楽曲、あるいは室内楽曲に振り向けたように見える。

《グロテスクなセレナード》　一八九三頃作曲／一九七五初演／一九七五出版

ラヴェルがパリ音楽院でピアノと和声のクラスに籍を置いていた時期に書かれた最初期の作品の一つである。自筆譜にはたんに「セレナード」と題されている。「グロテスクな」という形容詞が加わった題名は、一九二八年にラヴェルがロラン＝マニュエルに語った「自伝的素描」に登場し、この曲について「シャブリエの影響が顕著」だと述べられている。ここで彼が念頭に置いていたのは、シャブリエの《ブレー・ファンタスク》だったと思われる。

曲は和音連打によるグロテスクな動きで始まる。曲のギターを模倣する部分は、その後の〈道化師の朝の歌〉を先取りしている。また、全体的に漂うアイロニーはのちの〈スカルボ〉を予示している。緩徐部分の抒情的な旋律には「非常にセンチメンタルに」と記されているが、この指示はラヴェルの作品にはきわめて珍しい。

《ラ・パラード》　一八九二〜九八？作曲／初演不明／二〇〇八出版

作曲年代も詳細も不明だが、フランス国立図書館に所蔵されていた楽譜である。オペラ座のバレリーナとして活躍したアントニーヌ・ムニエ（一八七七〜一九七二）の台本によるバレエのために書かれたもので、サロンで上演されたと思われる。台本は残っていない。

愉快な行進曲から始まり、二部分からなる第一場（第二場以降は存在しない）をはさんで、ワルツやマズルカが続き、最初の行進曲に戻って、曲が閉じられる。取り立ててラヴェルらしさが見られる曲ではないが、ラヴェルがサロンで詩の朗読やダンスにあわせて、即興でピアノを弾いていたことを思い起こさせる。

《古風なメヌエット》　一八九五作曲／一八九八初演／一八九八出版　＊編曲については同名の管弦楽曲二一五頁参照

この曲は、最初に出版されたラヴェルのピアノ作品である。一八九五年十一月に作曲され、一八九八年パリのエノック社から出版された。友人のピアニスト、リカルド・ビニェスに献呈されている。初演は一八九八年四月十八日に、ビニェスによってサル・エラールでおこなわれた。

この曲には、一八八一年に出版されたシャブリエの〈華やかなメヌエット〉（《十の絵画的小品》第九曲）の影響が見られる。ラヴェルはシャブリエを非常に高く評価していた。ラヴェルは〈華やかなメヌエット〉を一九一八年に管弦楽編曲することになる。

《古風なメヌエット》においては、導音が半音下げられた自然短音階を使うことや反復進行を数多く使うことによって、擬古的な雰囲気をかもしだしている。一方で、曲の冒頭から現れる不協和音の使い方はいかにもラヴェルらしい。中間部にトリオがはさまれたメヌエットで、伝統的なＡＢＡの形式で書かれている。しかし、再現部のメヌエットは単に繰り返されるのではなく、再現部が始まる直前にメヌエットとトリオの主題が重ね合わされている。この洗練された技法は《クープランの墓》の〈メヌエット〉でも使われている。

《耳で聴く風景》二台ピアノのための　一八九五〜九七作曲／一八九八初演／一九七五出版

《耳で聴く風景》は、ラヴェルが二台ピアノのために作曲した唯一の作品で、二曲から構成されている。一八九八年三月五日、サル・プレイエルで開かれた国民音楽協会の第二六六回演奏会において、リカルド・ビニェスとマルト・ドロンによって初演された（初演についての詳細は生涯篇三三〜三四頁、〈ハバネラ〉の管弦楽化については生涯篇の七七～七八頁を参照)。

1．ハバネラ

一八九五年十一月に作曲された〈ハバネラ〉は、ラヴェルの個性が明確に打ちだされた初の作品として知られる。題辞として添えられた「太陽に愛撫《あいぶ》される薫り高い国で〔阿部良雄訳〕」は、シャルル・ボードレールの詩集『悪の華』の「植民地生れの夫人に」から取られたもので、この曲の官能的な異国趣味を際立たせている。ラヴェルは、スペイン系の舞曲であるハバネラのリズムを好んで作品に使ったが、これは最初期のもので、自身でもこの曲には「私ののちの作品で顕著になるいくつかの要素の萌芽が含まれている」と述べている。執拗に繰返される嬰ハ音がハバネラのリズムを刻むなかで、三連符の入った物憂げなメロディが奏される。《スペイン狂詩曲》の第三曲として転用された管弦楽版は忠実な編曲で、二台ピアノ用の楽譜とはわずかな相違しかないが、ニコルスによれば、ラヴェルはプーランクに「小節数に対してオーケストラが大きすぎた」と語ったという。

2．鐘が鳴る中で

〈鐘が鳴る中で〉は一八九七年に作曲された。鐘の音に包まれた場所を想起させる。オレンシュタインによれば、この曲にはエドガー・アラン・ポーの精神的な影響が見られ、また、ピアノ曲集《鏡》の〈鐘の谷〉の先駆的な存在となっている。

《亡き王女のためのパヴァーヌ》

一八九九作曲／一九〇二初演／一九〇〇出版　*同名の管弦楽曲二〇八～二〇九頁参照

ラヴェルがパリ音楽院作曲科に在籍していた時代の作である。一八九九年はじめに作曲。一九〇〇年にドメ社から《クレマン・マロの墓碑銘》とともに出版された。一九〇二年四月五日、サル・プレイエルで開かれた国民音楽協会の第三〇三回コンサートにおいて、《水の戯れ》とともに、リカルド・ビニェスのピアノ独奏で初演された。

作品は芸術愛好家として有名なポリニャック大公妃に捧げられた。大公妃はラヴェルがこの作品を自分に献呈してくれたことを知って驚き、心を打たれたと語っている。典雅な旋律と斬新な和音が印象的なこの作品は、一九一〇年にラヴェル自身の手によって管弦楽編曲され、以来、ピアノ版ともども広く親しまれている。一九三三年三月二十一日、パリのサル・プレイエルでポリニャック大公妃を讃えるコンサートがアルフレッド・コルトーによって企画されたとき、ラヴェルはみずから指揮台に立ってこの管弦楽版を演奏し、彼女に敬意を表した（ただし、管弦楽編曲版はだれにも献呈されていない）。

パヴァーヌとはスペイン起源の宮廷舞曲で、ラヴェルはこの種の様式化された舞曲を好んで用いた。「亡き王女のための」という題名はいわくありげだが、フランス語の響きにひかれて命名したらしい。ラヴェルはマスタークラスで「題名に必要以上の重要性を与えないように」と警告し、「これは亡くなった王女の葬送の哀歌ではなく、その昔、ベラスケスが描いたような、スペインの宮廷で、王女が踊ったようなパヴァーヌを喚起するものです」と述べた。また、エレーヌ・ジュルダン＝モランジュによれば、ラヴェルの前でこの曲を遅すぎるテンポで演奏した、若いシャルル・ウールモンに対して、ラヴェルは「君、気をつけなさい。これは《王女のための死んだパヴァーヌ》ではないんだよ」と注意したという。

ロンド風の形式で書かれている。典雅な基本主題のあいだに、二つのエピソード主題がはさまれる。エピソード主題は、それぞれ変化を加えられながら繰り返される。

《水の戯れ》 一九〇一作曲／一九〇二初演／一九〇二出版

この作品によって、ラヴェルは大きな飛躍を遂げた。《水の戯れ》は、ラヴェルのピアノ作品における最初の傑作とされている。自筆譜には一九〇一年十一月十一日の日付がある。初演は一九〇二年四月五日、サル・プレイエルで開かれた国民音楽協会の第三〇三回コンサートにおいて、《亡き王女のためのパヴァーヌ》とともに、リカルド・ビニェスのピアノ独奏でおこなわれた。一九〇二年十二月、ドメ社から出版された。曲は「親愛なるわが師ガブリエル・フォーレ」に捧げられている。

楽譜の冒頭には、アンリ・ド・レニエの「水にくすぐられて笑っている河の神……」という題辞が掲げられている。この作品はリストの〈エステ荘の噴水〉に影響を受けながらも、きわめて革新的なピアノ書法で書かれ、水の華麗な動きを斬新な音色で表現している。

ラヴェル自身はこの曲について、「人が私の作品に認めるあらゆるピアノ書法の革新の出発点」だと評価し、「この作品は、水のざわめき、噴水や小さな滝や小川の音楽的な水音の響きからインスピレーションを得ており、ソナタ形式の第一楽章のように二つのモティーフにもとづいて作られているが、古典的な調性のプランには従っていない」と分析している（「自伝的素描」）。

ラヴェルが述べているように、この曲は明確なソナタ形式の構造をもつが、第一主題と第二主題は五度の調関係にはなっていない。冒頭から始まる第一主題は、七の和音あるいは九の和音を基調とした分散和音によるもので、やがて、五音音階で作られた異国的な第二主題が現れる。展開部はこの二つの主題を使って構成されている。再現部に入ると、第一主題を新たに嬰ト の保続音が包み込む。ピアノのほぼ全部の音域が使われており、最後の二ページは三層のテクスチュアで書かれているが、これはガムラン音楽の影響ともいわれる。

ソナチネ　一九〇三〜〇五作曲／一九〇六初演／一九〇五出版

ラヴェルはもともと『ウィークリー・クリティカル・レヴュー』という英仏で出ていた雑誌が企画した国際作曲コンクールに応募する予定で、ソナチネの第一楽章を書きはじめたが、締め切りまえにこの会社が倒産したため、さらに二つの楽章を追加して発表した。古典的で洗練された作品である。

公的な初演は一九〇六年三月三十一日、スコラ・カントルムで開かれた国民音楽協会の第三三七回コンサートで、ガブリエル・グロヴレーズの独奏でおこなわれた。それに先立ち、前年十二月十七日にポリニャック大公妃のサロンでリカルド・ビニェスによって、私的な初演がおこなわれた。また、この年の三月十日にはリヨンで、レオン・ヴァラスのサロンにおいてポール・ド・レスタンの独奏で演奏され、好評を得た。ラヴェルの生涯の友人となったゴデブスキ夫妻、イダ&シーパ・ゴデブスキに献呈されている。

第一楽章　中庸の速さで。緊密に構成されたソナタ形式で書かれている。冒頭、登場する下降四度（嬰ヘ—嬰ハ）は第一主題の一部になっているだけでなく、ほかの二つの楽章でも随所に現れる。下降四度はラヴェル好みの音型で、オペラ《子供と魔法》のなかでも「ママン［お母さん］」という言葉に付けられている。第二主題はより晴れやかで、伴奏は平行五度のバスに十度上の音が加わっているが、これもラヴェルの初期の作品に共通して見られる。

第二楽章　メヌエットの速さで。穏やかなメヌエットの部分に続く短いトリオでは、第一楽章の第一主題から取られた右手のメロディを、左手が音価を延ばして繰り返していく。

第三楽章　いきいきと。はじめから終わりまで同じリズムの速い動きが連続する「常動曲」のような趣をもつ終楽章で、華やかに終わる。

ピアニストとしてのラヴェルは、決して華麗なテクニックを駆使するタイプではなく、手も固かったが、ソナチネは彼にも弾きこなすことができる作品だったので、後年、演奏旅行では決まってこの曲をプログラムに入れていた。

《メヌエット》嬰ハ短調　一九〇四作曲／初演不明／二〇〇八出版

自筆譜はフランス国立図書館所蔵。わずか二三小節の曲だが、ラヴェルならではの七や九の和音も使われている魅力的なメヌエットである。ラヴェルはこの曲を含め、五曲のメヌエットを残した（《古風なメヌエット》、ソナチネの第二楽章、《ハイドンの名によるメヌエット》、《クープランの墓》第五曲）。

《鏡》　一九〇四〜〇五作曲／一九〇六初演／一九〇六出版

《鏡》は五つの小品からなる曲集で、一九〇四年から五年にかけて作曲された。つまり、《ソナチネ》とほぼ同じ時期に作曲されているが、様式とピアノ書法は非常に異なっている。各曲はアパッシュの仲間のメンバーに献呈されている。初演は一九〇六年一月六日、サル・エラールで開かれた国民音楽協会のコンサートでリカルド・ビニェスの演奏でおこなわれた。作曲の経過については生涯篇七一頁を参照されたい。

ラヴェル自身は「自伝的素描」のなかで、この曲集について次のように語っている。「一九〇五年の《鏡》は私の和声法の発展のうえでは非常に顕著な変容を示している作品なので、これまで私の作曲法に慣れていた音楽家たちをまったく驚かせてしまうようなピアノ曲集となった。もっとも早く完成し、私見ではもっとも典型的な曲は、曲集の第二曲〈悲しき鳥〉である」。

五曲はいずれも個性的で、曲同士の関連が薄いようにもみえるが、《鏡》という題によって、ラヴェルは外界の事物あるいはその印象を鏡に映すように描写するという意味をこめたと思われる。このなかでは、スペイン的な性格をもった第四曲がもっとも知られている。

第一曲〈夜蛾《やが》〉「非常に軽く」と記され、夜蛾が飛び回る様子が描かれる。詩人のレオン＝ポール・ファルグの「納屋の夜蛾が飛び立ち、不器用に、ほかの梁《はり》の周りを回る」という詩節から着想を得て作曲されたもので、この詩人に献呈されている。

第二曲〈悲しき鳥〉真夏に暗い森のなかで迷った鳥たちが悲しげに鳴きかわす。曲は二つの「層」からなる。高い音域の鳥たちの声が響く上の層と、その下に広がるうっそうとした息がつまるような森をあらわす下の層である。ピアニストのリカルド・ビニェスに献呈されている。

第三曲〈洋上の小舟〉鍵盤を上下するアルペッジョに乗って旋律線が明解に浮かび出る。画家のポール・ソルドに献呈されている。一九〇六年、管弦楽編曲された（編曲に関しては、生涯篇七二〜七三頁、および作品篇の管弦楽曲二〇六頁参照）。

第四曲〈道化師の朝の歌〉この曲集のなかで、唯一スペイン語のタイトル（アルボラーダ・デル・グラシオーソ）をもっている。ラヴェルにとってスペインは愛着のある国だったが、〈ハバネラ〉を除けば、〈道化師の朝の歌〉がラヴェルの最初のスペイン語による標題である。「アルボラーダ」は、スペインのガリシア地方起源のオーバードの一種。「グラシオーソ」はスペイン喜劇のいたずら者で、カルデロンやロペ・デ・ヴェーガの戯曲に好んで描かれる人物である。曲集中もっとも有名な曲で、ピアニストがしばしば単独で取り上げる。テクニック的にはスタッカート・連打音・グリッサンドが特徴的な難曲である。管弦楽編曲版もしばしば演奏される（管弦楽曲二一一頁参照）。

第五曲〈鐘の谷〉谷間に鐘の音がこだまする情景が描かれている。ラヴェルはロベール・カサドシュに、この曲は正午に鳴る多数のパリの教会の鐘から着想を得たと語ったという。

《夜のガスパール》　一九〇八作曲／一九〇九初演／一九〇九出版

一九〇八年五月から九月中旬にかけて作曲された作品。ラヴェルは、若くして他界したフランスの幻想詩人アロイジウス・ベルトラン（一八〇七～四一）の散文詩集『夜のガスパール』から三篇を選んで作曲している。この詩集は一八三〇年に書かれ、作者の没後一八四二年にはじめて出版された。ラヴェルの少年時代、ベルトランの詩を彼に教えたのは、同い年の友人でスペイン出身の名ピアニスト、リカルド・ビニェスだった。ラヴェルはベルトランのグロテスクで幻想的な詩に深く心を動かされ、その感動がのちの作曲へとつながった。こうして作曲されたラヴェルの《夜のガスパール》には「アロイジウス・ベルトランによるピアノのための三つの詩」という副題が付けられ、各曲の冒頭に詩が全文添えられている。このことは、この音楽が詩を解説するような性格をもっていることを示唆している（生涯篇八六～八八頁参照）。

初演は一九〇九年一月九日、パリのサル・エラールで開かれた国民音楽協会の第三五七回コンサートにおいて、リカルド・ビニェスの演奏でおこなわれた。批評家はこぞってビニェスのすばらしいテクニックを賞賛し、作品は好評を得、同年出版された。

第一曲〈オンディーヌ〉（ゆっくりと）水の精オンディーヌは、男が、自分は人間の女性を愛すると言うと、涙を落とし、それから短い笑い声を上げ、波のなかに消えてしまう。二つの主題をもつ提示部と長い展開部、そして、ごく短い再現部とコーダから構成されている。冒頭、右手に付加短六度をもつ長三和音をかたちづくる音型が流れる（「聞いてください、聞いてください　私です、オンディーヌです、淡い月光に照らされて響くような菱形《ひし》の窓に、雫《しずく》となって軽く触れているのは（引用は岩波文庫、及川茂訳による。以下同様）」）。この音型は曲全体を通して、特別な位置づけをされている。それを背景にして、左手で息の長い第一主題が嬰ハ長調で歌いだされる。やがて第二主題が属調の嬰ト長調で、また左手に現れる。この主題は、第一主題と右手の伴奏も同型で、旋律的にも同じ要素をもっている。展開部を経て、再現部の最後、テンポは非常に遅くなり、「だが、私が、やがては死ぬ運命にある人間の女の方が好きだと答えると、機嫌を損ね、恨みを胸に、幾滴かの涙を流したかと思うと」という詩句が音楽で描写され、コーダに入り「突如甲高《かんだか》い笑い声をあげ青い窓ガラスに白々と流れる水滴となって消え去った」という詩句が両手の華やかなアルペッジョによって描かれる。

第二曲〈絞首台〉(非常に遅く、終わりまでテンポを速めず、また遅くもしないで)自分が耳にするのは夜風の唸《うな》りか、絞首台の死人の吐くため息か……死の鐘が変ロ音で執拗に刻まれるなか、罪人の屍骸《しがい》は沈みゆく夕陽に赤々と照らしだされ、詩の「それは地平線の彼方、町の壁に鳴り響く鐘の音、また夕日が赤く染める首吊り人の残骸」という情景が喚起される。主題は完全五度を重ねた和音の平行でできている。ラヴェルは短い中間部の主題に「少しめだたせて、しかし、表情を付けずに」と記しているが、この指示はこの曲にみなぎる無言の恐怖と緊張感を表現するためのものである。

第三曲〈スカルボ〉(中庸の速さで)真夜中に、眠っている人々の部屋を襲う地獄の妖精スカルボの姿を描いた難曲中の難曲。小人のスカルボは月の光に誘われて人間の部屋に姿を現し、あちらこちらを飛び回り、片足で旋回し、ときおり立ちすくむ。やがてスカルボはどんどん大きくなっていくが、じきに身体は青ざめ、消えうせる。

《マ・メール・ロワ》　一九〇八〜一〇作曲／一九一〇初演／一九一〇出版　＊同名のバレエ曲一九八〜二〇〇頁および管弦楽曲二一〇頁参照

ラヴェルはとても子供好きで、ゴデブスキ夫妻の子供たち、ミミとジャンをかわいがっていた。この作品はラヴェルが姉弟のために作曲した連弾曲で、おとぎ話にもとづく五つの小曲からなる。この姉弟、ミミ&ジャン・ゴデブスキに献呈されている。初演は一九一〇年四月二十日、サル・ガヴォーで開かれた独立音楽協会第一回演奏会において、ジャンヌ・ルルーとジュヌヴィエーヴ・デュロニーのピアノでおこなわれた(生涯篇九〇〜九一頁参照)。

題名の『マ・メール・ロワ』は、日本では『マザー・グース』という英名で知られるシャルル・ペローの童話集で、第一曲と第二曲はここから題材を得ている。一方、第三曲はドーノワ夫人の童話集『緑の蛇』から取られ、第四曲はボーモン夫人が書いた童話を題材としている。

この作品は子供のために書かれたため、ピアノのテクニックは平易で、オクターヴさえ使われていない。書法も簡素であるが、ラヴェルの個性が打ちだされた繊細な傑作である。

第一曲〈眠りの森の美女のパヴァーヌ〉わずか二〇小節の小曲だが、イ短調自然音階(エオリア旋法)を使った簡素で美しい曲で、ABAの形式で書かれている。

第二曲〈おやゆび小僧〉おやゆび小僧は帰り道がわかるようにパンくずをまいておくが、小鳥がついばんでしまい、道に迷う。伴奏部で順次進行する三度が歩き回る様子を、拍子記号のひんぱんな変更がためらいを表し、小鳥の鳴き声が聞こえる。

第三曲〈パゴダの女王レドロネット〉パゴダとは十七、十八世紀の中国の陶製の首振り人形のこと。東洋の女王がお風呂に入ると、首振り人形たちが歌い楽器を演奏する。黒鍵を巧みに使って、東洋風の五音音階によるにぎやかな音楽が鳴り響く。ABA形式で書かれているが、再現部では中間部の主題が重ね合わされる。

第四曲〈美女と野獣の対話〉サティの《ジムノペディ》へのオマージュといわれる曲。これも第三曲と同様にABA形式で、再現部で中間部の主題が重ね合わされるが、これによって美女が野獣の求愛を受け入れることを表現している。

第五曲〈妖精の園〉ゆるやかな三拍子の美しい旋律から始まり、最後はグリッサンドを多用するきらびやかなフィナーレへと進む。

その後、ラヴェルはピアノ原曲をオーケストラ編曲し、さらにバレエ用に増補したヴァージョンを作った。

《ハイドンの名によるメヌエット》　一九〇九作曲／一九一一初演／一九〇九出版

『ルヴュー・ミュジカルＳＩＭ』誌の企画により、ヨーゼフ・ハイドンの没後百年記念のために書かれた作品。ハイドンのつづり「ＨＡＹＤＮ」を音名に読み替えて得られた「シラレレソ」という主題にもとづいて作曲することが条件だった（Ｈはドイツ語でシを表し、他の音は表に掲げたアルファベットに由来している）。ほかにもドビュッシー、デュカ、アーン、ダンディ、ヴィドールが作品を寄せた（生涯篇八八頁参照）。

ラヴェルの作品は主題を巧みに用いて作られた優雅なメヌエットで、主題はそのままのかたちだけでなく、逆行や転回など、さまざまなかたちで曲に織込まれている。一九一一年三月十一日、国民音楽協会のコンサートにおいて、ほかの作曲家の作品とともに、エヌモン・トリヤの演奏で初演された。

《高雅で感傷的なワルツ》　一九一一作曲／一九一一初演／一九一一出版

＊同名の管弦楽曲二二〇頁、バレエ曲《アデライード、または花言葉》二〇〇〜二〇一頁参照

楽譜にはアンリ・ド・レニエの小説『ド・ブレオ氏の出会い』から、「無益なことに従事する、楽しく日々新たな喜び」という引用句が記されている。この作品は、独立音楽協会のコンサートのために作曲された。一九一一年五月九日の初演では、ラヴェル自身は「タイトルそのものが、シューベルトを模倣して一連のワルツ

アルファベット	A	B	C	D	E	F	G	H	I	J	K	L
音名（英）	A	B	C	D	E	F	G	A	B	C	D	E
音名（伊）	ラ	シ	ド	レ	ミ	ファ	ソ	ラ	シ	ド	レ	ミ

M	N	O	P	Q	R	S	T	U	V	W	X	Y	Z
F	G	A	B	C	D	E	F	G	A	B	C	D	E
ファ	ソ	ラ	シ	ド	レ	ミ	ファ	ソ	ラ	シ	ド	レ	ミ

《ハイドンの名によるメヌエット》の換字表

を書くという私の意図を十分に示している……七つ目のワルツが私にはいちばん特徴があるように思われる」と述べている。軽快なリズム、ルバート、バランスのとれたフレーズ、すっきりとした形式が特徴であるが、斬新な和声はラヴェルならではのものである。曲は優雅な八つのワルツを連ねたかたちをとる。七つ目のワルツがもっとも長く、劇的な緊張がもっとも強い。終曲（エピローグ）では、それまでの（五番目以外の）ワルツが回想される。この作品ものちに管弦楽編曲され、さらにバレエ化された。

《前奏曲》　一九一三作曲／一九一三初演／一九一三出版

この小品は、フォーレの依頼により、一九一三年のパリ音楽院ピアノ科女子クラスの卒業試験の初見曲として作曲された。試験は六月二十八日に実施され、三十一人が受験した。なかでも、三年前に《マ・メール・ロワ》を初演したジャンヌ・ルルーは特にきわだった演奏をしたので、ラヴェルはこの作品をルルーに献呈した。

《……風に》　一九一三作曲／一九一三初演／一九一四出版

ラヴェルが友人の作曲家アルフレッド・カゼッラに誘われて作曲した二曲の小品。一九一三年十二月十日、独立音楽協会第二十八回演奏会で、カゼッラによって初演された。
第一曲〈ボロディン風に〉ロシアの作曲家、ボロディンはワルツで回想される。
第二曲〈シャブリエ風に〉シャブリエがグノーのオペラ《ファウスト》のなかでジーベルが歌う「花の歌」をパラフレーズしたらどのようになるかという想定で作曲されている。

《クープランの墓》　一九一四～一七作曲／一九一九初演／一九一八出版　＊同名のバレエ曲二〇二頁および管弦楽曲二一一頁参照

この組曲は、ラヴェル最後の独奏ピアノ曲となった。ラヴェルはこの作品について、フランソワ・クープランへの個人的な賛辞というよりも、十八世紀フランス音楽へのオマージュであると述べている。着手されたのは一九一四年だが、その後しばらく中断され、完成は一九一七年になった。初演は一九一九年四月十一日、サル・ガヴォーで開かれた独立音楽協会第五十一回演奏会において、マルグリット・ロンのピアノ独奏でおこなわれた。組曲中の各曲はいずれも第一次世界大戦で戦死した友人、知人たちの思い出に捧げられており、楽譜の表紙にはラヴェル自身が描いた骨壺の絵が印刷されている（生涯篇一一四～一一五頁参照）。

第一曲〈前奏曲〉フランスのクラヴサン音楽を思い起こさせる無窮動《むきゅうどう》風の音楽。ジャック・シャルロ中尉の思い出に。

第二曲〈フーガ〉清澄《せいちょう》な三声のフーガ。ジャン・クリュッピ少尉の思い出に。

第三曲〈フォルラーヌ〉フォルラーヌは北イタリア起源の舞曲で、フランスの宮廷で好んで用いられた。ラヴェルは作曲にあたって、クープランの室内楽曲《王室のコンセール》第四番のフォルラーヌを編曲して研究し、その要素である付点リズムを活用して、洗練された味わいのある一曲に仕上げている。ガブリエル・ドリュック中尉の思い出に。

第四曲〈リゴードン〉リゴードンは南フランス起源の舞曲。躍動的な主部と、穏やかで牧歌的な中間部が対照的である。ピエール＆パスカル・ゴダンの思い出に。

第五曲〈メヌエット〉優美で典雅なメヌエットである。中間部のミュゼットは素朴な民謡風。ジャン・ドレフュスの思い出に。

第六曲〈トッカータ〉無窮動的でピアニスティックなトッカータで難曲だが、同時に味わい深い楽想も随所に秘められている。ジョゼフ・ド・マルリアーヴ大尉の思い出に。

《口絵》（二台ピアノ、五手のための）　一九一八作曲／初演不明／一九一九、一九七五出版

わずか十五小節の曲。イタリア出身でパリ在住の詩人リッチョット・カニュードの『S・P・五〇三　ヴァルダールの詩』のための口絵として書かれ、最初に『レ・フイエ・ダール』のなかで出版された。第一次世界大戦の経験にもとづく詩集で、S・P・五〇三とはカニュードが第一次世界大戦中に所属した部隊の郵便を指す。ラヴェルの音楽は、ほかの作品とは作風が異なり、三本の独立したメロディラインが重ね合わされていく。ピエール・ブーレーズが一九八七年に管弦楽編曲している。

4　室内楽曲

ラヴェルが残した室内楽曲はそれほど多くはないが、生涯にわたって書きつづけられ、各時期を特徴づけている。ラヴェルの室内楽曲の一般的な特徴としては、形式面ではバランスを重視し、しばしば自由な循環形式を用いていること、旋律面では、主題は全音階的であることが多く、旋法性が顕著であること、そして、第一次世界大戦後に書かれた作品は、より新古典主義的な傾向をみせていることなどが挙げられる。

ピアノとヴァイオリンのためのソナタ　一八九七作曲／一八九七？初演／一九七五出版

単一楽章のソナタで、自筆譜には一八九七年四月の日付がある。ポール・オベルデルフェールのヴァイオリンとラヴェルのピアノで初演されたと思われる（生涯篇二九頁参照）。生誕百周年にあたる一九七五年に、蘇演と出版がおこなわれた。

ラヴェルにとってこの作品は、ソナタ形式を用いた最初の試みであり、また、彼の初の室内楽作品でもあった。単一楽章で古典的なソナタ形式が守られている。フォーレのヴァイオリンソナタ（一八七六）やフランクのヴァイオリンソナタ（一八八六）の影響が見られるが、その反面、ラヴェルならではの抒情性や和声的繊細さも明確に現れている。ラヴェルはこの楽章だけで終わらせず、後続の楽章を書くつもりがあったようだが、実現されなかった。

弦楽四重奏曲　一九〇二～〇三作曲／一九〇四初演／一九〇四出版

ラヴェルが書いた最初の重要な室内楽作品である。楽章構成や表情指定などにドビュッシーの弦楽四重奏曲（一八九三）の影響が見られるものの、明快な形式と書法のなかにはラヴェルのみずみずしい感性と色彩感がふんだんに発揮されている。「親愛なるわが師ガブリエル・フォーレ」に献呈されている。一九〇二年十二月から作曲が始まり、一九〇三年四月に完成した。一九〇四年三月五日、スコラ・カントルムのホールで開かれた国民音楽協会の第三一七回コンサートで、エマン・カルテットによって初演された（生涯篇五九～六〇頁参照）。

曲は四つの楽章からなっている。

第一楽章「アレグロ・モデラート──非常におだやかに」（ヘ長調）。古典的なソナタ形式で書かれている。優雅でメランコリック、旋法的な第一主題と、しなやかな第二主題を軸に進む。透明で洗練された響きが特徴である。第二楽章「十分生き生きと―非常にリズミカルに」(イ短調)。三部形式のスケルツォ楽章。ピッツィカートで始まる主題による主部のあいだに、抒情的なレントのトリオが挿入される。第三楽章「非常に遅く」(変ト長調)。この抒情的でラプソディー的な楽章では、テンポはたびたび変化し、第一楽章との連関が数多く見られ、第一楽章と第三楽章の素材も巧みに織り合わされている。四人の奏者が指板の上で弾いたり、奏者全員が高い音域で弾いたりする箇所もある。第四楽章「生き生きと、激しく」(ヘ長調)。自由に展開されるロンド形式風のフィナーレ楽章。五拍子の精力的な主要主題と、三拍子の優美な部分とが交替する。

《序奏とアレグロ》(弦楽四重奏、フルート、クラリネットの伴奏によるハープのための) 一九〇五作曲/一九〇七初演/一九〇六出版

ピアノとハープの製造で有名な楽器メーカー、エラール社からの依頼で一九〇五年六月に作曲された(生涯篇七〇頁参照)。この作品は、小規模のハープ協奏曲として構想されたもので、ハープの華麗なパッセージに満ちている。エラール社社長のアルベール・ブロンデルに献呈され、一九〇七年二月二十二日、フランス写真協会講堂でおこなわれたセルクル・ミュジカルのコンサートで、ミシュリーヌ・カーンのハープ、シャルル・ドメルグの指揮、フィリップ・ゴーベールのフルート、M・ピシャールのクラリネット、そしてフィルマン・トゥッシュ弦楽四重奏団によって初演された。ちなみに、この初演でフルートを吹いたゴーベールは、一八七九年生まれのタファネル門下の名フルート奏者で、指揮者としても作曲家としても活躍した。彼はわずか一年でパリ音楽院のフルート科の一等賞を得たあと、ルヌヴーのクラスで作曲を学び、一九〇五年の「ラヴェル事件」の際はローマ賞コンクールに参加し、本選では二等第一席を得ていた。指揮者としてのゴーベールは、のちにラヴェルのオペラ

をオペラ座で指揮している。

曲は、ゆっくりした序奏と主部のアレグロの二部分からなる。序奏では三つの主題が登場する。冒頭のフルートとクラリネットによる五度を基調にした主題に、弦楽器による四度を特徴とする主題が続き、少しテンポが速まり、独奏チェロが新たな主題を歌い、アレグロにいたる。アレグロはソナタ形式で書かれ、序奏で登場した三つの主題が用いられる。まず、ハープが第二の主題にもとづいた主題を独奏しはじめ、やがて、ヘミオラ（本来は二分割すべきものを三分割すること）のリズムを活かした第四の主題が登場する。ハープのカデンツァをはさみながら曲は進み、華やかなコーダへと続く。

ピアノ三重奏曲　イ短調　一九一四作曲／一九一五初演／一九一五出版

ラヴェルにとっては、弦楽四重奏曲の後、久々に手がけた室内楽作品であり、成熟した劇的な表現がみられる。曲は四つの楽章からなり、いずれも形式的にみごとな完成度をみせている。

一九一四年六月、ラヴェルは母を連れてサン＝ジャン＝ド＝リュズに避暑にでかけた。そのときに持って行った仕事の一つがこのピアノ三重奏曲だったが、作曲中の八月一日、第一次世界大戦が始まる。友人たちが次々に戦地に赴くなか、ラヴェルは全力を傾けてこの作品を八月末に完成させ、九月はじめに近くのバイヨンヌの軍当局に入隊を志願した（生涯篇一〇四～一〇六頁参照）。

初演は一九一五年一月二十八日、パリのサル・ガヴォーで開かれた独立音楽協会第三十九回演奏会で、ガブリエル・ヴィヨームのヴァイオリン、ルイ・フイヤールのチェロ、アルフレッド・カゼッラのピアノによっておこなわれた。作品は、ラヴェルが対位法やオーケストレーションを師事したアンドレ・ジェダルジュに献呈されている。

第一次世界大戦が始まったのち、志願兵となることを決心したラヴェルは、この作品が「遺作」になるかもしれないと覚悟し、校正刷りの修正や演奏の助けになるよう、譜例入りで、作品についての解説を残した。二〇一八年に出版されたラヴェルの新しい書簡集（巻末の主要参考文献参照）にはその文章が採録されている。ラヴェルは自作品について、細かい解説を書くことはほとんどしなかったので、これは貴重な例である。ここでは、ラヴェル自身の分析をとりいれながら曲を見ていきたい。

第一楽章「中庸に」（八分の八拍子）。自由なソナタ形式による。旋法的な趣をもつ第一主題と抒情的な第二主題にもとづく。ラヴェルは以下のように述べている。「この楽章のリズム、八分の八（八分の五＋八分の三）はおそらく昔のバスクの「ソルツィーコ」のリズムである。それは現在では五拍子で書かれている。第一主題はイ短調で、ピアノによって提示され、次にヴァイオリンとチェロによって提示される。第二主題は通例とは異なり、第一主題と同じイ短調で提示される。展開部は第一主題によって構成され、それに第二主題の短縮形が加わる。弦楽器がしだいにこのかたちに重要性を与え、高まったのち、再現部に入る。再現部では、第二主題はハ長調で和声付けされ、第一主題の遠いこだまがハ長調で曲を締めくくる。」

第二楽章「パントゥム」（十分に活発に、四分の三拍子）。パントゥムとはマレー起源の詩形の名称。数個の交韻四行詩からなり、各詩節の第二句と第四句が次の詩節では第一句と第三句になる。スケルツォ楽章にあたる。ラヴェルは、まず「この楽章の構成は『パントゥム』の詩形に着想を得ている」と明言している。そして、「この楽章を通じて、『冒頭のスタッカートの主題』と『抒情的で旋法的な主題』は対をなして展開されるが、二つの主題はそれぞれ固有の性格とリズムを保持しつづける。

なかほどで、ヘ長調二分の四拍子の『雄大なコラール的主題』がピアノに聞かれる。その間、弦楽器は四分の三拍子で最初の二つの主題のリズムを連続して続ける。次いで弦楽器はコラール的主題演奏し、その間ピアノは最初の二つの主題を――今回はそれらのリズムではなく――続けて聞かせる。

再現部で最初の二つの主題の入れ替わりはしだいに切迫し、最後は二つが同時に提示されて終わる」。以上がこの楽章に関するラヴェルの解説の大意である。

ラヴェルが、この楽章に「パントゥム」と名付けた理由について、これまで、楽曲分析から二つの主題が交互に展開される方法がこの詩形を反映しているとする説もあったが、今回、ラヴェル自身の解説が出版されたことで、そのことが実証された。それはパントゥムの詩形とスケルツォのＡＢＡ形式を組み合わせた、前例のない複雑な形式の融合である。

第三楽章「パッサカイユ」（きわめてゆったりと、四分の三拍子）。八小節のパッサカリア主題がまずピアノの低音部に現れ、それに続く部分では、ラヴェルによれば、伝統的なパッサカリアのように変奏曲が続くのではなく、主題が変形されたり、展開されたりする。

第四楽章「終曲」（生き生きと、四分の五拍子）。バスク地方特有の変拍子にもとづいた、自由なロンド楽章である。弦楽器をバックにピアノがイ長調の第一主題を提示する。主題の後半は四分の七拍子となる。この主題がヴァイオリンで演奏され、後半部分は少し変化する。第二主題は嬰ヘ長調で、弦楽器のトリルを伴奏にして、ピアノが三和音の連続を奏する。コーダで第一、第二主題は劇的に再現され、曲が結ばれる。

ヴァイオリンとチェロのためのソナタ　一九二〇〜二二作曲／一九二二初演／一九二二出版

一九二〇年代以降、ラヴェルの創作活動は後期に入る。ヴァイオリンとチェロのためのソナタは、ラヴェル自身が認めているように、彼の作曲様式の重要な転換点となった作品で、和声の厳格さや線的な動きへの関心の高まりと、多調性の使用が特徴である（作曲経過については生涯篇一二八〜一二九、一三八〜一三九頁を参照）。

この作品はドビュッシーの思い出に捧げられたものだが、哀歌的ではなく、むしろ、ドビュッシーが求め、第一次世界大戦後の世代が引き継いだ、密度の薄いテクスチュアを用いた傑出した例である。コダーイやシェーンベルクの影響も見られるが、全体的な構造は弦楽四重奏曲に通じるものがあり、第一楽章の素材が以降の楽章にも用いられている。一九二二年四月六日、サル・プレイエルで開かれた独立音楽協会のコンサートでモーリス・マレシャルのチェロとエレーヌ・ジュルダン＝モランジュのヴァイオリンにより初演され、マレシャルに献呈された。

第一楽章「アレグロ」。ソナタ形式で書かれており、ヴァイオリンの最初の音型とチェロによる副次主題は以降の楽章でも現れる。第二楽章「非常に生き生きと」。強烈なスケルツォ楽章。ソリスト二人が分担して奏する長・短三和音の連なりから成る冒頭主題は、第一楽章の最初の音型から派生している。第三楽章「ゆっくりと」。ゆったりした冒頭主題と抒情的な副次主題が特徴的である。第四楽章「生き生きと、活気をもって」。この活発なフィナーレには、多数の主題が含まれ、それらは第一楽章の素材と並列され、組み合わされる。

《ガブリエル・フォーレの名による子守歌》（ヴァイオリンとピアノ）一九二二作曲／一九二二初演／一九二二出版

作曲の師フォーレの名にもとづいて書かれた小品。『ルヴュー・ミュジカル』誌のフォーレを讃える特別号（一九二二年十月一日付）に掲載され、ラヴェルの弟子ロラン＝マニュエルの生後間もない息子クロードに献呈された。パリ初演は一九二二年十二月十三日、旧パリ音楽院で開かれた独立音楽協会第八十八回コンサートで、エレーヌ・ジュルダン＝モランジュのヴァイオリンとマドレーヌ・グロヴレーズあるいはレイモン・シャルパンティエ夫人によっておこなわれた（生涯篇一四〇〜一四一頁参照）。それに先立ち、同年十月二十八日、ミラノ初演された。

この簡素な子守歌の冒頭の旋律はガブリエル・フォーレの名前のアルファベットを音名にあてはめることによって作られている。ラヴェルは《ハイドンの名によるメヌエット》を参考にして、フォーレの姓名を音名にあてはめたのである（下表。二二九頁換字表参照）。この旋律はピアノが伴奏するヴァイオリンにも、ヴァイオリンが伴奏するピアノにも現れる。ヴァイオリンは最初から最後まで弱音器を付けたまま演奏する。

《ツィガーヌ》（ヴァイオリンとピアノ、あるいは「リュテアル」のための演奏会用狂詩曲）

一九二四作曲／一九二四初演／一九二四出版

ハンガリーの女流ヴァイオリニスト、ジェリー・ダラニーのために一九二四年に書かれた作品。ツィガーヌとはジプシー（ロマ）という意味で、ダラニーがハンガリー出身の演奏家であることから、構想された曲である。（生涯篇一四八～一四九頁参照）

ヴァイオリンとピアノ、あるいは、「リュテアル」（ハンガリーのツィンバロンやハープシコードに似た音色を出すことのできるアタッチメントを付けたピアノ）のために書かれている。ヴァイオリンと管弦楽のための版も作られている（作品篇の管弦楽曲二一三頁参照）。ジェリー・ダラニーに献呈され、初演は、ダラニーのヴァイオリンとアンリ・ジル＝マルシェックスのピアノで、一九二四年四月二十六日にロンドンのエオリアン・ホールでおこなわれた。翌一九二五年十月十五日、パリのサル・ガヴォーで開かれたコンサートで、ヴァイオリンとリュテアルによる初演が、サミュエル・ドゥシュキンとビヴァリッジ・ウェブスターによっておこなわれた。

ラヴェルは、パガニーニの《二十四のカプリース》を研究してこの作品を書いたといわれ、独奏ヴァイオリンのパートには、急速なハーモニクスやピッツィカート、四音の和音、無窮動での

G	A	B	R	I	E	L		F	A	U	R	E
G	A	B	D	B	E	E		F	A	G	R	E
ソ	ラ	シ	レ	シ	ミ	ミ		ファ	ラ	ソ	レ	ミ

華やかなパッセージなどの技巧的な奏法がふんだんに用いられている。また、ひんぱんかつ微妙に変化するテンポ、リズム型、簡素な和声、増音程をとりいれたいわゆる「ジプシー音階」の使用は、この曲にハンガリーのロマの音楽の趣を与えている。曲は独奏ヴァイオリンの長い序奏から始まり、テンポの遅い部分と早い部分を対照させながら、クライマックスに達する。

ヴァイオリンとピアノのためのソナタ　一九二三〜二七作曲／一九二七初演／一九二七出版

ラヴェルの最後の室内楽作品となったもので、一九二三年から二十七年にかけて四年の歳月をかけて完成され、一九二七年五月三十日、パリのサル・エラールで開かれたコンセール・デュランにおいて、ジョルジュ・エネスコのヴァイオリンとラヴェル自身のピアノで初演された。ラヴェルの親しい友人であったヴァイオリニスト、エレーヌ・ジュルダン＝モランジュに献呈されている。ジュルダン＝モランジュは、リューマチ性の疾患のためこの曲を初演することができなかった（生涯篇一六四〜一六五頁参照）。

書法面では、ヴァイオリンとチェロのためのソナタ同様、各パートの独立性、簡素な音組織、そしていくつかの複調性のパッセージが特徴であり、ジャズの要素も積極的にとりいれられている。第一楽章「アレグレット」。展開部には少なくとも四つの主題が含まれており、旋法的な主題がポリフォニックに扱われている。第二楽章「ブルース」。ブルースの要素をとりいれた楽章。ヴァイオリンとピアノが、バンジョーをかき鳴らす音やサクソフォーンの滑るような音を想起させる。第三楽章「無窮動」。第一、第二楽章のモティーフがちりばめられた、華やかなフィナーレ楽章である。

5 声楽作品（歌曲・合唱曲・カンタータ）

ラヴェルの全作品のなかで、歌曲というジャンルは主要なものとはいえず、初期の習作や民謡編曲を除くと、作品数もそれほど多くはない。しかし、ラヴェルがフランス歌曲史のなかで果たした役割は大きかった。彼にとって、詩の音楽づけは韻律法を尊重し、詩のスタイルに合わせておこなうべきものだった。したがって、《博物誌》のような散文の歌詞には話し言葉の語調を採用するなど、思い切った音楽づけをおこなったため、発表当時、声楽曲はほかのジャンル以上に聴衆を困惑させ、ショックを与えた。ここでは、生前に出版された独唱曲と合唱曲を年代順に見ていこう。

《聖女》（独唱とピアノ）　一八九六作曲／一九〇七初演／一九〇七出版

詞＝ステファヌ・マラルメ。

歌曲のなかで、最初に出版された作品。ラヴェルはほかの初期の歌曲については若書きすぎると判断して出版しなかったが、この作品には愛着をもっていた。マラルメの娘であるジュヌヴィエーヴ・ボニオに献呈されている。初演は一九〇七年五月七日、サル・ベルリオーズにおいて、エリザベート・デレとおそらくラヴェルのピアノによっておこなわれた。

詩の原題は「ケルビムの翼の上で演奏する聖セシリア」である。ゆるやかに動く和音で伴奏される典礼風の声楽の旋律線は、瞑想的な雰囲気をたたえている。和声はサティの《サラバンド》や《ジムノペディ》などからの影響を感じさせる。

《紡ぎ車の歌》（独唱とピアノ）　一八九八作曲／一九七五初演／一九七五出版

ルコント・ド・リール（一八一八〜九四）は高踏派に属する詩人で、歌詞は一八五二年に出版された六つの詩からなる『スコットランドの歌』から取られている。同じ詩集にもとづく歌曲としては、フォーレの《ネル》やドビュッシーの《亜麻色の髪の乙女》がある。

乙女は最初の二節は紡ぎ車への愛を歌うが、最後の節で不吉な雰囲気が現れ、死に近づいた自分の身体にまとう死衣を紡ぐのもこの紡ぐ車だと考える。シューベルトの《糸をつむぐグレートヒェン》と同様に、波のように動く伴奏が曲を通して流れ、紡ぎ車の動きを描写する。最後の節で、ラヴェルはピアノにレクイエムの続唱「ディエス・イレ」を引用している。ラヴェルの作品でグレゴリオ聖歌を使用した唯一の例である。紡ぎ車の動機は、のちにバレエ版《マ・メール・ロワ》の〈紡ぎ車の踊り〉でふたたび登場する。

《何と打ち沈んだ！》（独唱とピアノ）　一八九八作曲／一九七五初演／一九七五出版

ベルギーの象徴派の詩人エミール・ヴェラーレン（一八五五〜一九一六）の詩に音楽を付けたもの。この詩の陰鬱な雰囲気は《暗く果てない眠り》でも見られたものである。

《クレマン・マロの墓碑銘》（独唱とピアノ）　一八九六〜九九作曲／一九〇〇初演／一九〇〇出版

ラヴェルが選んだテクストのなかではとくに古く、ルネサンス時代のもの。作者のクレマン・マロ（一四九六〜一五四四）は、フランソワ一世にも仕えた宮廷詩人だった。二つの曲に出てくるアンヌは、アンヌ・ダランソンという実在の人物で、マロの保護者の姪だった。マロはこのほかにも彼女に寄せた詩を残している。

初演は一九〇〇年一月二十七日、サル・エラールで開かれた国民音楽協会第二八〇回コンサートにおいて、リュシアン・アルディ＝テの独唱とラヴェルのピアノによっておこなわれた。

第一曲〈私に雪を投げたアンヌの〉おだやかな愛の詩を歌う柔軟な旋律線を、擬古的な趣の平行五度や平行八度が支える。冷たいはずの雪を投げつけられたのに、「焼けつくように熱くなった」と歌うところの不意の転調が注目される。第二曲〈スピネットを弾くアンヌの〉伴奏はソフトペダルを使用したピアノ、あるいはクラヴサンで演奏され、スピネットの響きを模している。

《花のマント》（独唱とピアノ）　一九〇三作曲／初演不明／一九〇六出版

ポール・グラヴォレはコメディ・フランセーズの役者で戯曲や詩も書いていた。彼は自分の詩をフランスの作曲家たちに送り、二十二人が彼の詩に曲を付けることに同意した。こうして、『ざわめき』と題された歌曲集が出版された。そのうちの一曲が、ラヴェルの《花のマント》である。ほかに、ドビュッシーの《庭で》やダンディの《ミラージュ》があるが、いずれも詩の凡庸さを超えられなかったとされている。

ラヴェルは管弦楽伴奏版も作ったが、こちらは未出版である。

《シェエラザード》（独唱と管弦楽）　一九〇三作曲／一九〇四初演／一九一四出版――（独唱とピアノ）一九〇三作曲／初演不明／一九〇四出版

ラヴェルが、アパッシュの仲間である詩人のトリスタン・クリングソールの詩にもとづいて、作曲した歌曲集。

異国趣味に満ちた内容にふさわしく、オーケストレーションは変幻自在で、特に管楽器には、幻想的な色彩が強く見られる。若書きの序曲《シェエラザード》から五年を経て、同じ題材を使ったこの歌曲集ではラヴェルの個性が際立っている（生涯篇六〇～六一頁）。

クリングソールの詩は定型詩ではなく自由詩である。作曲にあたって、ラヴェルはクリングソールに何度も朗読してもらった。詩人の了解を得た上で、歌詞が数カ所変更されている。

初演は一九〇四年五月十七日、ヌヴォー・テアトルで開かれた国民音楽協会の第三二一回コンサートで、ジャーヌ・アトーの独唱とアルフレッド・コルトー指揮のオーケストラによっておこなわれた。

第一曲〈アジア〉アジアにたいする夢とあこがれが語られる。詩に歌われたアラビアンナイトの世界に合わせて、音楽はさまざまな情景や雰囲気を描きだす。主人公はアジア、アジアと語りかけ、「私は見てみたい」と東洋への思いを歌う。ペルシャ、インド、中国と夢は駆け巡る。ジャーヌ・アトーに献呈。第二曲〈魔法の笛〉若い奴隷女が、恋人の吹く笛の音を聴きながら恋の歌を歌う。弱音器を付けた弦楽器のトレモロに乗って奏されるフルートの魅惑的な旋律が、声と微妙にからみあう。ド・サン＝マルソー夫人に献呈。第三曲〈つれない人〉ハンサムな異国の若者が、声をかけられても誘いに乗らずに行ってしまうという情景が、朗唱風に歌われる。バルダック夫人（のちにドビュッシーの二度目の妻となったエンマ・バルダック。ドビュッシーとエンマは一九〇四年に深い関係になった）に献呈。

《五つのギリシア民謡》（独唱とピアノ）　一九〇四～〇六作曲／一九〇四～〇六初演／一九〇六出版

ラヴェルの友人、ミシェル＝ディミトリ・カルヴォコレッシによって、ギリシア語からフランス語に翻訳された歌詞を使っている。もともと、一九〇四年二月二十日にフランスの音楽学者ピエール・オーブリーが「抑圧された民（ギリシア人とアルメニア人）の歌」について社会高等学術研究院（ＥＨＥＳ）で講演をする際、カルヴォコレッシにそこで取り上げるギリシア民謡と歌手の選定を依頼した。歌手ルイーズ・トマセはその民謡にピアノ伴奏を望んだので、ラヴェルがその伴奏を作曲した。それらの歌は講演の際、トマセの歌とラヴェルのピアノで初演された。その後、ラヴェルは〈私にくらべられる色男はだれ〉と〈ピスタチオを摘む女の歌〉を残し、ほかの三曲を新たに加えて、《五つのギリシア民謡》として一九〇六年に出版した（生涯篇五九頁参照）。新たに加えられた三曲の初演は、一九〇六年四月二十八日、マルグリット・バーバイアンの歌と、おそらくラヴェルのピアノによって、サン＝タントワーヌ大通り民衆大学におけるカルヴォコレッシの講演の際におこなわれた。

第一曲〈花嫁の歌〉「さあ、起きて起きて、私のかわいい山ウズラ」と花嫁に呼びかける。第二曲〈向こうの教会へ〉高音のピアノで表現される鐘の音から始まり、教会に村人が集まる。第三曲〈私にくらべられる色男はだれ〉ピストルと剣を携えた色男は人妻に惚れている。第四曲〈ピスタチオを摘む女の歌〉ピスタチオを摘む女たちの前にいい男が現れた。第五曲〈何と楽しい！〉美しい脚が踊り、食器も踊る。

《五つのギリシア民謡》には、一と五はラヴェル、二～四はマニュエル・ロザンタールによる管弦楽伴奏版がある。

《おもちゃのクリスマス》（独唱とピアノ）　一九〇五作曲／一九〇六初演／一九一四出版／一九〇六管弦楽編曲、一九一三管弦楽再編曲

ラヴェルが歌詞と音楽の両方を書いたチャーミングな小品。ここで歌われているのはフランスのクリスマスに飾られる人形の世界である。作曲後、すぐに伴奏部は管弦楽編曲された。ピアノ伴奏版の初演は、ジャーヌ・バトリの独唱とラヴェルのピアノで、一九〇六年三月二十四日、サル・フルクロワで開かれたエドゥアール・ベネ

ディクトゥス企画によるコンサートでおこなわれた。管弦楽伴奏版の初演は、ジャーヌ・バトリの独唱とデジレ＝エミール・アンゲルブレシュトの指揮で、同年四月二十六日、サル・エラールで開かれた国民音楽協会第三三九回コンサートでおこなわれた。この作品はその後、再度、管弦楽編曲されたが、それは最初の出版社マトーがデュラン社に版権を譲ることを拒んだためである。ジャン・クリュッピ夫人に献呈された。

《博物誌》（独唱とピアノ）　一九〇六作曲／一九〇七初演／一九〇七出版

ジュール・ルナールの詩集『博物誌』から取られた五つの動物のスケッチに曲を付けたものである。作曲の経過と初演については生涯篇七四頁参照。初演は一九〇七年一月十二日、サル・エラールで開かれた国民音楽協会第三四一回コンサートにおいて、ジャーヌ・バトリの独唱とラヴェル自身のピアノによる。

歌の旋律線は、散文の歌詞の語調を尊重し、旋律的というよりは朗読調へと傾く。一方、ピアノは細やかに背景を描く。初演時の聴衆には受け入れられなかったが、その後、この曲集のフランスの歌曲史上における重要性は十分認められるようになった。

第一曲〈くじゃく〉盛装したくじゃくの花婿は、いつまでも来ない花嫁を待っている。ジャーヌ・バトリ夫人に献呈。第二曲〈こおろぎ〉小心者のこおろぎはせっせと住居を修理する。マドレーヌ・ピカールに献呈。第三曲〈白鳥〉白鳥は優雅に水の上をすべるように動く。だが、実は首を沈めるたびに虫を食べて、がちょうのように太っている、と最後は皮肉に結ばれる。アルフレッド・エドワール夫人（旧姓ゴデブスカ）に献呈。第四曲〈かわせみ〉釣り人の釣り竿にかわせみが止まった。その釣り人の感動が細やかに描かれる。エミール・アンジェルに献呈。第五曲〈ほろほろ鳥〉好戦的で騒々しいほろほろ鳥。ピアノはその鳴き声や鳥の動きを追い、歌い手はその情景を語る。ロジェ＝デュカスに献呈。

《ハバネラ形式のヴォカリーズ・エチュード》(独唱とピアノ)　一九〇七作曲／初演不明／一九〇九出版

一九〇七年三月、パリ音楽院声楽科教授アメデ・エティックの依頼により作曲されたヴォカリーズである。同時代の声楽作品への導入として意図されたもので、ラヴェルのほかに、フォーレ、オネゲル、イベール、ルーセルなど多くの作曲家がエティックの依頼に応えて作曲した。ラヴェルの作品は、ハバネラ(もともとキューバで生まれ、十九世紀に広く流行した舞曲)のリズムに乗せて、声楽の技巧を発揮させるようになっている。のちにヴァイオリンをはじめとした、さまざまな楽器のために編曲され、《ハバネラ形式の小品》という名前で広く演奏されている。

《大風は海から》(独唱とピアノ)　一九〇七作曲／一九〇七初演／一九〇七出版

アンリ・ド・レニエによる詩は、最初に詩集『夢の中の如く』(一八九二)に発表された。一九〇七年六月八日、ルアーブルで、ジョルジュ・ジャン＝オーブリー企画のコンサートにおいて、エレーヌ・リュキアンの歌唱とラヴェルのピアノで初演された。ジャック・デュランに献呈されている。

冬、海から吹いてくる激しい風が街を通り過ぎていく。象徴派アンリ・ド・レニエの詩の情念と激しさは、歌唱だけでなく、重みのあるピアノパートにもよく表現されている。歌唱とピアノがそれぞれ詩句のイメージを追っている。

《草の上で》（独唱とピアノ）　一九〇七作曲／一九〇七初演／一九〇七出版

フォーレやドビュッシーは、ポール・ヴェルレーヌの詩に多くの曲を付けたが、ラヴェルはわずかに二曲だけで、このほかには初期の《暗く果てない眠り》しかない。初演は一九〇七年十月二十八日、スイスのチューリヒで開かれたジョルジュ・ジャン＝オーブリーの講演の際に、エレーヌ・リュキアンの独唱とピアニスト（姓名不詳）によっておこなわれた。

十八世紀の舞曲を想起させる優美な舞曲を伴奏に、酔っぱらいの神父と侯爵が対話する。

《トリパトス》（独唱とピアノ）　一九〇七作曲／一九〇七初演／一九三八出版

《五つのギリシア民謡》の続編で、歌手のマルグリット・バーバイアンに献呈された。初演は一九〇七年四月末、サル・プレイエルでおこなわれたルイ・ラロワの講演の際、バーバイアンの歌とおそらくラヴェルのピアノによっておこなわれた。

《民謡集》（独唱とピアノ）　一九一〇作曲／一九一〇初演／一九一一出版

一九一〇年、ロシアのソプラノ歌手、マリー・オレニーヌ・ダレムに誘われて、ラヴェルは、モスクワの「歌曲の家」主催による民謡の和声付けの国際コンクールに参加し、スペイン、ロシア、フランドル、フランス、スコットランド、イタリア、ヘブライの七部門のうちスペイン、フランス、イタリア、ヘブライの四部門で優勝した。ロシアの部門で優勝したのは、マリーの弟でバラキレフの弟子だったアレクサンドル・オレニーヌ、フランドルとスコットランドの部門で優勝したのはフランスの作曲家アレクサンドル・ジョルジュだった。作品はほかの作曲家の三作とともに、一九一〇年十二月十九日、パリのサル・デ・ザグリキュルトゥールで開かれたコンサートで、マリーとアレクサンドルによって初演された。

〈スペインの歌〉ギターのような伴奏が特徴。〈フランスの歌〉優雅で魅力的。〈イタリアの歌〉片思いのつらさが、カンツォーネ風に朗々と歌われる。〈ヘブライの歌〉父と息子の対話。イディッシュ語、ヘブライ語、アラム語で書かれている。

ラヴェルの曲付けした残りの三部門のうち、フランドルとロシアの歌は不明だが、〈スコットランドの歌〉についてはスケッチにもとづいてアービー・オレンシュタインが再構成し、一九七五年に出版された。

《ステファヌ・マラルメの三つの詩》（独唱とピッコロ、フルート、クラリネット、バス・クラリネット、弦楽四重奏、ピアノ）　一九一三作曲／一九一四初演／一九一四出版──（独唱とピアノ）　一九一三作曲／初演不明／一九一四出版

ラヴェルは一八九六年、二十一歳のときにマラルメの「聖女」に曲付けした経験があったが、一九一三年、独唱と小編成の室内楽という組み合わせで、マラルメの詩に取り組むことになった。そのきっかけは、この年の三月から四月にかけて、ディアギレフの依頼で、ストラヴィンスキーと一緒にスイスのクラランでムソルグスキーの未完オペラの改作をおこなった際、ストラヴィンスキーの《日本の抒情詩》の演奏を聴いたことだった。ストラヴィンスキーはシェーンベルクの《月に憑かれたピエロ》に触発されて《日本の抒情詩》を作曲したのだが、ラヴェルは自分でもこのような楽器編成の歌曲を書きたいと思ったのである（生涯篇九九頁参照）。

ドビュッシーもほぼ同じ時期にマラルメの三つの詩に曲を付けたが、そのうち〈ため息〉と〈壺の腹から一飛びに踊り出た〉は偶然ラヴェルと同じ詩を選んでいることも興味深い。

ラヴェルは「自伝的素描」のなかで、「私は、マラルメの詩を、特に彼特有の非常に多義的な凝った言葉づかいを、音楽に移し変えたかった」と語っている。三曲とも歌唱のパートは器楽パートと独立して動く。

初演は、一九一四年一月十四日、サル・エラールで開かれた独立音楽協会第三十回コンサートで、ジャーヌ・バトリの独唱とデジレ＝エミール・アンゲルブレシュト指揮のアンサンブルによっておこなわれた。

第一曲〈ため息〉「私の魂は君の額に向かう」という詩節で始まる十行詩を、ラヴェルは前半と後半に分け、前半は動的に、後半は静的に描いている。全体はおだやかで、微妙な濃淡が付けられているが、デュナーミクが「ピアノ」よりも大きくなることはない。ストラヴィンスキーに捧げられている。第二曲〈むなしい願い〉ロココの時代。ひそかに思いを寄せる神父が侯爵夫人に願う。マラルメの初期の詩（一八六二）で三回にわたって改訂された。ラヴェルは詩を三部分に分け、それぞれに異なる楽器編成を与えている。フロラン・シュミットに献呈されている。第三曲〈壺の腹から一飛びに踊り出た〉多義的なことばの結晶のような詩で、花のない花瓶を暗示している。ラヴェルは、この詩について「彼のソネットのなかで、いちばん難解なものではないとしても、もっとも変わったものだ」と述べている。曲は冒頭、クラリネットとフルートの優美なアラベスクから始まり、それが最後に回帰する。ラヴェルの曲付けは三曲のなかでもっとも無調的である。曲はサティに捧げられている。

《二つのヘブライの歌》（独唱とピアノ、のちに管弦楽化）　一九一四作曲／一九一四初演／一九一五出版

ラヴェルがおこなった民謡編曲の最後となった作品で、一九一四年に作曲され、同年六月三日、サル・マラコフで開かれた独立音楽協会第三十八回コンサートにおいて、アルヴィーナ・アルヴィとラヴェルのピアノで初演された。その後、彼自身の手で管弦楽化され、第一次世界大戦終了後、一九二〇年四月十七日に、シルク・ディ

ヴェールで開かれたコンセール・パドルーの演奏会で、ルネ＝バトンの指揮とマドレーヌ・グレイの独唱で管弦楽伴奏版が初演された。フランス語のテクストは、逐語訳をラヴェルがアレンジしたものである。

第一曲〈カディッシュ〉頌栄の祈り。ユダヤ典礼のひとつである。第二曲〈永遠の謎〉この世は謎、と歌われる。第一曲とは対照的に民謡風の趣をもつ。

《無伴奏混声合唱のための三つの歌》（無伴奏混声合唱）　一九一四〜一五作曲／一九一七初演／一九一六出版

一九一四年十二月から一九一五年二月にかけて、自作の詩をテクストとして作曲された。第一次世界大戦中に作曲された数少ない作品のひとつ（生涯篇一〇七頁参照）。初演は一九一七年五月八日、サル・デ・ザグリキュルトゥールで開かれた独立音楽協会第四十一回コンサートにおいて、ジャーヌ・バトリ、エミール・アンジェル＝バトリ声楽アンサンブルによっておこなわれた。

この作品は、フランスのルネサンスのシャンソンに想を得て書かれたように思われる。おとぎ話的な題材だが、ピリッとしたユーモアも効いている。第二曲のみが戦争に言及している。

第一曲〈ニコレット〉若い娘が花を摘みに行き、そこで出会ったものは……。トリスタン・クラングソールに献呈。第二曲〈三羽の美しい極楽鳥〉極楽鳥の色はフランス国旗の色。「私の恋人は戦争に行った」というリフレインが入る。ポール・パンルヴェに献呈。第三曲〈ロンド〉速いテンポの民謡風の曲。森へ行かないように注意する年寄りたちに、若者が答える。ポール・クレマンソー夫人に献呈。

《ロンサールここに眠る》（独唱とピアノ）　一九二三〜二四作曲／一九二四初演／一九二四出版——（管弦楽伴奏版　ロザンタールとガルバンの筆記による）　一九三四編曲／一九三五初演／未出版

一九二四年五月一日発行の『ルヴュー・ミュジカル』誌のロンサール生誕四〇〇周年記念号のために作曲されたもので、ルネサンス期の大詩人ピエール・ド・ロンサールの詩にラヴェルは非常にシンプルなオルガヌム風の伴奏をあわせている（生涯篇一四二頁参照）。

初演は一九二四年四月二十六日、ロンドンのエオリアン・ホールにおいて、マルセル・ジェラールの独唱とラヴェルのピアノでおこなわれた。ちなみに同じコンサートで、ジェリー・ダラニーのヴァイオリンとアンリ・ジル＝マルシェックスのピアノで《ツィガーヌ》が初演されている。

一九三四年、管弦楽伴奏版作成にあたっては、ロザンタールとガルバンがラヴェルを助けた。管弦楽伴奏版の初演は一九三五年二月十七日、オペラ＝コミック座でマルシャル・サンゲの独唱とピエロ・コッポラ指揮のパドルー管弦楽団の演奏によりおこなわれた。

《マダガスカル先住民の歌》（独唱、フルート、チェロとピアノ）　一九二五〜二六作曲／一九二六初演／一九二六出版

ラヴェルが、アメリカの著名なメセナ、エリザベス・スプレイグ・クーリッジから委嘱をうけ、一九二五年春から翌年にかけて作曲した歌曲集である。ラヴェルはクレオールの詩人エヴァリスト・ド・パルニーの一七八七年の詩集『マダガスカル先住民の歌』から三つの詩を選んで曲付けしている（生涯篇一六三頁参照）。

初演は一九二六年五月八日、ローマのアメリカン・アカデミーにおいて、ジャーヌ・バトリの独唱、ルイ・フルーリーのフルート、ハンス・キントラーのチェロ、アルフレッド・カゼッラのピアノでおこなわれた。依頼主のクーリッジ夫人に献呈されている。

ラヴェルは「自伝的素描」のなかで、この作品について「《マダガスカル先住民の歌》は劇的で、実のところ官能的な新しい要素を導入していると思うが、それはパルニーの詩の内容によってもたらされたものである。この歌は一種の四重奏をかたちづくっており、声がその中心的な楽器となっている。何よりも重要なのは簡素なことである」と述べている。

第一曲〈ナアンドーヴ〉美しい女ナアンドーヴを愛する若者の気持ちが歌われる。第二曲〈おーい！〉「おーい（アウア）！」という絶叫から始まる冒頭。島の歴史を語りながら、白人どもに気を許すなと歌う。第三曲〈……は快い〉暑いさなか、木の下に横たわり、夕風を待つのは快い……いろいろな快さが語られる。

《夢》（独唱とピアノ）　一九二七作曲／一九二七初演／一九二七出版

アパッシュの仲間であるレオン＝ポール・ファルグの詩による歌曲。一九二七年二月に完成し、同年三月十九日、ヴィユー・コロンビエ座で、ジャーヌ・バトリの独唱とラヴェルのピアノで初演された。ラヴェルは、簡潔な書法で詩の優しい抒情性を強調している（生涯篇一六三～一六四頁参照）。

《ドゥルシネア姫に思いを寄せるドン・キホーテ》（独唱と管弦楽、もしくはピアノ）　一九三二～三三作曲／一九三四初演／一九三四出版

もともと、バス歌手のシャリアピンを主役にした映画『ドン・キホーテ』の劇中歌として作曲が始められたものだったが、締め切りに間に合わなかったため、映画とは別のかたちで発表された（作曲経過については、生涯篇一八七頁参照）。歌詞を書いたポール・モランは、外交官としても活躍した詩人・作家である。この作品は、ラヴェルの最後の歌曲集となったばかりでなく、ラヴェルの全作品の最後のものとなった。ここにはスペインやバスクの舞曲のリズムが使われ、音楽はわかりやすく、ときに民俗的である。オーケストラの自筆譜はラヴェルの手によるものだが、楽譜を書いていた当時すでに彼はかなり状態が悪く、管弦楽編曲にあたっては、リュシアン・ガルバンとマニュエル・ロザンタールの助けを借りた。初演は一九三四年十二月一日、シャトレ座で開かれたポール・パレー指揮のコロンヌ管弦楽団の演奏会で、マルシャル・サンゲの独唱でおこなわれた。

第一曲〈空想的な歌〉ドン・キホーテはドゥルシネア姫に、あなたがお望みなら、地でも星でも動かしてみせましょう、と大ぼらを吹く。第二曲〈叙事詩風の歌〉ドン・キホーテは姫への思いを打ち明ける。五拍子のバスク舞踊、ソルツィーコのリズムにもとづいている。第三曲〈酒の歌〉力強いホタ（スペインのアラゴン地方の舞踊）のリズムに乗った酒飲み歌。

6　その他（他の作曲家の作品の管弦楽編曲のうち主なもの）

オーケストレーションが得意だったラヴェルは、自作だけでなく、他の作曲家の作品の管弦楽編曲もおこなった。特に有名なのがムソルグスキーの《展覧会の絵》であるが、ここでは主なものについて見ていこう。なお、一九二九年、ラヴェルはシャブリエのオペラ《いやいやながら王にされ》を観て、このオペラのオーケストレーションに補筆したいと考え、義理の娘に提案しているが、結局立ち消えになった。

シューマン＝ラヴェル《謝肉祭》　一九一四？管弦楽編曲／一九一四？初演／一九七五出版

バレエ・ダンサーのヴァスラフ・ニジンスキーからの委嘱で、彼の一座によるロンドンのパレスシアターでの公演のために編曲されたものである。原曲はローベルト・シューマンのピアノ組曲《謝肉祭》作品九である。初演は一九一四年三月二十日におこなわれたとされるが、異論もある。作曲の経過と初演については生涯篇一〇〇頁を参照されたい。

ラヴェルは全曲を編曲したようだが、現存しているのは〈前口上〉〈ドイツ風ワルツ〉〈パガニーニ〉そして〈ペリシテ人と戦うダヴィト同盟の行進〉の四曲のみで、一九七五年に出版された。

シャブリエ＝ラヴェル〈華やかなメヌエット〉　一九一九管弦楽編曲／初演（バレエとして）一九一九、初演（演奏会で）一九三六／一九三七出版

ラヴェルにとって、シャブリエは影響を受けた作曲家の一人で、重要な存在だった（初期のピアノ曲《古風なメヌエット》はシャブリエの〈華やかなメヌエット〉の影響を受けている）。一九一九年、ラヴェルはバレエ・リュスを率いるセルゲイ・ディアギレフからの委嘱で、シャブリエの〈華やかなメヌエット〉を管弦楽編曲した。この編曲はバレエ《宮廷の侍女たち》の一部分として使われ、一九一九年七月十八日、ロンドンのアルハンブラ劇場で、エルネスト・アンセルメ指揮、レオニード・マシーン振付のバレエ・リュスによって初演された。その楽譜がディアギレフの没後、一九三六年になって、彼の財産管理人の書類のなかから見つけ出され、同年三月二十一日、オペラ＝コミック座において、アルベール・ヴォルフ指揮のパドルー管弦楽団により、コンサートでの初演がおこなわれた。管弦楽版はラヴェルの編曲によって、原曲の華やかさがさらに際立っている。

ムソルグスキー＝ラヴェル《展覧会の絵》　一九二二管弦楽編曲／一九二二初演／一九二九出版

モデスト・ムソルグスキーのピアノ組曲《展覧会の絵》（一八七四）の管弦楽編曲をラヴェルに依頼したのは、指揮者のセルゲイ・クーセヴィツキーだった。依頼や初演についての詳細は生涯篇一四二〜一四四頁を参照。初演は一九二二年十月十九日、パリ・オペラ座において、セルゲイ・クーセヴィツキーの指揮でおこなわれた。

ラヴェルは管弦楽編曲にあたり、一八八六年にリムスキー＝コルサコフの校訂で出版されたピアノ譜にもとづいて仕事を進めた。この版はリムスキー＝コルサコフがムソルグスキーのオリジナルの楽譜に修正を加えているため、オリジナルとは異なる点もある。また、編曲にあたって、曲中、〈サムエル・ゴールデンベルクとシュムイレ〉と〈リモージュの市場〉のあいだにあった〈プロムナード〉を削除している。

ドビュッシー＝ラヴェル〈サラバンド〉と〈舞曲〉　一九二二管弦楽編曲／一九二三初演／一九二三出版

一九二二年、出版社のジョベールからの委嘱でおこなわれた管弦楽編曲で、原曲は、ピアノ用に作曲されたドビュッシーの〈サラバンド〉（《ピアノのために》の第二曲（一八九四））と、《スティリー風のタランテラ》（一八八八）である。一九二二年十一月と十二月の二カ月で編曲がおこなわれた。初演は一九二三年三月十八日、サル・ガヴォーで開かれたコンセール・ラムルーの演奏会で、ポール・パレーの指揮によりおこなわれた（生涯篇一四六〜一四七頁参照）。

ドビュッシーのピアノ作品の管弦楽編曲は、ラヴェル以前にもアンドレ・カプレがおこなって成功をおさめていた。ラヴェルは、カプレの編曲スタイルから離れようとしたのか、編曲にあたってかなり鮮やかな色彩をほどこしている。

あとがき

近代フランス音楽史を専門にしている関係で、ラヴェルにまつわる文章を数多く書いてきたが、ラヴェル研究の第一人者である、アメリカのアービー・オレンシュタインの『ラヴェル　生涯と作品』を翻訳したことは、特に勉強になった。二〇〇六年に音楽之友社から刊行されたこの本は、初版は一九七五年にさかのぼるが、ラヴェルの評伝の古典である。

その後、新しい評伝がいくつか出版されたが、なかでも、二〇一一年、著名なフランス音楽史研究家であるイギリスのロジャー・ニコルスが、三十四年ぶりに世に出した『ラヴェル』は、最新の研究成果まで取り込んで書かれた大部の評伝で、新しい「定番」といえる。今回の執筆でも折に触れて参照した。

さて、ラヴェルの評伝の翻訳書を出版した後、私はパリ万博と音楽について扱った研究書や、共著でフランス音楽史を概観する本を出版した。このように音楽を社会のなかで大づかみにとらえる経験は、本書の執筆に際して「ラヴェルを歴史のなかに置き直す」というスタンスを取ることにつながった。

また、さまざまな大学でラヴェルについて講義した経験も、本書を書く上で有用だった。受講生の質問や感想のコメントを読んで、調べ直したことも数多い。こうした経験の積み重ねのなかで、しだいに自分なりのラヴェル像ができあがり、本書の大部分を書き終えた。それが、二〇一八年の晩秋だった。

ところが、その時点で、フランスで、ラヴェルの新しい書簡集が出版された。モーリス・ラヴェル友の会会長で、スペイン文学研究者・音楽学者のマニュエル・コルネジョの編集による、一八〇〇頁にも及ぶ大部な書物で、入手可能なほとんどすべての書簡やラヴェルが書いた記事、インタビューその他の資料を含み、非常に詳細な注釈と年表が付いている。それまで、ラヴェルの書簡やインタビュー等、ラヴェルの言説を集めたものとしては、オレンシュタインがまとめた書簡集（一九八九）があったが、コルネホの編集による新書簡集は、その後発見された資料を含めた網羅的な書簡集で、今後のラヴェル研究の基本資料となるものである。本書にはその成果を少しでも反映させたいと考え、各曲の初演データを見直し、追加、修正できる箇所は、その作業をおこなった。たとえば、ピアノ三重奏曲については、この書簡集に新たに収録されたラヴェル自身による分析を参考にして、作品篇の記述を書き直した。

以前、モーリス・ラヴェルが住んでいたパリ郊外のモンフォール＝ラモリの家を訪れたことがある。エラールのピアノに触らせてもらったりもしたが、驚いたのは、小さな玄関ホールに日本の浮世絵がずらりと掛けられ、書斎の壁に蒸気機関車の大きな錦絵が飾られていたこと。これらの日本の版画については、ストラヴィンスキーに宛てた手紙にも登場する（一九一五年一月二日付）。機会があれば、専門家と一緒に、ラヴェルが持っていた日本の浮世絵や錦絵について調査したいとひそかに願っている。

ラヴェルが生まれたのは明治八年、亡くなったのは昭和十二年。ラヴェルにとって、日本は、それほど遠くない国だったように思われる。

本書の執筆にあたっては、いろいろな方にお世話になったが、なかでも、草稿段階から原稿に何度も目を通して、的確な助言をくださった加藤礼子さん、また、本書を辛抱強くご担当くださった音楽之友社の編集者、酒井まりさんに、夢川愛唯奈さんに心から感謝申し上げる。

二〇一九年　初秋

井上さつき

人名索引

［サ行］

ラヴェル年譜

年号	おもな出来事
1832	9月19日　父ピエール＝ジョゼフ・ラヴェル、スイスのヴェルソワで誕生。
1840	3月24日　母マリー・ドルアール、フランス南西部のシブールで誕生。
1857	父、フランスの旅券を取得。
1872	父、技術顧問として、スペインに鉄道工事に赴く。マドリードあるいはアランフェスでマリー・ドルアールと出会う。
1873	4月3日　父、パリ18区、モンマルトル区役所でマリー・ドルアールと結婚。
1875（0歳）	3月3日　ビゼーのオペラ《カルメン》初演（6月3日　ビゼー没）。 3月7日午後10時　ジョゼフ・モーリス・ラヴェル、母の故郷シブールで誕生。 3月13日　洗礼。 6月　母子は父の待つパリに上京（9区マルテュール通り40番地）。
1878（3歳）	6月13日　弟エドゥアール誕生。 第3回パリ万国博覧会開催、画家の叔父エドゥアール・ラヴェルはスイス代表として絵を展示。
1880（5歳）	一家は9区ラヴァル通り29番地に引っ越す（現ヴィクトール＝マッセ通り）。
1882（7歳）	5月31日　アンリ・ギスから最初のピアノのレッスンを受ける。
1886（11歳）	一家は9区ピガール通り73番地の5階（日本の数え方では6階）に転居。
1887（12歳）	シャルル＝ルネから和声のレッスンを受ける。
1888（13歳）	シャレール塾でシャルル・ド・ベリオの助手、サンチャゴ・リエラからピアノのレッスンを受ける。 11月22日　シャレール塾でスペイン出身の少年リカルド・ビニェスと知り合う。
1889（14歳）	エミール・デコンブにピアノを師事、シャレール塾へも通う。 5月6日　第4回パリ万国博覧会開幕。会場でロシア音楽や極東の音楽を聴く。叔父エドゥアールはスイス代表として万博で絵画を展示、銅賞受賞。 6月4日　サル・エラールでモシェレスの第3ピアノ協奏曲の抜粋を演奏。最初の公開演奏。 11月4日　パリ音楽院ピアノ科受験。ショパンの協奏曲の抜粋を演奏し、ウジェーヌ・アンティオームのピアノ予科クラスに入る。
1890（15歳）	7月10日　ピアノ予科2等メダル。
1891（16歳）	7月9日　ピアノ予科1等メダル。 11月9日と12月7日、シャルル・ド・ベリオのピアノ本科クラスおよびエミール・ペサールの和声クラスに入学。

年号	おもな出来事
1893 (18歳)	2月8日　ビニェスとともにシャブリエの《3つのロマンティックなワルツ》を作曲者の前で演奏。 7月　和声科の年度末最終試験（コンクール）を受けるも不合格。ラヴェル、サティと知り合う。 このころ《グロテスクなセレナード》、《愛に死せる女王のバラード》を作曲。
1894 (19歳)	7月10日　和声科の年度末最終試験で不合格となる。 9月13日　シャブリエ、パリで死去（53歳）、ラヴェルはビニェスとともに17日の葬儀に参列。 12月22日　ドビュッシーの《牧神の午後への前奏曲》初演。
1895 (20歳)	7月1日　和声科の年度末最終試験で賞をとれなかったため、ペサールのクラスから除籍。ピアノも賞をとれなかったため、ド・ベリオのクラスから除籍される。 8月6日　《暗く果てない眠り》作曲。 11月　〈ハバネラ〉、《古風なメヌエット》作曲。 この年、徴兵検査で虚弱のため兵役免除となる（兵役免除の証明書発行は1899年2月7日付）。
1896 (21歳)	《コルシカ島の子守歌》の和声づけをして、1月24日と2月10日に演奏。 8月　一家はパリ5区ラグランジュ通り15番地に転居。 10月10日　フォーレ、マスネの後任として、パリ音楽院の作曲科の教授となる。 12月　《聖女》、《スピネットを弾くアンヌの》作曲。 この年に《パラード》作曲？
1897 (22歳)	ジェダルジュに対位法とオーケストレーションを個人的に師事。 4月　ヴァイオリンソナタ作曲。 秋にチュニジアでの音楽教師の職のオファーを受けるが、12月に断る。 12月　〈鐘が鳴る中で〉作曲。 12月22日　ジェダルジュの推薦により、エノック社と《古風なメヌエット》の出版契約。これが最初の出版契約となる。
1898 (23歳)	1月28日　パリ音楽院作曲科のフォーレのクラスに入学許可。 3月5日　《耳で聴く風景》初演、リカルド・ビニェスとマルト・ドロンの演奏（国民音楽協会）。 4月18日　《古風なメヌエット》初演、ビニェス独奏。同曲出版。 6月2日　《紡ぎ車の歌》作曲。 夏の間　ノルマンディーの海岸のグランヴィルのカジノでピアニストとしてアルバイト。 11月　《何とうち沈んだ！》、《シェエラザード》序曲作曲。 1898年から99年にかけての冬　歌手ジャーヌ・バトリと知り合う。
1899 (24歳)	一家はパリ9区ウジェーヌ＝フロマンタン通り7番地に転居。 年のはじめ　《亡き王女のためのパヴァーヌ》作曲。 5月27日　《シェエラザード》序曲の初演でオーケストラを指揮（国民音楽協会）。 7月　フーガの試験で不合格となる。 12月10日　〈私に雪を投げたアンヌの〉完成。
1900 (25歳)	1月　ローマ賞コンクール準備のためカンタータ《カリロエー》作曲。 1月27日　《2つのクレマン・マロの墓碑銘》初演、リュシアン・アルディ＝テと作曲者による（国民音楽協会）。

年号	おもな出来事
	4月15日　第5回パリ万国博覧会開幕。 5月　ローマ賞コンクール予選に参加するが落選。（予選曲）フーガニ長調、合唱曲《舞姫たち》。 7月3日　賞を取れなかったため、フォーレのクラスから除籍。以後、聴講生となる。 7月19日　パリにメトロ開通。 12月9日　ラヴェル、サティをビニェスに紹介する。
1901（26歳）	1月　一家は9区ドゥエ通り40番地の2に転居。パリ音楽院の作曲賞に応募するが、落選（《プレリュードとフーガ》未発見）。 4月　ドビュッシーの《ノクテュルヌ》をラウル・バルダックとともに編曲。 5月4日　2度目のローマ賞参加。予選通過。（予選曲）フーガヘ長調、合唱曲《心安まる光景》。 6月29日　カンタータ《ミルラ》で2等賞第2席。 7月　一家は17区ペレール大通り19番地に転居。 11月11日　《水の戯れ》完成。 ラヴェル、ビニェスをドビュッシーに紹介する。
1902（27歳）	年初から、毎週土曜日にアパッシュの集まりが始まる。 1月　ローマ賞準備のためのカンタータ《セミラミス》作曲。 4月7日　タファネルが《セミラミス》をパリ音楽院で試演。 4月30日　ドビュッシーの歌劇《ペレアスとメリザンド》初演。 5月8日　ローマ賞参加。予選通過（予選曲）フーガ変ロ長調、合唱曲《夜》。 本選に進むも賞はなし。（本選カンタータ）《アルシオーヌ》。 夏の間　サン＝ジャン＝ド＝リュズ滞在。 12月　弦楽四重奏曲　作曲開始（第1、第2楽章）。
1903（28歳）	1月　パリ音楽院の作曲賞に応募するが、落選（弦楽四重奏曲　第1楽章）。 1月10日　《2つのクレマン・マロの墓碑銘》再演（国民音楽協会）。 4月　弦楽四重奏曲完成。 4月21日　ドビュッシーとビニェスがラヴェル、バルダック、ガルバンが編曲した《ノクテュルヌ》を演奏。 5月　ローマ賞参加。予選通過。（予選曲）フーガホ短調、合唱曲《プロヴァンスの朝》。本選に進んだが、賞はとれず。（本選カンタータ）《アリッサ》。 10月　国民音楽協会の執行部のメンバーとなる。 《花のマント》作曲、歌曲集《シェエラザード》作曲、ソナチネ着手。
1904（29歳）	2月20日　〈私に比べられる色男はだれ〉〈ピスタチオを摘む女の歌〉（のちに《5つのギリシア民謡》の一部となる歌曲）初演。 3月5日　弦楽四重奏曲　エマン四重奏団により初演（国民音楽協会）。 4月末　ラヴェル一家はルヴァロワ＝ペレに転居。 5月17日　《シェエラザード》ジャーヌ・アトー、アルフレッド・コルトー指揮により初演（国民音楽協会）。 6月16日　ビニェスの紹介でゴデブスキ一家と知り合う。
1905（30歳）	4月14日　父と弟が特許を取った曲芸自動車「死の旋風」の死亡事故。 5月6日　ローマ賞コンクール参加。年齢制限で最後の年だったが、予選敗退し、「ラヴェル事件」となる。（予選曲）フーガハ長調、合唱曲《夜明け》。 5月　《序奏とアレグロ》作曲。〈洋上の小舟〉完成。 6月2日～7月27日頃　ヨット「エメ号」でクルーズ。フランス、ベルギー、オランダ、ドイツをめぐる。

年号	おもな出来事
	6月13日　フォーレが次のパリ音楽院院長に任命される。 10月15日　ドビュッシー《海》初演。 同年後半《鏡》完成。ソナチネ完成。《おもちゃのクリスマス》完成。
1906 **(31歳)**	1月6日　ビニェス《鏡》を初演（国民音楽協会）。 4月26日　《おもちゃのクリスマス》の管弦楽伴奏版の初演を指揮、独唱はバトリ（国民音楽協会）。 7月1日、2日　パリ音楽院の対位法の試験官を務める。 10月　〈洋上の小舟〉の管弦楽編曲終了。 10月～12月　《博物誌》作曲。《5つのギリシア民謡》完成。 フォーレ、ラヴェルを国民音楽協会の執行部に指名。
1907 **(32歳)**	1月12日　バトリの独唱とラヴェルのピアノにより《博物誌》初演（国民音楽協会）。 2月3日　〈洋上の小舟〉管弦楽編曲版初演（コロンヌ管弦楽団）。 2月22日　《序奏とアレグロ》初演。 3月　《ハバネラ形式のヴォカリーズ＝エチュード》作曲。 4月　《大風は海から》作曲。《スペインの時》着手。 5月22日　ジャン・マルノールが、ラヴェル、リヒャルト・シュトラウス、ロマン・ロランを招いて夕食、続いて《ペレアスとメリザンド》の公演へ。 5月28日　リムスキー＝コルサコフを含むロシアの作曲家を招いたバンケットがエコルシュヴィル宅で催される。 6月6日《草の上で》作曲 6月8日　ル・アーヴルにて《大風は海から》と《聖女》の初演、エレーヌ・リュキアンとラヴェルによる。 7月6日　オペラ＝コミック座支配人カレのために《スペインの時》試演。 10月15日　《スペインの時》のヴォーカル・スコア完成。 夏から10月にかけて　《スペイン狂詩曲》2台ピアノ版作曲。 12月13日　ヴォーン・ウィリアムズ、ラヴェルと初めて会う。
1908 **(33歳)**	1月14日　カレの家で《スペインの時》試演。 2月　《スペイン狂詩曲》管弦楽編曲。 3月15日　《スペイン狂詩曲》初演、コロンヌ管弦楽団。 5月～9月　《夜のガスパール》作曲。〈眠りの森の美女のパヴァーヌ〉作曲。 9月13日　父ピエール＝ジョゼフ没。15日、葬儀。一家は17区カルノー通り4番地に引っ越し。 12月　《スペインの時》のヴォーカル・スコア出版。
1909 **(34歳)**	1月9日　ビニェスの独奏で《夜のガスパール》初演（国民音楽協会）。 1月14日　マルノールの家で独立音楽協会設立。 3月13日　フォーレ、学士院芸術アカデミー会員に選出。 4月末から5月初め　ロンドンでの初の滞在（レイフ・ヴォーン・ウィリアムズ宅）。 6月末から　バレエ《ダフニスとクロエ》の作曲に着手。 8月　《亡き王女のためのパヴァーヌ》の管弦楽編曲。 9月　《ハイドンの名によるメヌエット》完成、《トリパトス》作曲。 10月　《スペインの時》管弦楽編曲。ドビュッシーの《ノクテュルヌ》2台ピアノ用編曲。 〔秋〕《マ・メール・ロワ》作曲。
1910 **(35歳)**	年のはじめ　ドビュッシーの《牧神の午後への前奏曲》をピアノ連弾用に編曲。《民謡集》作曲。

年号	おもな出来事
	4月20日　ジャンヌ・ルルーとジュヌヴィエーヴ・デュロニーのピアノ連弾で《マ・メール・ロワ》初演（独立音楽協会第1回公演）。 5月1日　《ダフニスとクロエ》ピアノ版完成。 12月19日　マリー・オレニーヌ・ダレムの独唱で《民謡集》初演。
1911 (36歳)	1月16日　ラヴェル、サティのピアノ作品を演奏（独立音楽協会）。《マ・メール・ロワ》の楽譜に献辞をつけてサティに贈る。 1月〜2月　ロンドン、ニューカッスル、エジンバラに演奏旅行。 3月11日　エヌモン・トリヤの独奏で《ハイドンの名によるメヌエット》初演（国民音楽協会）。 4月2日　《ダフニスとクロエ》第1組曲初演（コロンヌ管弦楽団）。 4月24日　ラヴェルとルイ・オベール、ドビュッシーの《ノクテュルヌ》2台ピアノ編曲版を初演（独立音楽協会）。 5月9日　ルイ・オベールの独奏で《高雅で感傷的なワルツ》初演（独立音楽協会）。 5月19日　《スペインの時》初演（オペラ＝コミック座）。 6月13日　ストラヴィンスキー《ペトルーシュカ》初演、ラヴェル立ち合う。 9月　《マ・メール・ロワ》管弦楽編曲。 10月21日　サティからロラン＝マニュエルを紹介される。
1912 (37歳)	1月28日　バレエ版《マ・メール・ロワ》初演（テアトル・デ・ザール）。 3月　《高雅で感傷的なワルツ》をバレエ《アデライード》として管弦楽編曲。 4月5日　《ダフニスとクロエ》の管弦楽編曲版完成。 4月20日　《アデライード》初演（シャトレ劇場）。 6月8日　バレエ・リュスによる《ダフニスとクロエ》初演、ピエール・モントゥー指揮。
1913 (38歳)	3月末〜4月中旬　スイスのクラランに母と一緒に滞在。ストラヴィンスキーとムソルグスキーの《ホヴァンシチーナ》の補筆に取り組む。 4月2日　シャンゼリゼ劇場オープン、同劇場で、以下の公演がおこなわれる。4月10日、フォーレ《ペネロープ》初演、4月15日、ドビュッシー《遊戯》初演、22日、《ボリス・ゴドノフ》ロシア語版初演、29日、ストラヴィンスキー《春の祭典》初演。〈ため息〉作曲。 5月　〈むなしい願い〉作曲。 6月5日　バレエ・リュスによる《ホヴァンシチーナ》初演（シャンゼリゼ劇場）。 8月　〈壺の腹から一飛びに踊り出た〉作曲。 12月10日　アルフレッド・カゼッラの独奏で《…風に》初演（独立音楽協会）。 12月13日〜18日　イギリスへの演奏旅行。 この年、ヴェルテ＝ミニョンに《ソナチネ》と《高雅で感傷的なワルツ》録音。
1914 (39歳)	1月14日　バトリの独唱で《ステファヌ・マラルメの3つの詩》初演（独立音楽協会）。 ショパンの《レ・シルフィード》とシューマンの《謝肉祭》を管弦楽編曲。 2月　ロラン＝マニュエル、ラヴェルの伝記を完成。ラヴェル、ピアノ三重奏曲、《ザスピアク・バット》、《沈鐘》、《アッシジの聖フランチェスコ》各曲に着手。 3月2日　《レ・シルフィード》と《謝肉祭》がロンドンでニジンスキーのバレエ団によって初演。 5月　《2つのヘブライの歌》作曲。 6月3日　アルヴィーナ・アルヴィの独唱とラヴェルのピアノで《2つのヘブライの歌》初演（独立音楽協会）。

年号	おもな出来事
	6月7日　バレエ・リュスによる《ダフニスとクロエ》のロンドン公演（ドルリー・レーン劇場、合唱なし）。 6月から11月ごろまで　サン＝ジャン＝ド＝リュズ滞在。 7月ごろ　《クープランの墓》に着手。 8月3日　ドイツ宣戦布告。第1次世界大戦始まる。（～1918） 8月29日　ピアノ三重奏曲完成。 9月　軍隊に志願するも却下され、サン＝ジャン＝ド＝リュズで負傷兵の看護に当たる。 12月　〈3羽の美しい鳥〉作曲。《…風に》と《おもちゃのクリスマス》出版。
1915（40歳）	1月28日　ピアノ三重奏曲初演、カゼッラ、ヴィヨーム、フイヤールによる演奏（独立音楽協会）。 2月　〈ニコレット〉、〈ロンド〉完成。メンデルスゾーンのピアノ作品の校訂開始。 3月10日　軍務に就くことが認められ、3月15日自動車部門に配属。 12月　《2つのヘブライの歌》出版。
1916（41歳）	3月14日　トラック輸送兵としてヴェルダンの近くの前線に出発。 4月18日　エリック・サティ／モーリス・ラヴェル・フェスティヴァル（サル・ユイジャンス）。 9月22日　シャロン＝シュル・マルヌの仮設病院に入院。 9月30日　ヘルニア手術。 10月末　療養のためパリに戻る。 12月17日　国民音楽協会と独立音楽協会の合併話は廃案に。 《無伴奏混成合唱のための3つの歌》出版。
1917（42歳）	1月5日　母マリー没、1月7日葬儀。 2月7日　シャロン＝シュル・マルヌに戻る。一時帰休。21日　パリに戻る。 4月9日　《アデライード》初演（オペラ座）。 6月1日　一時帰休。リヨン＝ラ＝フォレのドレフュス家で療養。 10月11日　《3つの歌》初演。 11月　《クープランの墓》完成。 〔11月〕　メンデルスゾーンのピアノ作品の校訂完成。 〔11月以前〕　ラヴェル兄弟はサン＝クルーのレオニー大通り7番地に転居。
1918（43歳）	3月9日　ピアノ三重奏曲、公演（国民音楽協会）。 3月25日　ドビュッシー没。 6月　《口絵》作曲。 11月3日　管弦楽版《マ・メール・ロワ》初演（コンセール・コロンヌ＝ラムルー）。 11月　右胸の疾患。11月11日手術。 11月　〈道化師の朝の歌〉管弦楽編曲。
1919（44歳）	4月　シャブリエの《華やかなメヌエット》管弦楽編曲。 4月11日　マルグリット・ロンのピアノで《クープランの墓》初演（独立音楽協会）。 5月17日　《道化師の朝の歌》管弦楽版初演、コンセール・パドルー、ルネ＝バトン指揮。 6月　《クープランの墓》から4曲を選び、管弦楽編曲。 7月18日　バレエ・リュス、イギリスで《華やかなメヌエット》管弦楽編曲版を使って公演、アンセルメ指揮。24日《スペインの時》イギリス初演（コヴェントガーデン）。

年号	おもな出来事
	8月　叔母が亡くなり、ジュネーヴで1週間過ごす。 12月から翌年4月15日まで　ラプラスで過ごす。《2つのヘブライの歌》の管弦楽編曲。《ラ・ヴァルス》に着手。
1920 (45歳)	1月15日　官報にレジョン・ドヌール勲章授与発表、ラヴェル辞退。 1月16日、「六人組」についてアンリ・コレが最初の論考を発表。 2月　《ラ・ヴァルス》ピアノ独奏版と2台ピアノ版完成。 2月28日　《クープランの墓》管弦楽版初演、コンセール・パドルーにて、ルネ・バトン指揮。 4月12日　《ラ・ヴァルス》管弦楽版完成。 4月17日《2つのヘブライの歌》管弦楽伴奏版初演、コンセール・パドルーにて、マドレーヌ・グレイ独唱、ルネ＝バトン指揮。 〔4月〕ヴァイオリンとチェロのためのソナタに着手。 〔5月？〕《ラ・ヴァルス》をディアギレフに聞かせる。 8月　《子供と魔法》着手。 10月16日　カゼッラとともに、ウィーン到着。 11月8日　《クープランの墓》バレエ版がバレエ・スエドワにより初演、アンゲルブレシュト指揮。 12月1日　ヴァイオリンとチェロのためのソナタ（二重奏曲）の第1楽章が『ルヴュー・ミュジカル』誌に掲載。 12月12日　《ラ・ヴァルス》管弦楽版初演、ラムルー管弦楽団、シュヴィヤール指揮。ラヴェル、プロコフィエフと会う。
1921 (46歳)	1月24日　ヴァイオリンとチェロのためのソナタ（二重奏曲）の第1楽章初演（独立音楽協会）。 2月　同曲の残りの楽章に着手。 4月16日　モンフォール・ラモリの「ル・ベルヴェデール」荘を20,000フランで購入。 5月　入居完了。《ラ・ヴァルス》の管弦楽スコア出版。 5月11日　軍隊から永久除隊。 6月15日　シャンゼリゼ劇場で100回目の《クープランの墓》バレエ版を指揮。 6月20日　フォーキンとフォーキナ主演、ゴーベール指揮によりバレエ《ダフニスとクロエ》オペラ座初演。 12月5日　ファニー・エルディのコンセプション役、ゴーベール指揮による《スペインの時》オペラ座での初演。
1922 (47歳)	1月12日　シェーンベルクの《月に憑かれたピエロ》のパリでの全曲初演に立ち会う。 3月20日　ヴァイオリンとチェロのためのソナタ完成。4月6日　ジュルダン＝モランジュとマレシャルにより同曲初演（独立音楽協会）。 5月1日　ムソルグスキー《展覧会の絵》の〈キエフの大門〉管弦楽編曲。 6月30日　エオリアンレコードの録音。7月　ロンドンでコンサート。《ツィガーヌ》の着想を得る。《パヴァーヌ》と〈悲しい鳥〉録音。 9月　《フォーレの名による子守歌》作曲、リヨン＝ラ＝フォレで《展覧会の絵》管弦楽編曲完成。 10月1日付『ルヴュー・ミュジカル』誌、フォーレ特集号を発行。ラヴェルの《子守歌》や、フォーレの歌曲についてのラヴェルの論考などを含む。 10月19日　クーセヴィツキーの指揮で《展覧会の絵》管弦楽編曲初演（オペラ座）。 10月下旬　ミラノに滞在。ヴェネツィアやストレーザ経由で帰国。ドビュッシーの〈サラバンド〉管弦楽編曲。

年号	おもな出来事
	12月　ドビュッシーの〈舞曲〉管弦楽編曲。 12月13日　《フォーレの名による子守歌》パリ初演（ミラノ初演は10月28日）。
1923 (48歳)	1月末、ISCM フランス支部総会に参加。 2月23日　バスク地方へ演奏旅行に出発、 3月18日　〈サラバンド〉〈舞曲〉管弦楽編曲初演。ラムルー管弦楽団、パレ指揮。 〔3月〕ヴァイオリンとピアノのためのソナタに着手。 4月2日　イタリア演奏旅行に出発。4月6日　ローマ、4月12日　ロンドン。24日頃までロンドン滞在。その後、ブリュッセルへ。4月26日　ラヴェル・フェスティヴァル。 6月1日　ルーセルの《パードマヴァーティ》初演、《スペインの時》と組み合わせて上演される。 6月21日　ストラヴィンスキー《結婚》の公演に行く。 10月　アムステルダム、ハーグ、ハーレムで指揮、その後ロンドンで演奏。 11月12日　モンフォールに帰宅。 11月16日　ロッテルダムでの指揮のために出発。 冬《ロンサールここに眠る》着手、〈ヘブライの歌〉管弦楽編曲。 この年からレヴロー夫人を家政婦として雇用。
1924 (49歳)	1月《ロンサールここに眠る》、〈ヘブライの歌〉管弦楽編曲完成。 4月21日　ロンドン着。 4月26日　ラヴェル・フェスティヴァル。《ロンサール、わが魂に》、《ツィガーヌ》初演。《序奏とアレグロ》を指揮して録音。 4月28日　マドリッドへ出発（初のスペイン旅行）。バルセロナを経て、パリを通ってブリュッセルへ。 7月《ツィガーヌ》管弦楽編曲。《子供と魔法》、モンテカルロ公演に向けて作曲再開。 10月15日　ドュシュキンとウェブスターによる《ツィガーヌ》初演（独立音楽協会）。 10月30日《ツィガーヌ》管弦楽伴奏版初演。独奏ダラニー、指揮ピエルネ。 11月4日　フォーレ没。ラヴェルは11月8日の国葬に参列（マドレーヌ教会）。 暮れ、あるいはそのすぐあとに《子供と魔法》をモンテカルロ歌劇場に送る。
1925 (50歳)	3月16日《子供と魔法》モンテカルロでのリハーサル開始。3月21日初演。 4月『ルヴュー・ミュジカル』ラヴェル特集号刊行。
1926 (51歳)	1月末～2月末　ベルギー、ドイツ、スカンジナビア、英国にルイーズ・アルヴァー（声楽）とジャン＝オーブリー（講演）とともに演奏旅行。 2月1日《子供と魔法》パリ初演（オペラ＝コミック座）。 2月23日—25日　ジーノ・フランチェスカッティ（ヴァイオリン）とともにイギリスへの演奏旅行。 4月《マダガスカル先住民の歌》完成（5月8日　ローマで初演。6月13日パリ初演）。 5月　ル・ベルヴェデールに電話設置。 5月4日　マニュエル・ロザンタールが弟子となる。 夏　ヴァイオリンとピアノのためのソナタ作曲。 10月2日　アントワープにて《ラ・ヴァルス》初の舞台上演。 10月15日　独立音楽協会でラヴェル・フェスティヴァル。 11月12日　スイスでの演奏旅行に向けて出発。ローザンヌ、ベルン、リヨン、ジュネーヴでコンサート。12月初め　モンフォールに戻る。

年号	おもな出来事
1927 (52歳)	1月18日　アメリカ演奏旅行に向けての計画。 2月　《夢》作曲。2月27日　ピアノ三重奏曲の演奏のためにエジンバラへ。 3月19日　バトリの独唱とラヴェルのピアノで《夢》初演。 5月　ヴァイオリンとピアノのためのソナタ完成。《ジャンヌの扇》のための〈ファンファーレ〉作曲。 5月30日　エネスコとラヴェルによって、ヴァイオリンとピアノのためのソナタ初演。 8月1日〜9月26日　サン＝ジャン＝ド＝リュズで過ごす。 10月1日　アムステルダム。2日、コンセルトヘボウでのコンサート。 10月14日　ロンドンで録音。 10月18日　新しいサル・プレイエルがオープン。ラヴェル、オープニング・コンサートで《ラ・ヴァルス》指揮。 12月28日　ル・アーヴルからアメリカに向けて出航。
1928 (53歳)	1月4日　ニューヨーク到着。アメリカ・カナダ演奏旅行開始。 4月21日　ニューヨーク出航。4月27日　ル・アーヴル着。 6月8日　ラヴェル・フェスティヴァル（独立音楽協会）ラヴェル参加 6月10日　ル・ベルヴェデールで友人たちが集まって大パーティー開催。 7月〜10月　《ボレロ》作曲。10月15日、同曲完成。ロンドンへ。 10月23日　オックスフォードで音楽名誉博士号受領。 11月6日　スペインでの演奏旅行にマドレーヌ・グレイとクロード・レヴィとともに出発。18日間で9都市。ポルトガルでの演奏会はほとんどキャンセル。 11月29日　イダ・ルビンシテイン・バレエ団による《ボレロ》のオペラ座での3回目で最終公演に立ち合う（11月22日に初演）。
1929 (54歳)	2月9日　《スペインの時》ミラノ、スカラ座初演。続いて、オーストリアとスイスでも上演。ウィーンとジュネーヴに赴く。 3月7日　パリ音楽院の教育高等評議会に入る（メサジェの後任）。〔3月〜4月〕英国、スイス、オーストリアでのコンサート。2曲のピアノ協奏曲に着手。《古風なメヌエット》管弦楽編曲。 5月23日　イタ・ルビンシテインによるバレエ《ラ・ヴァルス》パリ初演（オペラ座）。 8月19日　ディアギレフ没。 9月11日　ビアリッツでラヴェル・フェスティヴァル。 10月24日　ニューヨークで世界大恐慌始まる。 11月14日　ニューヨークで演奏会版《ボレロ》トスカニーニ指揮のニューヨーク・フィルハーモニー管弦楽団。
1930 (55歳)	1月11日　《ボレロ》演奏会版パリ初演、《古風なメヌエット》管弦楽編曲版初演（ラヴェル指揮、ラムルー管弦楽団）。 1月13日　コッポラ、ラヴェルの前で《ボレロ》録音、1月14（?）日、ラヴェル、同曲を録音。 5月4日　トスカニーニ指揮、ニューヨーク・フィルハーモニー管弦楽団によるオペラ座での《ボレロ》演奏をめぐって、ラヴェルとトスカニーニが口論する。 8月24日　シブールで「モーリス・ラヴェル河岸」お披露目。 8月30日頃　モンフォールに戻り、左手のための協奏曲を完成。9月24日、同曲オーケストレーション完成。 12月　レリッツがルヴァロワのラヴェルの住居を装飾。
1931 (56歳)	2月24日　ストラヴィンスキー《詩篇交響曲》パリ初演、ラヴェル立ち合う。 3月　ブリュッセルのラヴェル・コンサートでレスピーギと会う。

年号	おもな出来事
	6月25日　イダ・ルビンシテイン・バレエ団による《ラ・ヴァルス》公演。 7月7～8日　ロンドンで同じ公演。ラヴェルは《ラ・ヴァルス》と《ボレロ》を指揮。 11月　医師から安静を命じられる。左手のための協奏曲出版。 11月11日　ピアノ協奏曲ト長調の楽譜がマルグリット・ロンに送られる。
1932 **(57歳)**	1月5日　左手のための協奏曲、ヴィトゲンシュタインによりウィーンで初演。 1月14日　コンセール・ラムルーで、ピアノ協奏曲ト長調がロンの独奏とラヴェル指揮で初演。 1月～5月　ロンとラヴェルはピアノ協奏曲ト長調を携えて演奏旅行。 5月　バスク地方で休暇。《モルジアーヌ》スケッチ。《ドゥルシネア姫に思いを寄せるドン・キホーテ》着手。 8月28日　サン＝セバスティアンでのラヴェル・フェスティヴァル。 10月8日　タクシー事故。
1933 **(58歳)**	1月17日　左手のための協奏曲、パリ初演。ヴィトゲンシュタイン独奏、ラヴェル指揮、オルケストル・サンフォニック・ド・パリ。 1月30日　ヒトラー内閣成立。 4月6日　《ドゥルシネア姫に思いを寄せるドン・キホーテ》完成。 夏　健康状態が悪化。 11月《ボレロ》とト長調のピアノ協奏曲を指揮。最後の公開演奏。
1934 **(59歳)**	2月6日　スイスのモン・ペルランのクリニックに出発。《ドゥルシネア姫に思いを寄せるドン・キホーテ》の管弦楽伴奏版への編曲。 4月末　パリ西郊リュエーユ＝マルメゾンのクリニックに転院。 12月1日　マルシャル・サンゲの独唱とポール・パレー指揮コロンヌ管弦楽団によって、《ドゥルシネア姫に思いを寄せるドン・キホーテ》初演。
1935 **(60歳)**	2月17日　マルシャル・サンゲの独唱、ポール・パレー指揮パドルー管弦楽団の演奏で《ロンサールここに眠る》管弦楽伴奏版初演。 2月～3月　レリッツとともにスペイン・北アフリカ旅行。 5月20日　デュカの葬儀に参列。 8月　サン＝ジャン＝ド＝リュズに最後の滞在。レリッツとスペインに2度目の旅行。
1936 **(61歳)**	健康状態さらに悪化。 2月　サルペトリエールのアラジュアニーヌ医師の診察を受ける。 3月21日　アルベール・ヴォルフ指揮パドルー管弦楽団により、シャブリエ＝ラヴェル《華やかなメヌエット》管弦楽編曲版の演奏会初演。 4月～5月　ローザンヌのパンション・モン＝ポールで療養。
1937 **(62歳)**	3月　左手のための協奏曲の公演に向けて、ピアニストのジャック・フェブリエを指導。 5月25日　第6回パリ万国博覧会開幕。 11月　最後のコンサートにでかける（アンゲルブレシュト指揮のオルケストル・ナショナルによる《ダフニスとクロエ》）。 ティエリー・ド・マルテル医師の診察を受ける。医師は手術を拒否。 12月17日　クローヴィス・ヴァンサン医師による開頭手術。ラヴェルは一時意識を回復するが、19日に昏睡状態になり、28日午前3時30分死去。30日、ルヴァロワ＝ペレの墓地で葬儀。
1960	4月5日　弟エドゥアール死去。

作品一覧

■ラヴェルの完成した作品，および編曲（作曲順）

曲　名	編成・ジャンル	作曲	初演	献呈	出版	備考
●愛に死せる女王のバラード　*Ballade de la Reine morte d' aimer*	独唱とピアノ	1893頃	1975		1975	詞＝ロラン・ド・マレス
●グロテスクなセレナード　*Sérénade grotesque*	ピアノ	1893	1975		1975	
●暗く果てない眠り　*Un grand sommeil noir*	独唱とピアノ	1895			1953	詞＝ヴェルレーヌ
●古風なメヌエット　*Menuet antique*	ピアノ	1895	1898	リカルド・ビニェス	1898	
――編曲	管弦楽	1929	1930		1930	
●空は屋根の向こう　*Le ciel est, par-dessus le toit*	独唱とピアノ	1894-95			未出版	詞＝ヴェルレーヌ
●コルシカの歌　*Chansons corses*	合唱とアンサンブル	1895	1896		未出版	
●耳で聴く風景　*Sites auriculaires* 1）ハバネラ　Habanera 2）鐘が鳴る中で　Entre cloches ――編曲　〈ハバネラ〉は《スペイン狂詩曲》の第3楽章〔本文生涯篇参照〕	2台ピアノ	1895-97	1898		1975	
●ラ・パラード　*La Parade*	ピアノ	1892-98?			2008	
●聖女　*Sainte*	独唱とピアノ	1896	1907	エドモン・ボニオ夫人（旧姓マラルメ）	1907	詞＝マラルメ
●ピアノとヴァイオリンのためのソナタ　*Sonate pour piano et violon*	ピアノとヴァイオリン	1897	1897?		1975	
●紡ぎ車の歌　*Chanson du rouet*	独唱とピアノ	1898	1975		1975	詞＝ルコント・ド・リール

曲名	編成・ジャンル	作曲	初演	献呈	出版	備考
●何と打ち沈んだ！ *Si morne!*	独唱とピアノ	1898	1975		1975	詞＝エミール・ヴェラーレン
●《シェエラザード》序曲 Ouverture de *Shéhérazade*	管弦楽	1898	1899		1975	
●クレマン・マロの墓碑銘 *Epigrammes de Clément Marot*	独唱とピアノ	1896-99	1900	リュシアン・アルディ＝テ	1900	
A）私に雪を投げたアンヌの D'Anne qui me jecta de la neige						
B）スピネットを弾くアンヌの D'Anne jouant de l'espinette						
●亡き王女のためのパヴァーヌ *Pavane pour une Infante défunte*	ピアノ	1899	1902	エドモン・ド・ポリニャック大公妃	1900	
――編曲	管弦楽	1910	1911		1910	
●ローマ賞提出作品―1900		1900			未出版	
1）フーガ ニ長調						
2）合唱曲《舞姫たち *Les Bayadères*》〜ソプラノ独唱・混声合唱と管弦楽のための						
●ローマ賞提出作品―1901		1901				
1）フーガ ヘ長調					1）未出版	
2）合唱曲《心安まる光景 *Spectacle rassurant*》〜ソプラノ独唱・混声合唱と管弦楽のための					2）〃	2）詞＝ヴィクトル・ユゴー
3）《ミルラ *Myrrha*》〜3人の独唱者と管弦楽のためのカンタータ			3）1901		3）1995	3）詞＝フェルナン・ベッシエ

曲　名	編成・ジャンル	作曲	初演	献呈	出版	備考
●水の戯れ　*Jeux d'eau*	ピアノ	1901	1902	親愛なるわが師ガブリエル・フォーレへ	1902	
●ローマ賞提出作品―1902		1902				
1）フーガ変ロ長調					1）未出版	
2）合唱曲《夜　*La Nuit*》～ソプラノ独唱・混声合唱と管弦楽のための					2）〃	
3）《アルシオーヌ　*Alcyone*》～3人の独唱者と管弦楽のためのカンタータ			3）1902		3）1975	3）詞＝ウジェーヌ&エドゥアール・アドニス
●弦楽四重奏曲　Quatuor	弦楽四重奏	1902-03	1904	親愛なるわが師ガブリエル・フォーレへ	1904	
1）Allegro moderato-très doux　非常におだやかに						
2）Assez vif - très rythmé　十分生き生きと―非常にリズミカルに						
3）Très lent　非常に遅く						
4）Vif et agité　生き生きと，激しく						
●ローマ賞提出作品―1903		1903				
1）フーガ ホ短調					1）未出版	
2）合唱曲《プロヴァンスの朝 *Matinée de Provence*》～ソプラノ独唱・混声合唱と管弦楽のための					2）〃	
3）《アリッサ　*Alyssa*》～3人の独唱者と管弦楽のためのカンタータ			3）1903		3）1990	3）詞＝マルグリット・コワフィエ
●花のマント　*Manteau de fleurs*	独唱とピアノ	1903	不明		1906	詞＝ポール・グラヴォレ

曲名	編成・ジャンル	作曲	初演	献呈	出版	備考
——編曲	独唱と管弦楽				未出版	
●シェエラザード *Shéhérazade*		1903				詞＝トリスタン・クリングソール
	独唱と管弦楽		1904		1914	
	独唱とピアノ				1904	
1) アジア Asie				ジャーヌ（あるいはジャンヌ）・アトー		
2) 魔法の笛 La flûte enchantée				ルネ・ド・サン＝マルソー夫人		
3) つれない人 L'indifférent				シジスモン・バルダック夫人		
●ソナチネ Sonatine	ピアノ	1903-05	1906	イダ＆シーパ・ゴデブスキ	1905	
1) Modéré 中庸の速さで						
2) Mouvement de menuet メヌエットの速さで						
3) Animé いきいきと						
●メヌエット 嬰ハ短調 *Menuet*	ピアノ	1904			2008	
●鏡 *Miroirs*	ピアノ	1904-05	1906		1906	
1) 夜蛾 Noctuelles				レオン＝ポール・ファルグ		
2) 悲しき鳥 Oiseaux tristes				リカルド・ビニェス		
3) 洋上の小舟 Une barque sur l'océan				ポール・ソルド		
4) 道化師の朝の歌 Alborada del gracioso				ミシェル＝ディミトリ・カルヴォコレッシ		

曲　名	編成・ジャンル	作曲	初演	献呈	出版	備考
5）鐘の谷　La vallée des cloches				モーリス・ドラージュ		
――編曲〈洋上の小舟〉	管弦楽	1906	1907		1950	
――編曲〈道化師の朝の歌〉	管弦楽	1918	1919		1923	
●5つのギリシア民謡　*Cinq mélodies populaires grecques*	独唱とピアノ	1904-06			1906	編曲→管弦楽伴奏版による1と5, 2, 3, 4はマニュエル・ロザンタール編曲
1）花嫁の歌　Chanson de la mariée			1）1906			
2）向こうの教会へ　Là-bas, vers l'église			2）1906			
3）私にくらべられる色男はだれ　Quel galant m'est comparable			3）1904			
4）ピスタチオを摘む女の歌　Chanson des cueilleuses de lentisques			4）1904			
5）何と楽しい！　Tout gai!			5）1906			
●ローマ賞提出作品―1905		1905			未出版	
1）フーガ ハ長調						
2）合唱曲《夜明け　*L'Aurore*》～テノール独唱・混声合唱と管弦楽のための						
●おもちゃのクリスマス　*Noël des jouets*	独唱とピアノ	1905	1906	ジャン・クリュッピ夫人	1914	詞＝モーリス・ラヴェル
	独唱と管弦楽	1906				再管弦楽編曲版1913
●序奏とアレグロ　*Introduction et Allegro*（弦楽四重奏, フルート, クラリネットを伴うハープのための）	弦楽四重奏, フルート, クラリネット, ハープ	1905	1907	アルベール・ブロンデル	1906	
――編曲	2台ピアノ、連弾				1906	

曲　名	編成・ジャンル	作曲	初演	献呈	出版	備考
●博物誌　*Histoires naturelles*	独唱とピアノ	1906	1907		1907	詞＝ジュール・ルナール
1）くじゃく　Le paon				ジャーヌ・バトリ		
2）こおろぎ　Le grillon				マドレーヌ・ピカール		
3）白鳥　Le cygne				アルフレッド・エドワール夫人（旧姓ゴデブスカ）		
4）かわせみ　Le martin-pêcheur				エミール・アンジェル		
5）ほろほろ鳥　La pintade				ロジェ＝デュカス		
●ハバネラ形式のヴォカリーズ・エチュード *Vocalise-Etude en forme de Habanera*	独唱とピアノ	1907		ジャック・デュラン	1909	
●大風は海から　*Les grands vents venus d'outremer*	独唱とピアノ	1907	1907	ジャック・デュラン	1907	詞＝アンリ・ド・レニエ
●草の上で　*Sur l'herbe*	独唱とピアノ	1907	1907		1907	詞＝ポール・ヴェルレーヌ
●トリパトス　*Tripatos*	独唱とピアノ	1907	1907	マルグリット・バーバイアン	1938, 1975	
●スペイン狂詩曲　*Rapsodie espagnole*	管弦楽	1907-08	1908	親愛なるわが師シャルル・ド・ベリオに	1908	
1）夜への前奏曲　Prélude à la nuit						
2）マラゲーニャ　Malagueña						

曲　名	編成・ジャンル	作曲	初演	献呈	出版	備考
3）ハバネラ　Habanera						
4）祭り　Feria						
――編曲	ピアノ連弾				1908	先に書かれた版
●スペインの時　*L'heure espagnole*	歌劇	1907-09	オペラ＝コミック座, 1911.5.19	ジャン・クリュッピ夫人, 敬意にみちた友情をこめて	1908（ピアノ伴奏版） 1911（管弦楽伴奏版）	台本＝フラン＝ノアン
●夜のガスパール　*Gaspard de la nuit*（アロイジウス・ベルトランによるピアノのための3つの詩）	ピアノ	1908	1909		1909	
1）オンディーヌ　Ondine				ハロルド・バウアー		
2）絞首台　Le gibet				ジャン・マルノール		
3）スカルボ　Scarbo				ルドルフ・ガンツ		
●マ・メール・ロワ　*Ma mère l'Oye*	ピアノ連弾	1908-10	1910	ミミ＆ジャン・ゴデブスキ	1910	
1）眠りの森の美女のパヴァーヌ　Pavane de la Belle au bois dormant						
2）おやゆび小僧　Petit Pouce						
3）パゴダの女王レドロネット　Laideronnette, impératrice des pagodes						
4）美女と野獣の対話　Les entretiens de la Belle et de la Bête						
5）妖精の園　Le jardin féerique						

曲　名	編成・ジャンル	作曲	初演	献呈	出版	備考
――編曲	管弦楽	1911	1912	ミミ＆ジャン・ゴデブスキ	1912	
――編曲	バレエ	1911	テアトル・デ・ザール，パリ，1912.1.28	ジャック・ルーシェ，友情に感謝して	1912	モーリス・ラヴェルによる梗概
前奏曲						
第1場〈紡ぎ車の踊りと情景〉						
第2場〈眠りの森の美女のパヴァーヌ〉						
第3場〈美女と野獣の対話〉						
第4場〈おやゆび小僧〉						
第5場〈パゴダの女王レドロネット〉						
フィナーレ〈妖精の園〉						
●ハイドンの名によるメヌエット *Menuet sur le nom d'Haydn*	ピアノ	1909	1911		1909	
●民謡集 *Chants populaires*	独唱とピアノ	1910	1910		1911	
1）スペインの歌　Chanson espagnole						
2）フランスの歌　Chanson française						
3）イタリアの歌　Chanson italienne						
4）ヘブライの歌　Chanson hébraïque（Mejerke mein Suhn）						
5）スコットランドの歌　Chanson écossaise			1975（再構成版）		1975	スケッチから再構成
――編曲〈ヘブライの歌〉	管弦楽伴奏	1923-24				

曲　名	編成・ジャンル	作曲	初演	献呈	出版	備考
●高雅で感傷的なワルツ　*Valses nobles et sentimentales*	ピアノ	1911	1911.5.9	ルイ・オベール	1911	
――編曲	管弦楽	1912	1913?		1912	
――編曲（バレエ《アデライード，または花言葉》のための版）	バレエ	1912	シャトレ劇場，1912.4.20		1912	モーリス・ラヴェルによる梗概
●ダフニスとクロエ　*Daphnis et Chloé*	バレエ	1909-12	第２組曲：1913? バレエ全曲：シャトレ劇場，1912.6.8		1910（ピアノ独奏） 1912（管弦楽）	ミハイル・フォーキンによる梗概，ロンゴスの田園詩にもとづく
――2つの管弦楽組曲が管弦楽版の総譜から編まれた：						
1）〈夜想曲〉〈間奏曲〉〈戦いの踊り〉	管弦楽	1911				
2）〈夜明け〉〈無言劇〉〈全員の踊り〉	管弦楽	1913				
――編曲 〈ダフニスの優しく軽やかな踊り〉〈夜想曲，前奏曲と戦いの踊り〉〈ダフニスとクロエの情景〉	ピアノ		1912			
●ステファヌ・マラルメの3つの詩　*Trois poèmes de Stéphane Mallarmé*	独唱とピアノ 独唱とピッコロ，フルート，クラリネット，バス・クラリネット，弦楽四重奏，ピアノ	1913 1913	 1914		1914 1914	
1）ため息　Soupir				イゴール・ストラヴィンスキー		
2）むなしい願い　Placet futile				フロラン・シュミット		

曲　名	編成・ジャンル	作曲	初演	献呈	出版	備考
3）壺の腹から一飛びに踊り出た　Surgi de la croupe et du bond				エリック・サティ		
●前奏曲　*Prélude*	ピアノ	1913	1913	ジャンヌ・ルルー	1913	
●……風に　*A la manière de …*	ピアノ	1913	1913	イダ＆シーパ・ゴデブスキ	1914	
1）ボロディン風に　A la manière de Borodine						
2）シャブリエ風に　A la manière de Chabrier						
●2つのヘブライの歌　*Deux mélodies hébraïques*	独唱とピアノ	1914	1914	アルヴィーナ・アルヴィ	1915	
1）カディッシュ　Kaddisch						
2）永遠の謎　L'énigme éternelle						
――編曲	管弦楽伴奏版	1919	1920		1920	
●ピアノ三重奏曲　Trio	ピアノ, ヴァイオリン, チェロ	1914	1915	アンドレ・ジェダルジュ	1915	
1）Modéré　中庸に						
2）Pantoum　パントゥム						
3）Passacaille　パッサカイユ						
4）Final　終曲						
●無伴奏混声合唱のための3つの歌　*Trois chansons pour chœur mixte sans accompagnement*	無伴奏混声合唱	1914-15	1917		1916	詞＝モーリス・ラヴェル
1）ニコレット　Nicolette				トリスタン・クリングソール		

曲　　名	編成・ジャンル	作曲	初演	献呈	出版	備考
2）3羽の美しい極楽鳥　Trois beaux oisaeux du Paradis				ポール・パンルヴェ		
3）ロンド　Ronde				ポール・クレマンソー夫人		
――編曲	独唱とピアノ	1914-15			1916	
●クープランの墓　*Le Tombeau de Couperin*	ピアノ	1914-17	1919		1918	
1）前奏曲　Prélude				ジャック・シャルロ中尉の思い出に		
2）フーガ　Fugue				ジャン・クリュッピ少尉の思い出に		
3）フォルラーヌ　Forlane				ガブリエル・ドリュック中尉の思い出に		
4）リゴードン　Rigaudon				ピエール & パスカル・ゴダンの思い出に		
5）メヌエット　Menuet				ジャン・ドレフュスの思い出に		
6）トッカータ　Toccata				ジョゼフ・ド・マルリアーヴ大尉の思い出に		
――編曲	管弦楽	1919	1920		1919	
1）前奏曲						
2）フォルラーヌ						

曲　名	編成・ジャンル	作曲	初演	献呈	出版	備考
3）メヌエット						
4）リゴードン						
——編曲 〈フォルラーヌ〉〈メヌエット〉〈リゴードン〉	バレエ		シャンゼリゼ劇場, 1920.11.8			
●口絵　*Frontispice*	2台ピアノ・5手	1918			1919, 1975	
●ラ・ヴァルス　*La valse* （管弦楽のための舞踊詩）	管弦楽	1919-20	1920（管弦楽）バレエ：フラマン王立歌劇場, アントワープ, 1926.10.2	ミシャ・セルト（旧姓ゴデブスカ）	1921	
——編曲	ピアノ独奏			ミシャ・セルト（旧姓ゴデブスカ）	1920	先に書かれた版
——編曲	2台ピアノ		1920	ミシャ・セルト（旧姓ゴデブスカ）	1920	先に書かれた版
●ヴァイオリンとチェロのためのソナタ　Sonate pour violon et violoncelle	ヴァイオリンとチェロ	1920-22	1922	クロード・ドビュッシーの思い出に	1922（第1楽章のみ1920）	
1）Allegro　アレグロ						
2）Très vif　非常に生き生きと						
3）Lent　ゆっくりと						
4）Vif, avec entrain　生き生きと, 活気をもって						

曲　名	編成・ジャンル	作曲	初演	献呈	出版	備考
●ガブリエル・フォーレの名による子守歌 *Berceuse sur le nom de Gabriel Fauré*	ヴァイオリンとピアノ	1922	1922	クロード・ロラン＝マニュエル	1922	
●ロンサールここに眠る　*Ronsard à son âme*	独唱とピアノ	1923-24	1924	マルセル・ジェラール	1924	詞＝ロンサール
――編曲	管弦楽伴奏版	1934	1935		未出版	マニュエル・ロザンタールとリュシアン・ガルバンに口述
●ツィガーヌ：演奏会用ラプソディ　*Tzigane*	ヴァイオリンとピアノ，またはヴァイオリンとリュテアルを伴うピアノ	1924	1924	ジェリー・ダラニー	1924	
――編曲	ヴァイオリンと管弦楽	1924	1924		1924	
●子供と魔法：2部からなるファンテジー・リリック　*L'Enfant et les sortilèges*	歌劇	1920-25	モナコ，モンテカルロ歌劇場，1925.3.21		1925（ピアノ伴奏版） 1925（管弦楽伴奏版）	台本＝コレット
●マダガスカル先住民の歌　*Chansons madécasses* 1）ナアンドーヴ　Nahandove 2）おーい！　Aoua! 3）……は快い　Il est doux …	独唱，フルート，チェロとピアノ	1925-26	1926	エリザベス・S・クーリッジ，敬意を込めて	1926	詞＝エヴァリスト・ド・パルニー

曲　名	編成・ジャンル	作曲	初演	献呈	出版	備考
——編曲	ピアノ伴奏版	1926			1926	
●夢　*Rêves*	独唱とピアノ	1927	1927		1927	詞＝レオン＝ポール・ファルグ
●ヴァイオリンとピアノのためのソナタ　Sonate pour violon et piano 1）Allegretto　アレグレット 2）Blues　ブルース 3）Perpetuum mobile　ペルペトゥウム・モビレ（無窮動）	ヴァイオリンとピアノ	1923-27	1927	エレーヌ・ジュルダン＝モランジュ	1927	
●ファンファーレ～1幕のバレエ《ジャンヌの扇》のための　Fanfare	管弦楽	1927	パリ・オペラ座, 1929.3.4	バレエは, ジャンヌ・デュボストに献呈	1929	
——編曲	ピアノ連弾				1929	
●ボレロ　*Boléro*	管弦楽のためのバレエ曲	1928	パリ・オペラ座, 1928.11.22 演奏会での初演：1929	イダ・ルビンシテイン	1929	
——編曲	ピアノ連弾	1929			1929	
——編曲	2台ピアノ				1929	
●左手のための協奏曲　Concerto pour la main gauche	ピアノと管弦楽	1929-30	1932	パウル・ヴィトゲンシュタイン	1931	
——編曲（オーケストラ・パートのピアノ版）	ピアノ	1930			1937	
●ピアノ協奏曲ト長調　Concerto pour piano et orchestra 1）Allegramente　アレグラメンテ 2）Adagio assai　アダージョ・アッサイ	ピアノと管弦楽	1929-31	1932	マルグリット・ロン	1932	

曲　名	編成・ジャンル	作曲	初演	献呈	出版	備考
3）Presto　プレスト						
●ドゥルシネア姫に思いを寄せるドン・キホーテ	独唱とピアノ	1932-33	1934		1934	詞＝ポール・モラン
Don Quichotte à Dulcinée	独唱と管弦楽				1934	
1）空想的な歌　Chanson romanesque				ロベール・クジヌー		
2）叙事詩風の歌　Chanson épique				マルシャル・サンゲ		
3）酒の歌　Chanson à boire				ロジェ・ブルダン		

■他の作曲家の作品の編曲と校訂

I．他の作曲家の作品の編曲

曲　名	編成・ジャンル	編曲	初演	出版	備考
●ディーリアス《マルゴ・ラ・ルージュ》 *Margot la Rouge*（1幕の歌劇）	独唱とピアノのための総譜	1902			台本＝ローゼンヴァル
●ドビュッシー《ノクテュルヌ》 *Nocturnes* 1）雲　Nuages 2）祭　Fêtes 3）シレーヌ　Sirènes	2台ピアノ	1909	1911	1909	
●ドビュッシー《牧神の午後への前奏曲》 *Prélude à l'après-midi d'un faune*	ピアノ連弾	1910		1910	
●リムスキー＝コルサコフ《アンタール》*Antar*　の断片	管弦楽	1910	1910	未出版	劇の付随音楽のための再管弦楽編曲
●ムソルグスキー《ホヴァンシチーナ》 *Khovanshchina*　の断片	歌劇	1913	1913	未出版	バレエ・リュスのためにストラヴィンスキーと共同して再管弦楽編曲
●シューマン《謝肉祭》 *Carnaval*	管弦楽	1914	1914?（本文生涯篇参照）	1975（残存する4曲）	残存する4曲：〈前口上〉〈ドイツ風ワルツ〉〈パガニーニ〉〈ペリシテ人と戦うダヴィト同盟の行進〉
●ショパン《レ・シルフィード》 *Les Sylphides*	管弦楽	1914	1975	未出版	1ページのみ残存
●シャブリエ〈華やかなメヌエット〉 *Menuet pompeux*	管弦楽	1919	1919（バレエとして） 1936（演奏会で）	1937	
●ムソルグスキー《展覧会の絵》 *Tableaux d'une exposition*	管弦楽	1922	1922	1929	
●ドビュッシー〈サラバンド〉と〈舞曲〉 *Sarabande et Danse*	管弦楽	1922	1923	1923	

II．校訂

●メンデルスゾーン：ピアノ独奏曲, ピアノ協奏曲全集　全9巻　　パリ, 1915-18

■未完の主要作品

曲　名	作曲
●オランピア　*Olympia*（E.T.A. ホフマンの『砂男』に基づくオペラ）	1898
●交響曲	1905
●沈鐘　*La cloche engloutie*（ゲルハルト・ハウプトマンの小説, アンドレ＝フェルナン・エロルドによる台本によるオペラ）	1906～1914?
●ザスピアク＝バット　*Zaspiak-Bat*（バスクの主題に基づくピアノ協奏曲）	1906～?
●アッシジの聖フランチェスコ　*Saint Francois d'Assise*（リッチョット・カニュードの歌詞に基づくオラトリオ）	1908
●夏の夜の夢　*A Midsummer Night's Dream*（ヴァレーズなどとの共作）	1914
●グラン・モーヌ　*Le grand Meaulnes*（アラン＝フルニエの小説に着想を得たピアノまたはチェロと管弦楽のための協奏曲）	1916～?
●動物園　*Le Zoo*（フランチェスコ・カンジュッロのシナリオによるバレエ）	1918
●無題のオペレッタ（メラルグの台本によるオペレッタ）	1925
●ジャンヌ・ダルク　*Jeanne d'Arc*（ジョゼフ・デルテイユの小説にもとづくオラトリオ）	1929～
●イカール／デダル39　*Icare/Dédale 39*（管弦楽作品）	1930
●無題のオペレッタ（フェルナン・ブスケの台本によるオペレッタ）	1931
●シャポー・シノワ　*Le chapeau chinois*（フラン＝ノアンの戯曲にもとづくオペレッタ）	1933
●モルジアーヌ　*Morgiane*（『千夜一夜物語』にもとづくオペラ）	1933～

献呈先一覧

（＋印は本人没後の献呈）

姓, 名	曲名
アトー, ジャーヌまたはジャンヌ	アジア（シェエラザード　第1曲）
アルヴィ, アルヴィーナ	2つのヘブライの歌
アルディ＝テ, リュシアン	クレマン・マロの墓碑銘
アンジェル, エミール	かわせみ（博物誌　第4曲）
ヴィトゲンシュタイン, パウル	左手のための協奏曲
オベール, ルイ	高雅で感傷的なワルツ
カルヴォコレッシ, ミシェル＝ディミトリ	道化師の朝の歌（鏡　第4曲）
ガンツ, ルドルフ	スカルボ（夜のガスパール　第3曲）
クーリッジ, エリザベス・スプラーグ	マダガスカル先住民の歌
クジヌー, ロベール	空想的な歌（ドゥルシネア姫に思いを寄せるドン・キホーテ　第1曲）
クリュッピ, ジャン＋	フーガ（クープランの墓　第2曲）
クリュッピ, ルイーズ（ジャン・クリュッピ夫人）	おもちゃのクリスマス スペインの時
クリングソール, トリスタン	ニコレット（3つの歌　第1曲）
クレマンソー, ポール	ロンド（3つの歌　第3曲）
ゴダン, ピエール＆パスカル＋	リゴードン（クープランの墓　第4曲）
ゴデブスカ, ミシャ（アルフレッド・エドワール夫人）	白鳥（博物誌　第3曲）
ゴデブスカ, ミシャ（ミシャ・セルト）	ラ・ヴァルス
ゴデブスキ, イダ＆シーパ	ソナチネ ボロディン風に シャブリエ風に
ゴデブスキ, ミミ＆ジャン	マ・メール・ロワ
サティ, エリック	壺の腹から一飛びに踊り出た（ステファヌ・マラルメの3つの詩　第3曲）
サンゲ, マルシャル	叙事詩風の歌（ドゥルシネア姫に思いを寄せるドン・キホーテ　第2曲）
ジェダルジュ, アンドレ	ピアノ三重奏曲
ジェラール, マルセル	ロンサールここに眠る
シャルロ, ジャック＋	前奏曲（クープランの墓　第1曲）
シュミット, フロラン	むなしい願い（ステファヌ・マラルメの3つの詩　第2曲）
ジュルダン＝モランジュ, エレーヌ	ヴァイオリンとピアノのためのソナタ
ストラヴィンスキー, イゴール	ため息（ステファヌ・マラルメの3つの詩　第1曲）
ソルド, ポール	洋上の小舟（鏡　第3曲）

姓, 名	曲名
ダラニー, ジェリー	ツィガーヌ
デュボスト, ジャンヌ	ファンファーレ（ジャンヌの扇）
デュラン, ジャック	大風は海から
ド・サン＝マルソー, マルグリット	魔法の笛（シェエラザード　第2曲）
ド・ベリオ, シャルル	スペイン狂詩曲
ドビュッシー, クロード＋	ヴァイオリンとチェロのためのソナタ
ドラージュ, モーリス	鐘の谷（鏡　第5曲）
ドリュック, ガブリエル＋	フォルラーヌ（クープランの墓　第3曲）
ドレフュス, ジャン＋	メヌエット（クープランの墓　第5曲）
バーバイアン, マルグリット	トリパトス
バウアー, ハロルド	オンディーヌ（夜のガスパール　第1曲）
バトリ, ジャーヌ	くじゃく（博物誌　第1曲）
バルダック夫人, シジスモン	つれない人（シェエラザード　第3曲）
パンルヴェ, ポール	3羽の美しい極楽鳥（3つの歌　第2曲）
ピカール, マドレーヌ	こおろぎ（博物誌　第2曲）
ビニェス, リカルド	古風なメヌエット
	悲しき鳥（鏡　第2曲）
ファルグ, レオン＝ポール	夜蛾（鏡　第1曲）
	夢
フォーレ, ガブリエル	水の戯れ
	弦楽四重奏曲
ブルダン, ロジェ	酒の歌（ドゥルシネア姫に思いを寄せるドン・キホーテ　第3曲）
ブロンデル, アルベール	序奏とアレグロ
ボニオ, ジュヌヴィエーヴ	聖女
ポリニャック大公妃, エドモン・ド（旧姓　ウィナレッタ・シンガー）	亡き王女のためのパヴァーヌ
マルリアーヴ, ジョゼフ・ド＋	トッカータ（クープランの墓　第6曲）
マルノール, ジャン	絞首台（夜のガスパール　第2曲）
ルルー, ジャンヌ	前奏曲
ロジェ＝デュカス	ほろほろ鳥（博物誌　第5曲）
ロラン＝マニュエル, クロード	ガブリエル・フォーレの名による子守歌
ロン, マルグリット	ピアノ協奏曲ト長調

ラヴェル　主要参考文献

I．書簡、著作、インタビュー

Ravel, Maurice. *L'intégrale: correspondance (1895-1937), écrits et entretiens,* édition établie, présentée et annotée par Manuel Cornejo. Paris: le Passeur, 2018

Ravel, Maurice. *Lettres, écrits, entretiens,* réunis, présentés et annotés par Arbie Orenstein, trad. de Dennis Collins, interprétations historiques (1911-1988) par Jean Touzelet. Paris: Flammarion, 1989

II. 評伝的な書物

Ackere, Jules van. *Maurice Ravel.* Brussels: Elsevier, 1957

Goubault, Christian. *Maurice Ravel, le jardin féerique.* Paris: Minerve, 2004

Fargue, Léon-Paul. *Maurice Ravel.* Paris: Domat,1949, rééd. Fata Morgana, 2014

Ivry, Benjamin. *Maurice Ravel: A Life.* New York: Wellcome Rain Publishers, 2000

（訳書：ベンジャミン・イヴリー著、石原俊訳『モーリス・ラヴェル　ある生涯』アルファベータ、2002年）

Jankélévitch, Vladimir. *Ravel.* Paris: Seuil, 1956

Jourdan-Morhange, Hélène. *Ravel et nous.* Genève: Editions du Milieu du Monde, 1945

（訳書：エレーヌ・ジュルダン＝モランジュ著、安川加壽子・喜乃海隆子訳『ラヴェルと私たち』音楽之友社、1968年）

Kelly, Barbara L. 'Ravel, (Joseph) Maurice' in Deane L. Root (ed.), *Grove Music Online,* http://www.oxfordmusiconline.com

Léon, Georges. *Maurice Ravel.* Paris: Seghers, 1964

（訳書：ジョルジュ・レオン著、北原道彦・天羽均訳『ラヴェル（不滅の大作曲家）』音楽之友社、1985年）

Long, Marguerite. *Au piano avec Maurice Ravel.* Paris: Éditions Julliard, 1971

（訳書：マルグリット・ロン著、北原道彦・藤村久美子訳『ラヴェル——回想のピアノ』音楽之友社、1985年）

Marnat, Marcel. *Maurice Ravel.* Paris: Fayard, 1986, rév. 1995

—— (ed.) *Ravel: Souvenirs de Manuel Rosenthal, recueillis par Marcel Marnat.* Paris: Hazan, 1995

（訳書：マニュエル・ロザンタール著、マルセル・マルナ編、伊藤制子訳『ラヴェル——その素顔と音楽論』春秋社、1998年）

Nichols, Roger. *Ravel.* London: Dent, 1977

（訳書：ロジャー・ニコルス著、渋谷和邦訳『ラヴェル——生涯と作品』泰流社、1996）

—— *Ravel.* New Haven: Yale University Press, 2011

—— (ed.) *Ravel Remembered,* London: Faber, 1987

Orenstein, Arbie. *Ravel, Man and Musician.* New York: Columbia University Press, rev. 1991

（訳書：アービー・オレンシュタイン著、井上さつき訳『ラヴェル　生涯と作品』音楽之友社、2006年）

Perlemuter, Vlado, et Hélène Jourdan-Morhange, *Ravel d'après Ravel.* Lausanne: Editions du Cervin, 1957

（訳書：エレーヌ・ジュルダン＝モランジュ、ヴラド・ペルルミュテール著、前川幸子訳『ラヴェルのピアノ曲』音楽之友社、1970年）

Roland-Manuel. *Maurice Ravel.* Paris: Durand, 1914

Rousseau-Plotto, Etienne. *Ravel, portraits basques.* Anglet: Séguier, 2004
Stuckenschmidt, Hans-Heinz. *Maurice Ravel: Variationen über Person und Werk.* Frankfurt am Main: Suhrkamp Verlag, 1966
（訳書：シュトゥッケンシュミット著、岩淵達治訳『ラヴェル　その生涯と作品』音楽之友社、1983年）
Sanson, David. *Maurice Ravel.* Arles : Actes Sud, 2005
Vuillermoz, Emile. et al. *Maurice Ravel par quelques-uns de ses familiers.* Paris: Éditions du Tambourinaire, 1939

III. その他

Bongrain, Anne. *Le Conservatoire national de musique et de déclamation, 1900-1930 : documents historiques et administratifs.* Paris: Vrin 2012
Le Concours du prix de Rome de musique (1803-1968), ouvrage coordonné par Julia Lu et Alexandre Dratwicki. Lyon: Symétrie, 2011
Coppora, Piero. *Dix-sept ans de musique à Paris.* Lausanne: F. Rouge, 1944; rééd. Genève: Slatkine, 1982
Cortot, Alfred. *La musique française de piano.* Presses universitaire de France, 1930-32, nouvelle édition, 1981
（訳書：アルフレッド・コルトー著、安川定男・安川加寿子訳『フランス・ピアノ音楽』2巻　音楽之友社、1995・1996年）
Debussy, Claude. *Correspondance.* ed. François Lesure et Denis Herlin. Paris: Gallimard, 2005
Duchesneau, Michel. *L'Avant-garde musicale à Paris de 1871 à 1939.* Liège: Mardaga, 1997
Lesure, François. *Claude Debussy.* Paris: Fayard, 2003
（訳書：フランソワ・ルシュール著、笠羽映子訳『伝記クロード・ドビュッシー』音楽之友社、2003年）
Mawer, Deborah (ed.) *The Cambridge Companion to Ravel.* Cambridge: Cambridge University Press, 2000
Pierre, Constant. *Le Conservatoire national de musique et de déclamation : documents historiques et administratifs recueillis ou rencontrés par l'auteur.* Paris : Impr. nationale, 1900
Porcile, François. *La belle époque de la musique française 1871-1940,* Paris: Fayard, 1999
（訳書：フランソワ・ポルシル著、安川智子訳『ベル・エポックの音楽家たち　セザール・フランクから映画の音楽まで』水声社、2016年）
Rodriguez, Philippe. *Maurice Delage.* Genève: Éditions Papillon, 2001
Zank, Stephen. *Maurice Ravel, A Guide to Research.* New York, London: Routledge, 2005
井上さつき著『パリ万博音楽案内』音楽之友社、1998年
井上さつき著『音楽を展示する　パリ万博1855-1900』法政大学出版局、2009年
今谷和徳・井上さつき共著『フランス音楽史』春秋社、2010年

IV. 雑誌など

Cahiers Maurice Ravel
Revue internationale de musique française
La revue musicale

著者紹介

井上　さつき（いのうえ・さつき）

愛知県立芸術大学音楽学部教授。慶應義塾大学、東京藝術大学、明治学院大学などで非常勤講師をつとめる。東京藝術大学大学院修了。論文博士。パリ・ソルボンヌ大学修士課程修了。専門は近代フランス音楽史と日本の洋楽器受容史。著書に『パリ万博音楽案内』（音楽之友社、1998）、『音楽を展示する――パリ万博1855-1900』（法政大学出版局、2009）、『フランス音楽史』（共著／春秋社、2010）、『日本のヴァイオリン王――鈴木政吉の生涯と幻の名器』（中央公論新社、2014）、『ピアノの近代史――技術革新、世界市場、日本の発展』（中央公論新社、2020）、訳書にオレンシュタイン『ラヴェル』（音楽之友社、2006）など。

作曲家《さっきょくか》◎人《ひと》と作品《さくひん》
ラヴェル

二〇一九年一一月五日　第一刷発行
二〇二〇年六月三〇日　第二刷発行

著　者◎井上《いのうえ》　さつき

発行者◎堀内久美雄
発行所◎株式会社音楽之友社
東京都新宿区神楽坂六の三〇
電話　〇三（三二三五）二一一一（代）
振替　〇〇一七〇―四―一九六二五〇
郵便番号　一六二―八七一六
https://www.ongakunotomo.co.jp/

印刷・製本◎藤原印刷株式会社

装　丁◎久保和正

落丁本・乱丁本はお取り替えいたします。
ISBN978-4-276-22197-0 C1073